Erich Lejeune

Lebe ehrlich –
werde reich!

Erich Lejeune

Lebe ehrlich – werde reich!

Bibliografische Information der Deutschen Nationalbibliothek
Die Deutsche Nationalbibliothek verzeichnet diese Publikation in der Deutschen Nationalbibliografie. Detaillierte bibliografische Daten sind im Internet über http://dnb.d-nb.de abrufbar.

Für Fragen und Anregungen:
lejeune@mvg-verlag.de

Nachdruck 2013
© 2006 by mvg Verlag, ein Imprint der Münchner Verlagsgruppe GmbH
Nymphenburger Straße 86
D-80636 München
Tel.: 089 651285-0
Fax: 089 652096

Umschlaggestaltung: Eberhard Wolf, Süddeutsche Zeitung
Umschlagabbildung/Autorenfoto: Cliff Cerna
Satz: M. Zech, Redline GmbH
Druck: Books on Demand GmbH, Norderstedt

ISBN Print 978-3-86882-358-5
ISBN E-Book (PDF) 978-3-86415-128-6

Weitere Informationen zum Verlag finden Sie unter

www.mvg-verlag.de

Beachten Sie auch unsere weiteren Verlage unter
www.muenchner-verlagsgruppe.de

Das Leben eines Menschen ist das,
was seine Gedanken daraus machen!
Mark Aurel
(Römischer Kaiser, 121 – 180 n.Chr.)

Die schönste Zeit im Leben gewinnt man
dadurch, dass man zu seinen Gefühlen steht
und seine Gedanken zu Ende denkt!
Erich Lejeune

Inhalt

Vorwort

Liebe Leserinnen und Leser,

seit **Lebe ehrlich – werde reich!** zum ersten Mal erschien, sind zehn Jahre vergangen. Viel hat sich seither verändert, in meinem Leben und in der Gesellschaft. Dass es Armut nicht nur in den sogenannten Entwicklungsländern gibt, sondern auch in unserem „reichen Europa", auch in Deutschland, ist in schmerzlicher Weise in unser Bewusstsein getreten. Deshalb glaube ich, dass **Lebe ehrlich – werde reich!** aktueller ist als je zuvor, beschreibt es doch meinen Weg aus wirklich bitterer Armut zu Erfolg und Anerkennung. Mit der Wegbeschreibung einer erfolgreichen Karriere wäre dieses Buch allerdings nur von persönlichem und vorübergehendem Interesse. **Lebe ehrlich – werde reich!** ist jedoch weit mehr. Es ist das Buch eines authentischen Lebens und damit vielleicht eines der dynamischsten Bücher im Bereich der Motivation! Ich brenne darauf, Ihnen mit diesem Buch den Schlüssel für Ihren Lebenserfolg und für Ihre erfolgreiche Persönlichkeit in die Hand zu legen.

Lebe ehrlich – werde reich! ist ein höchst aktuelles Motivationsbuch, das mittlerweile in 14 Sprachen – auch ins Chinesische – übersetzt wurde. Motivation ist das Thema, das 6,3 Milliarden Menschen betrifft – jeden einzelnen auf diesem Erdball – denn die Motivation, nie im Leben bei einem mehr oder weniger zufriedenstellenden Istzustand stehen zu bleiben, betrifft jeden von uns. Vor allem die Menschen, die in Armut leben. Gerade in ihnen will ich mit der Kraft der Motivation den Mut und die Entschlossenheit wecken, diesen Zustand nicht einfach hinzunehmen, sondern mit Zuversicht und berechtigter Hoffnung ein Lebensziel zu entwerfen, das ihren kühnsten Wünschen, Träumen und Visionen entspricht – und das sich nach meiner ganzen Lebenserfahrung auch tatsächlich verwirklichen lässt. Dieses Vertrauen auf die Kraft der Motivation kann tatsächlich unvorstellbare Veränderungen im Leben eines Menschen bewirken. Das beweisen Tausende von Briefen, Mails und persönlichen Erzählungen, in denen Menschen mir die großen Veränderungen geschildert haben, die sie durch die Anwendung der Grundsätze aus **Lebe ehrlich – werde reich!** erleben konnten.

Die Kräfte der Motivation, die ich in **Lebe ehrlich – werde reich!** dargestellt habe, betreffen aber auch diejenigen, „die es geschafft haben". Dass jedes Leben der täglichen Motivation und Neuausrichtung an den Werten bedarf, erfahre ich immer wieder in Gesprächen, die ich im Anschluss an Vorträge und Coachings mit höchst erfolgreichen Toppmanagern führe. Auch der Erfolgreiche befindet sich ständig in der Gefahr, mit seinem Leben in Routine, Belanglosigkeit und Leere abzugleiten und sein eigentliches Lebensziel aus den Augen zu verlieren.

Um hier einem gängigen Missverständnis im Bezug auf die Motivation zu begegnen – es genügt nicht, sich einmal von einem Vortrag, von einem Wochenendseminar oder vom einmaligen Lesen eines Motivationsbuches zur positiven Veränderung im Leben anregen zu lassen. Motivation ist nichts, was man einmal in sein Leben hinein nimmt und dann für immer besitzt. Motivation verlangt nach täglicher Erneuerung und Vertiefung. Darin ist sie dem Glauben sehr ähnlich. So wie ein gläubiger Mensch täglich betet, um seinen Glauben lebendig zu halten, zu erneuern und zu vertiefen, so müssen wir auch unsere Motivation täglich von Neuem auftanken. Die Verwirklichung von hochgesteckten Lebenszielen verlangt ein geradezu besessenes Festhalten am Glauben an sich selbst und an seinen Zielen. Das ist der Kern meiner Lebensgeschichte, die bis heute nur deshalb erfolgreich verlaufen ist, weil ich auch in den schlimmsten Niederlagen nie diesen Glauben an mich selbst und an die Erreichbarkeit meiner Ziele aufgegeben habe.

Gerade meine Niederlagen haben mir mit aller Deutlichkeit gezeigt, dass die Verwirklichung von Lebenszielen und echter, dauerhafter Erfolg nur zu erreichen ist, wenn man unverrückbar an der Werten der Ehrlichkeit, der Aufrichtigkeit, des Mutes, der Disziplin und der Ausdauer festhält. Deshalb meine große Bitte an Sie: betrachten Sie **Lebe ehrlich – werde reich!** nicht einfach als Lesebuch. Es ist ein Lebens- und Erfahrungsbuch! Mit jeder Seite dieses Buches will ich Sie an das große Geheimnis der Motivation heranführen und Sie dauerhaft und vor allem wirkungsvoll von der Kraft der Motivation überzeugen. Dieser wunderbare Schlüssel der Motivation wird Ihnen alles erschließen, was Sie sich bisher für Ihr Leben erträumt haben.

Wenn Ihnen das zu märchenhaft klingt, so kann ich Sie nur umso dringender auffordern: Lesen Sie diese authentische Geschichte meines Lebens. Sie führt Ihnen mit jeder Seite vor Augen, was auch in Ihrem Leben möglich ist. Gönnen Sie sich keinesfalls die Erfolg verhindernde Einstellung „Ich hatte ganz schlechte Startbedingungen!". Meine Startbedingungen waren mehr als ungünstig. Niemand hätte es für möglich gehalten, dass ein Lehrling im grauen Kittel „nur mit einem Hauptschulabschluss" einmal ein Unternehmen gründen würde und es etwas mehr als zwanzig Jahre später mit einem fulminanten Erfolg an die Börse bringen könnte. Oder dass dieser „Lehrling mit Hauptschulabschluss" einmal eine Akademie für Motivation gründen und die Aufforderung erhalten würde, an der Technischen Universität München im Rahmen einer eigens für ihn geschaffenen Vorlesungsreihe „Motivation for Excellence" Vorträge über die Kraft der Motivation zu halten.

Glauben Sie mir, sobald Sie die Lebensgrundsätze und die Erfolgsgesetze, die in **Lebe ehrlich – werde reich!** dargestellt sind, in Ihr Denken und vor allem in Ihr Leben aufgenommen haben, wird der Erfolg, den auch Sie erzielen können, größer sein als Sie es sich heute vorstellen können!

Lernen Sie Schritt für Schritt, auf die geheimnisvolle und
unbesiegbare Kraft der Motivation zu vertrauen. Motivation ist und bleibt die stärkste Kraft für uns Menschen! Sie
ist der Atem des Lebens!

Erich Lejeune
München, im Oktober 2006

Wie dieses Buch entstand – und was ich damit bewirken will

Der fremde Reporter

An einem grauen, verregneten Apriltag kam ein Mann mittleren Alters in mein Büro, um mich für eine Artikelserie in einer Boulevardzeitung zu interviewen. Diese Serie sollte heißen „Wie ich meine erste Million verdiente". So erzählte ich ihm, wie ich seit meiner frühesten Jugend versucht hatte, mich aus wirklich ärmlichen Verhältnissen hochzuarbeiten. Ich schilderte ihm, wie es mir gelungen war, bereits in jungen Jahren mit eisernem Willen, Mut, harter Arbeit und unermüdlichem Lerneifer eine Spitzenposition als Verkäufer mit einer Traumgage zu erreichen.

Ich erzählte diesem Reporter, wie ich aus dieser Position heraus für jemanden, den ich sehr verehrte und bewunderte, ein Unternehmen aufbaute, das Millionen umsetzte. Ich schilderte ihm, wie ich trotz dieses Riesenerfolges 20 Jahre zuvor katastrophal abgestürzt war. Ich war total am Ende. Für den Menschen, der mir da gegenübersaß, klang es schier unglaublich, dass es mir gelungen ist, aus dieser vernichtenden Niederlage heraus ein erfolgreiches, dynamisches und auf allen Kontinenten operierendes Unternehmen aufzubauen, das in der Chipindustrie Weltgeltung erlangte. Dieser nicht vorhersehbare Aufstieg in meinem Leben sollte in seinem Artikel das große Finale bilden.

Im Laufe dieses Interviews wurden jedoch der rein finanzielle Aspekt, der Umsatz, der Gewinn, und auch die Statussymbole immer nebensächlicher. Menschliche Werte traten in den Mittelpunkt des Interviews – persönliche Freiheit, Ehrlichkeit, Unabhängigkeit, körperliche, geistige und seelische Gesundheit, und nicht zuletzt die Freude am Leben und an der Zusammenarbeit mit positiv gestimmten Menschen. Wir gelangten an die entscheidenden Lebensfragen: „Welche Denkweise, welcher Mut, welche Disziplin, welche Wahrheit, welche innere Einstellung und welche Kraft waren notwendig, um eine so vernichtende Niederlage zu überwinden." Die Frage meines Interviewers lautete: „Wie kommt man von ganz unten wieder ganz nach oben? Wie verwandelt man Visionen und scheinbar unerfüllbare Wunschträume in greifbare Wirklichkeit?" Das ist die Frage, die sich allen Menschen im Lauf ihres Lebens immer wieder stellt!

In jedem Menschen
begegnet uns ein Schicksal

Dieser Mann suchte immer wieder den Kontakt zu mir, obwohl seine Artikelserie längst erschienen war. Unsere Begegnungen wurden dabei immer persönlicher, anregender und lebhafter – dennoch empfand ich sehr stark, dass er selbst innerlich nicht mehr richtig lebte. Er sah zwar gut aus, war korrekt gekleidet, und nach außen hin wirkte er auch ziemlich selbstsicher. Aber aus vielen untrüglichen Anzeichen spürte ich von Mal zu Mal stärker, woher sein Interesse an meinen psychischen Voraussetzungen für Erfolg und Motivation kam.

Bei einem dieser Gespräche bestätigte sich mein Eindruck – denn je mehr Vertrauen er zu mir fasste, umso offener erzählte er mir von seinen persönlichen Niederlagen. Er befand sich augenscheinlich auf dem Tiefpunkt seines Lebens – so wie ich zwanzig Jahre vorher. Er wurde gepeinigt von Rechtsanwälten, Gläubigern und Kreditinstituten, die ihn früher einmal hofiert und als Kunden überaus geschätzt hatten. Ich dachte, was für eine verblüffende Parallele zu meinem früheren eigenen Leben!

Es entging mir nicht, dass er sich selbst am Ende eines immer dunkler werdenden Tunnels stehen sah. Nie sprach er von Plänen für die Zukunft, sondern immer nur von Erlebnissen in der Vergangenheit, von äußerst erfolgreichen Projekten, an denen er mitgearbeitet hatte, von tollen Geschäftsreisen rund um den Globus und von seinen Interviews mit prominenten Künstlern und Unternehmern. Natürlich sprach er auch von Misserfolgen und immer häufigeren persönlichen Demütigungen. Diese hatten sein Selbstbewusstsein stark in Mitleidenschaft gezogen hatten und sie drückten auf sein Leben wie ein Bremsklotz.

Die alles klärende Frage

Bei einem gemeinsamen Abendessen stellte ich ihm eine direkte Frage: „Bitte, sagen Sie mir, worauf sind Sie in Ihrem Leben stolz?“ Ich wusste, dass es da vieles gab, auf das er mit Recht stolz sein konnte. Trotzdem fand er keine Antwort. Er schwieg lange – ein stummer Ausdruck tiefer Resignation breitete sich über sein Gesicht. Seine Gedanken waren leer, sein Kopf senkte sich und sein Körper war ausdruckslos. Was war bloß mit ihm passiert? Ich dachte: „Wer war dieser Mensch wirklich?“ Ich begann, mich für sein Schicksal zu interessieren!

Er hatte offenbar schon lange keine Beziehung mehr zu der Tatsache, dass er ein vielseitig gebildeter und belesener Mann war. Er sprach fließend Englisch. Er spielte mehrere Instrumente und war ein anerkannter Fotograf. Dieses Schweigen und das Ausbleiben einer Antwort sagte mir mehr als genug über den Zustand seines damaligen Selbstbewusstseins.

Seine beruflichen und finanziellen Niederlagen der letzten Jahre hatten ihn fast aufgezehrt und eine lähmende

Angst in ihm erzeugt. Aber die konnte er sich nicht mehr eingestehen. Vor der lief er ständig – bewusst oder unbewusst – davon. Er balancierte nur noch am Abgrund seines Lebens entlang. Plötzlich liefen meine niederschmetternden Erfahrungen von früher wie ein Film in mir ab. Ich wusste, er war am Ende so wie ich vor 20 Jahren. Auf einmal kam in mir der große Wunsch auf: „Diesem Menschen musst du helfen!"

Erste Schritte zum Comeback

Was mir das Wichtigste schien – er wollte sich um keinen Preis fallen lassen. Er trug die Stärke in sich, diese schwierige Phase seines Lebens überwinden zu können. Er brauchte in dieser Situation nur jemanden, der ihm die Hand reichte. Jemand, der sich für ihn interessierte, ihm Vertrauen schenkte und ihn wieder auf die positive Seite des Lebens zog. Ich wollte ihm bewusst einen Spiegel vorhalten, der ihm seine Talente und Möglichkeiten aufzeigte. Und ich sagte ihm gleichzeitig: „Du musst kämpfen. Du musst wieder an dich glauben. Erkenne, was in dir steckt!"

Sein Problem war, dass er jahrelang seine ganze Kraft dafür eingesetzt hatte, sich gegen Niederlagen und persönliche Missachtung zu wehren, anstatt für sein Comeback und seinen Aufstieg zu kämpfen.

Ich spürte, wie er dankbar aufatmete und begierig meine Begeisterung für Erfolg und meine Freude am Leben aufsog. Das war es, was ihm in seinem Leben so bitter fehlte. Wir sahen uns von nun an fast täglich. Unsere Begegnungen gaben ihm wieder Inspiration, Kraft und neuen Lebensmut. Er war mit einem Mal viel positiver und freier gestimmt. Er schöpfte wieder Hoffnung und Kraft. Das motivierte mich umso mehr, ihm am Beispiel meiner Lebensgeschichte Mut zu machen. Plötzlich erzählte ich ihm von meinen früheren Niederlagen und er sprach über seine zukünftigen Ziele und

Erfolge. Auf dieser Basis entwickelte sich allmählich eine freundschaftliche Beziehung, die bis heute andauert.

Es geschah etwas Unerklärliches

Ich erzählte ihm auch von meinen Motivationsvorträgen, bei denen ich immer wieder spüre, wie die Kraft der Begeisterung auf die Zuhörer überspringt, weil ich fest an die Wirkung des positiven Denkens glaube. Und weil es mir ein großes Bedürfnis ist, anderen Menschen zu zeigen, wie ungeheuer reich das Leben sein kann, wenn man sich von den Energiesaugern Angst, Lüge, Unehrlichkeit und Jammern befreit. So entstand bei ihm der dringende Wunsch, einen meiner Vorträge live mitzuerleben. Also lud ich ihn ein, sich doch einmal anzuhören, wie ich Menschen anhand von Beispielen aus meinem eigenen Leben Mut mache. Er sollte miterleben, wie ich sie für das positive Denken motiviere, wie meine Botschaft der Ehrlichkeit auf Menschen wirkt. In diesem Vortrag, den er besuchte, sprach ich darüber, wie Mut, Disziplin und Begeisterung uns in einen ganz neuen Zustand der Lebensfreude versetzen.

Anschließend kam er lächelnd auf mich zu. Er sagte mit einer Fröhlichkeit, wie ich sie an ihm noch nicht erlebt hatte: „Unglaublich! Sie haben soeben über fünfhundert Menschen mit Ihrer Botschaft des positiven Denkens und der Motivation für Erfolg begeistert. Und mich erst. Ich denke, ich weiß, woran das liegt – Sie leben Ihre Botschaft, und Ihre Botschaft bedeutet: ‚**Lebe ehrlich – werde reich!**‘ Sie erinnern mich an Dale Carnegie! Ich finde, in Ihren Worten liegt die wunderbare Kraft der positiven Gedanken. Wie bei Dale Carnegie!"

Dieser Vergleich mit dem großen amerikanischen Motivationspapst Dale Carnegie ehrte mich. War doch der Autor von „Sorge dich nicht – lebe!" und „Wie man Freunde gewinnt" seit meiner Jugend eines der Vorbilder, die mir in meinen schwärzesten Tagen wieder Kraft und Mut gegeben hatten. Aus seinen Büchern habe ich gelernt, dass jeder Nachteil sich mit der richtigen Einstellung zum Guten wenden lässt. Aus seinen Büchern habe ich Hoffnung und Begeisterung geschöpft. Bei ihm war ich zum ersten Mal der Kraft des positiven Denkens begegnet.

Heute bin ich wirklich zutiefst davon überzeugt, dass der Erfolg, den ich erfahren habe, kein unwiederholbarer Einzelfall ist und schon gar kein glücklicher Zufall. Er beruht in erster Linie auf der Verwirklichung von Grundsätzen, die jeder Mensch für sich persönlich nachvollziehen und in sein Leben hineinnehmen kann – egal wie lange er negativ gedacht hat oder einen falschen Weg gegangen ist! Das ist die Botschaft, die ich jedem Menschen vermitteln möchte.

Motivieren Sie sich für Ihren eigenen Aufstieg

Diese Grundsätze sind wahr und richtig, seit Menschen sich überhaupt Gedanken über die Gesetze des Lebens machen. Von daher spürte ich schon seit langem den Ansporn und die Verpflichtung, diese Grundsätze an Menschen weiterzugeben, die noch auf der Suche nach ihrem wahren Ich und nach dem ihnen zustehenden Erfolg sind.

Mir wurde plötzlich auch klar, dass es nicht genügt, alleine in Vorträgen, Interviews und Fernsehdiskussionen den Start in eine ehrliche, erfolgsorientierte und verantwortungsbewusste Gesellschaft anzumahnen. Dieser Aufbruch kommt meiner Überzeugung nach erst dann zustande, wenn jeder einzelne sich für seinen ganz persönlichen Aufschwung motiviert, sich seiner Tatkraft bewusst wird, seinen Mut und Einfallsreichtum aktiviert und mit Selbstvertrauen seine Ziele ansteuert.

Basis dafür ist, dass jeder einzelne sich für Ehrlichkeit entscheidet – in seinem Privatleben wie im Beruf. Nur eine geradlinige Entscheidung bringt die Kraft und den Erfolg.

Auf jeden einzelnen kommt es an

So wie der Flügelschlag eines Schmetterlings Wirkung auf den ganzen Planeten hat, so hängt die Stimmung der gesamten Gesellschaft, ja der Menschheit, vom positiven Denken und von den Erfolgen jedes einzelnen ab. Auf jeden einzelnen kommt es an. Positives Denken war vor allem auch die Botschaft von John F. Kennedy, diesem großen Begeisterer. Er hatte einer ganzen Epoche mit seinem Mut und seinen Visionen die Richtung vorgegeben. Kennedy sagte in einer Rede an das amerikanische Volk: „Denkt nicht immer nur darüber nach, was der Staat für euch tun kann, denkt darüber nach, was ihr für den Staat tun könnt!" Er meinte damit auch, dass sich Geben und Nehmen im Leben die Waage halten sollten. – Wie sieht es in dieser Hinsicht mit Ihrer Lebenswaage aus?

Diese Botschaft gilt meiner Meinung nach für jedes Leben, für jedes Land, für jeden Staat, nicht nur für die USA. Sie gilt darüber hinaus für jede Form von Gemeinschaft – bis hinunter zur kleinsten und wichtigsten unserer Gesellschaft – zur Familie. Alle diese Gemeinschaften können nur dann wachsen, kreativ und produktiv bleiben, und ihren Zusammenhalt finden, wenn diese Botschaft von John F. Kennedy die Grundlage unseres Zusammenlebens bildet.

Der Flügelschlag des Positiven

Je mehr Menschen ihr Denken danach ausrichten, umso größer wird der Flügelschlag des Positiven. Dieser gemeinschaftliche Flügelschlag kann nur dann gelingen, wenn die Grundlage des Zusammenlebens stimmt. Und diese Grundlage heisst eindeutig Wahrheit und Mut zur Ehrlichkeit!

Diese Aussage habe ich in Hunderten von Gesprächen mit Politikern, Vertretern der Kirchen, der Wirtschaft, der Gewerkschaften und der Verbände, mit Facharbeitern und

Arbeitslosen, in zahlreichen Diskussionsrunden in Funk und Fernsehen mit meiner ganzen Überzeugung vorgetragen. Diese Bereitschaft, aus erlebter Erfahrung heraus für die Wahrheit positiv zu denken und zu kämpfen, hat mich erfolgreich, glücklich und willensstark gemacht. Positives Denken macht immer stark. Glauben Sie mir, die Zahl derer, die sich zu dieser Wirklichkeit bekennen, wächst von Tag zu Tag. Glauben auch Sie an die Kraft des positiven Denkens, um Ihr Leben in die Richtung zu verändern, die vielleicht seit langem Ihr innigster Wunsch ist!

Ich weiß nur zu gut, dass es sich lohnt, seiner positiven Kraft, seiner Berufung, seinen Talenten zu folgen. Begeistern Sie sich für die Chancen, die einzig und allein für Sie bereitliegen. Die Hoffnung, und den Glauben an sich selbst, den Mut und die Gewissheit, dass Sie das schaffen, will ich mit diesem Buch in Ihnen wecken!

Übernehmen Sie die Verantwortung für Ihr Leben

Was schleppen Menschen nicht alles an tief sitzender Unzufriedenheit mit sich herum! Sie sind unzufrieden über einen Beruf, der sie nicht ausfüllt, über ein Einkommen, das ihnen zu niedrig erscheint, über ihr Familienleben, das weit hinter den Wunschvorstellungen von einst zurückbleibt. Ja, sie sind einfach grundlegend unzufrieden mit ihrer gesamten Lebenssituation.

Wohin führt diese negative Betrachtungsweise des eigenen Lebens? – Überlegen Sie doch einmal, was an Fähigkeiten, Anlagen, Wissen und Bildung in Ihnen steckt. Sie gehen vielleicht täglich zu Ihrer Arbeitsstelle, tief beunruhigt von finanziellen Sorgen, von Seelenlasten, von Zukunftsängsten. Dabei tragen Sie ständig einen unvorstellbaren Schatz mit sich herum – den Schatz Ihrer verborgenen Fähigkeiten und unendlichen Möglichkeiten!

Warum wollen Sie einen Großteil Ihrer Möglichkeiten ungenutzt lassen und alle Ihre Kräfte mit dem Bekämpfen von Widrigkeiten aufzehren? Nur für die notdürftige Bewältigung der alltäglichen Sorgen? Das dürfen Sie sich doch nicht selbst antun! Heben Sie Ihre verborgenen Schätze!

Verlassen Sie die Dunkelkammer
Ihrer Seele

Ich weiß aus eigener, bitterer Erfahrung, dass der Verlust des Arbeitsplatzes, das Scheitern einer Partnerschaft oder der Tod eines geliebten Menschen uns in einer Woge von Niedergeschlagenheit und Resignation versinken lassen. Und ich habe selbst erfahren, dass diese Lebenssituationen lähmende Unsicherheit und Angst erzeugen. Ja, ich weiß, dass die Angst es ist, die uns auf Dauer krank macht und uns jeden Tag ein bisschen mehr Lebensfreude wegnimmt. Aus dieser Situation können wir uns aber letztlich nur selbst befreien. Das ist eines der unumstößlichen Gesetze des Erfolgs. Richtig freuen können wir uns doch nur über den Erfolg eigener Leistungen, für die wir die ganze Verantwortung übernommen haben.

Wer Angst hat, vermeidet fast reflexartig Verantwortung für sein Leben zu übernehmen. – Sie fragen sich vielleicht, woher das kommt. – Weil *Ver-antwort-ung* übernehmen bedeutet, Antwort geben auf Fragen, die der Alltag, der Beruf, ja, das Leben an einen stellt. Und diese Antwort müssen Sie geben – in allen Bereichen Ihres Lebens. Aber wie könnte man eine überzeugende Antwort geben, wenn man von Scham über vergangene Niederlagen, von Beklemmungen, Unsicherheit und Zweifeln vor der Zukunft geplagt wird. Diese Antwort müssen Sie aber geben, in dem Sie sich Ihre Niederlagen ehrlich eingestehen! Es ist meine feste Überzeugung: Wer seine Niederlagen nicht eingesteht, hat den Sieg bereits vergeben! Wer dagegen seine Niederlagen ehrlich, klar und veränderungsbereit analysiert, hat den Schlüssel für eine bessere Zukunft bereits in der Hand.

Was uns die Sprache über das Denken sagt

Achten Sie doch einfach einmal für einen einzigen Tag aufmerksam auf die Sprache der Menschen in Ihrer Umgebung. Wie oft hören Sie da Sätze wie: „Tut mir leid, da kann ich auch nichts daran ändern!" oder „Mein Gott, da kann man halt nichts machen!" oder auch wenn kleine Dinge schief gehen: „Das ist einfach nicht mein Tag!" Wenn Sie diese Art von Sprache hören, wissen Sie sofort, dass da ein Mensch vor Ihnen sitzt, der nicht bereit ist, Verantwortung zu übernehmen, nicht für sich und sein Leben und schon gar nicht für andere. Sollten Sie selbst solche Sätze an sich erkennen, kann ich Ihnen nur einen dringenden Rat geben: „Streichen Sie derartiges Vokabular für immer aus Ihrem Denken und damit aus Ihrem Leben!

Die Denkweise, die hinter solchen Sätzen steht, verstärkt nur die Angst. Und wer erst einmal im Gefühl der Angst vor der Angst lebt, verliert jegliches Interesse an sich selbst und an seiner Zukunft. Er fixiert seine Aufmerksamkeit auf das Verlorene, das Unwiederbringliche und das scheinbar Unerreichbare.

Angst produziert Ausreden

Menschen, deren Grundbefinden von der Angst bestimmt ist, leben nicht mehr in der Gegenwart. Sie verklären nur noch die Vergangenheit, um einer Zukunft auszuweichen, die in ihren Augen nichts Positives mehr bringen kann. Wie reagieren Menschen, denen man oft genug demonstriert hat, dass alles was sie tun, weit hinter den Erwartungen zurückbleibt, die sie an sich selbst gestellt haben? Oder die man durch unehrliche Machenschaften immer wieder um ihren Erfolg gebracht hat? Sie verfallen in tiefe Mutlosigkeit. Sie reagieren nicht mit erhöhten Anstrengungen und verstärktem Lerneifer. Und schon gar nicht mit einem unbesiegbaren Willen zur Veränderung. Ja, sie schotten sich ab und verkriechen sich hinter der anscheinend richtigen Erkenntnis: „Alles, was ich tue, ist von vornherein zum Scheitern verurteilt." So verteidigen sie einen Rest von Selbstachtung und Stolz hinter einer plausibel klingenden Ausrede.

Wenn diese Menschen den Mut aufbrächten, dem Wegweiser zum Positiven zu folgen, müssten sie ihrem negativen Denken nicht einen so hohen Tribut zahlen. Sie wissen, wie hoch der ist. – Er kostet ein ganzes Leben voll Glück und Erfüllung! Das dürfen Sie für sich und Ihr Leben nicht zulassen. Hören Sie auf, negativ zu denken! Fangen Sie an, ehrlich und mit positiv gestimmtem Mut in eine verheißungsvolle Zukunft zu blicken!

Begeistern Sie sich für die Begeisterung

Wie können Sie lähmende Geisteszustände nachhaltig überwinden? Ganz einfach – mit Begeisterung! Sie empfinden doch sicher dasselbe wie ich – ein Leben ohne Begeisterung ist nur halb gelebt. Begeistern Sie sich deshalb für die kleinen Freuden Ihres Lebens, für den ersten Sonnenstrahl am Morgen, für eine schöne Musik oder auch für das Lächeln eines Menschen, den Sie mögen. Und eines ist ganz besonders wichtig: Begegnen Sie selbst anderen Menschen mit einem Lächeln! Aus dieser täglichen Begeisterung wird wie von selbst Ihre Begeisterung für große Erfolge wachsen. Sie ist für Ihren Erfolg ungeheuer wichtig. Ich behaupte sogar – ohne diese Begeisterung ist Erfolg überhaupt nicht möglich! Wenn Sie das noch nicht glauben, dann glauben Sie sicher einem Menschen, der als Musiker und Songschreiber Hun-

derte von Millionen Dollar verdiente und dabei jung und
kreativ geblieben ist!

Paul McCartney's größtes Erlebnis

Als Paul McCartney einmal in einem Fernsehinterview, das
ich selbst live am Fernseher in meinem Hotelzimmer in
Los Angeles miterlebt habe, gefragt wurde: „Mr. McCartney, was halten Sie für den größten und eindrucksvollsten
Augenblick in der beispiellosen Erfolgsgeschichte Ihres Lebens?", erzählte er folgende kleine und scheinbar unbedeutende Geschichte.

Die Beatles erlebten auf ihrer ersten Amerika-Tournee
einen sagenhaften Triumph. Ganz Amerika lag im „Beat-
les-Fieber!" Die Begeisterungsstürme des jungen Publikums
beflügelten die vier „Pilzköpfe" zu immer neuen Höchst-
leistungen. Auf dieser Woge der Begeisterung reisten sie
kreuz und quer über den Kontinent. Keine Zeitung im
ganzen Land, in der man nicht das Konterfei der vier jungen Musiker und Idole einer ganzen Generation sehen, keine Fernsehsendung, in der man nicht Liveaufnahmen oder
Interviews mit ihnen erleben konnte. Die vier Beatles waren
während der Wochen ihrer Tournee für die Menschen eines
ganzen Kontinents interessanter als der Präsident der Verei-
nigten Staaten von Amerika!

Eines Abends sprangen die Vier nach einem Konzert in
ein Taxi und fuhren zurück zu ihrem Hotel. Sie sprudel-
ten über vor lauter Glück und Begeisterung. Sie waren fasziniert von dem Musikrausch, den sie soeben in sich und in
ihrem Publikum entfacht hatten. Sie schäumten über vor
Freude über die Begeisterungsstürme, zu denen sie das Publikum mit jedem ihrer Stücke hingerissen hatten! Der Taxifahrer drehte sich während der Fahrt immer wieder um. Er
freute sich mit ihnen wie ein kleines Kind. Sie hatten auch
ihn mit ihrer Begeisterung verzaubert.

Als sie bereits in der Hotelhalle standen, dachte Paul McCartney noch immer über diese Taxifahrt nach. Sie war wie ein rauschender Schlusspunkt dieses großartigen Konzertabends verlaufen. Plötzlich kam ihm der Gedanke: „Haben wir überhaupt das Taxi bezahlt?" Nacheinander fragte er: „John, hast du bezahlt?" – „Nein!" – „Ringo, hast du das Taxi bezahlt?" – „Nein!" Und dann fragte er noch George. Aber der hatte auch nicht bezahlt! Sie hatten tatsächlich in ihrer Begeisterung vergessen, die Taxirechnung zu begleichen!

Aber das war noch nicht alles. Auch der Taxifahrer hatte, mitgerissen von der Begeisterung dieser vier überglücklichen jungen Menschen, vergessen die Fahrt abzurechnen. Und was für Paul McCartney das größte Erlebnis war! – Sie hatten diesen Mann in ihrem Begeisterungstaumel so mit ihrer positiven Energie überstrahlt – dass er die vier weltbekannten Beatles nicht einmal erkannt hatte, obwohl ihm ihre Gesichter von jeder Plakatwand entgegenschauten! Ihre Begeisterung über dieses fulminante Konzert war noch um ein Vielfaches größer gewesen als ihre kaum noch zu übertreffende Berühmtheit!

Entscheiden Sie sich für Begeisterung

Klingt es nicht fast unwirklich, dass diese Taxifahrt das größte Erfolgserlebnis des großen Beatles, Songschreibers und Plattenmilliardärs Sir Paul McCartney war, einem der erfolgreichsten Musiker der Geschichte? Was glauben Sie, warum Paul gerade diese, an sich unbedeutende Geschichte für so außergewöhnlich hielt? –

Sie wissen es! Er hatte die unüberwindliche Magie der echten Begeisterung erfahren. Sie bedeutete ihm mehr als Hunderte von Millionen Dollar, die er besaß! Diese Botschaft der Begeisterung, die ich live in meinem Hotelzimmer in Los Angeles gebannt miterlebt hatte, werde ich nie wieder vergessen. Sie hat mir vor allem deutlich gemacht, dass das Größte am Erfolg die ungeheure Freude am Leben ist.

Entscheiden Sie sich deshalb für die Begeisterung und lassen Sie bei sich selbst keine negativen Gefühle mehr zu. Lassen Sie sich negative Gefühle auch nicht länger von anderen aufzwingen! – Warum? – Weil eine derartige Verunsicherung Ihre Energie, Tatkraft und Erfolgsbereitschaft auf allen Gebieten schwächt. Und weil dadurch die Kluft zwischen dem, was Sie sind und der Persönlichkeit, die Sie sein könnten, immer weiter auseinanderklafft.

Befreien Sie sich von allem, was Sie klein macht!

Unehrlichkeit macht immer klein! Die Versuchung, den Riss durch die Persönlichkeit mit Unehrlichkeit zu überbrücken, ist sehr gefährlich. Das ist der negative Weg. Menschen, die in Not geraten sind, belügen oftmals in erster Linie sich selbst – über ihren Gesundheitszustand, über die wahren Gründe für ausgebliebene Erfolge und verpasste Gelegenheiten, für selbstverschuldete Wissenslücken, ein überzogenes Bankkonto, über den wenig erfreulichen Zustand ihrer persönlichen Beziehungen. Das darf nicht sein! Widerstehen Sie der Versuchung, Ihr Leben mit halbherzigen Ausreden zurechtzuzimmern! Bekämpfen Sie die tatsächlichen Ursachen Ihrer Probleme, bei sich und bei anderen. Dieses selbstverschuldete Patt in Ihrem Leben dürfen Sie so nicht stehen lassen!

Im Positiven finden Sie Kraft für Ihr Leben!

Aus meiner gesamten Erfahrung heraus lebe ich in der festen Überzeugung, dass wir die Kluft zwischen dem, was wir sind und dem was wir sein könnten – der Einzelne wie die

Gesellschaft – nur überwinden werden, wenn wir uns mit ehrlicher Begeisterung zu den Tugenden Mut, Ehrlichkeit, Gerechtigkeit und Klugheit bekennen! Dazu müssen wir allerdings bereit sein, gegen Unehrlichkeit, Lügen, Täuschen und vor allem gegen das allgegenwärtige Jammern anzukämpfen.

Seien Sie in diesem Kampf so mutig und ehrlich, sich einzugestehen, was Sie selbst falsch gemacht haben. Erst dann werden Sie frei werden und ein Leben führen, das Ihnen entspricht, denn Freiheit von Angst und die Freiheit seine Zukunft selbst zu gestalten ist der Atem des Lebens.

Befreien Sie sich von Unehrlichkeit und Abhängigkeiten, die Ihr Leben und Ihre Freiheit beeinträchtigen. Geben Sie Ihrem Leben die positive Richtung, für die es von Gott aus bestimmt ist. Finden Sie zurück zu Ihrer Lebensfreude, zu Ihrer Fantasie, zu Ihrer Kreativität, zu Ihren Talenten und Fähigkeiten. Das ist der Grund, warum ich Ihnen in diesem Buch die entscheidenden Abschnitte meines Lebens erzähle. Damit Sie erkennen: Auch meine positiven Kräfte sind wirkliches Leben, die auf eigenen Erfahrungen gründen. Begeistern Sie sich für Ihre ganz persönliche Vision von einem erfüllten Leben in einer Welt, die Ihren Träumen, Ihren Wünschen und Ihren Vorstellungen von Glück, Freude und Wahrheit entspricht!

Werden Sie Schatzsucher – in Ihrem Leben!

Unsere Welt steckt voll von Reichtümern, die manchmal nicht mehr kosten, als dass wir unsere Hand danach ausstrecken – nach der Hand eines Menschen, den wir lieben, den wir schätzen, nach dem seidigen Fell einer Katze, den samtenen Nüstern eines Fohlens, nach dem silbrigen Glitzern eines kühlen Baches, der durch eine Sommerwiese plätschert. Ja, öffnen Sie wieder Ihre fünf Sinne – für das fröhliche Lachen eines Kindes, für die wunderbare Melodie

eines Vogels, der den Tag begrüßt, für das geheimnisvolle
Knirschen der Kiesel, wenn ein Hund durch den Park läuft,
für den Duft eines reifen Kornfelds, über das der Wind
streift, für den Regen und die Sonne auf Ihrem Gesicht!

Der größte Reichtum liegt in uns selbst – wenn wir unser Denken, unser Empfinden und unser Herz für die Wunder dieser Erde, dieses Kosmos und unseres Menschseins aufschließen.

Erkennen Sie den Augenblick der Entscheidung!

Wir können uns in jedem Augenblick entscheiden, ob wir uns weiter von negativen Gefühlen und Gedanken, von einem scheinbar unausweichlichen Schicksal und einer vermeintlich von anderen auferlegten Chancenlosigkeit hinabziehen lassen. Oder ob wir uns für das Gegenteil entscheiden. Stoßen Sie die Tür auf, die zu einem ehrlichen und dauerhaften Erfolg führt. Fassen Sie den Entschluss: „Ab sofort bestimme ich bitte selbst, wer für mein Leben die volle Verantwortung trägt!" Es gibt nur eine einzige Person, die Ihr Leben von Grund auf verändern und verbessern kann – Sie kennen Sie besser als irgend jemand anderen. Es sind ausschließlich Sie selbst. Fangen Sie jetzt an!

Diese Entscheidung wird Ihre augenblickliche Situation schlagartig verändern. – Sie zweifeln, weil Ihre Probleme noch dieselben sind wie vor einer Stunde? – Das ist richtig! – Aber es ist ein himmelweiter Unterschied, ob Sie nur auf das schauen, was bisher in Ihrem Leben nicht gelaufen ist, oder ob Sie fest daran glauben, dass Sie den Schlüssel für ein kraftvolles, selbstbestimmtes, gesundes und reiches Leben in Händen halten. Glauben Sie mir – für jeden Menschen gibt es seine ihm eigene Türe zum Erfolg! Und Sie wissen selbst, Sie können jeden Tag, jede Stunde, mit jedem Atemzug damit beginnen, Ihr Leben zu ändern und Ihre Zukunft bestimmen. Schließen Sie Ihre Tür für den Erfolg auf!

Begegnung in Manhattan

Während einer meiner häufigen Geschäftsreisen nach New York suchte ich an einem tristen, wolkenverhangenen Tag, inmitten der neonerleuchteten Wolkenkratzer und des brodelnden Verkehrs, die dunkle Stille der St. Patrick's Kathedrale auf. Ich wollte nur ein kurzes Gebet sprechen und eine Kerze anzünden.

Da sah ich weit vorne, in der ersten Reihe vor dem Altar, einen Menschen sitzen, in einen undefinierbaren grauen Überwurf gehüllt. Ich war neugierig. Ich wollte wissen, wer sich hinter diesem Stoffberg verbarg und ging wie magisch angezogen langsam an den Bankreihen entlang nach vorne. Dort verharrte ich einen Moment neben dieser in sich versunkenen Gestalt und legte ihr dann vorsichtig meine Hand auf die Schulter. Es war eine Frau, vielleicht vierzig, vielleicht auch fünfzig Jahre alt. Sie sah ziemlich verwahrlost aus. Gleichwohl hatte sie ein fein geschnittenes Gesicht und große, ausdrucksvolle, leuchtende Augen. Sie schien im Gebet Kraft zu suchen. Vielleicht wollte sie sich auch nur aufwärmen. Ihren eingefallenen Wangen sah ich an, dass sie schon lange Hunger hatte.

Deshalb überwand ich meine Scheu, ihren Stolz mit einem Almosen zu demütigen. Ich griff in meine Tasche und steckte ihr wortlos einen Geldschein zu. Da wandte sie sich mir zu, nahm meine Hand fest in ihre Hände, die sie vom Beten nur leicht öffnete. Sie sagte mit weicher, aber fester Stimme: „God bless you!" Und ich fühlte die Wärme ihrer rauen Handflächen, mit denen sie behutsam meine Hand umschlossen hielt. Sie ließ mich ihren Dank ganz aus ihrem innersten Herzen heraus spüren. Dabei sah sie mich mit einem tiefen Blick an, der mir zeigte, dass sie in ihrem Leben unendlich gelitten hatte – während ihre ganze Erscheinung verriet, dass sie schon einmal sehr viel besser gelebt hatte.

Ich erwiderte ihren Blick mit einer tiefen Achtung, lange

und ohne ein Wort zu sprechen. Nur unsere Augen hielten Zwiesprache. Als ich nach einer Weile zu einem stummen Abschied die Hand, die in meiner lag, ganz fest drückte, ging ein unglaubliches Lächeln über ihr Gesicht. Es kam mir vor, wie wenn am Abend die Sonne durch den Gewitterhimmel bricht und die ganze Landschaft in ein warmes Licht getaucht ist. Sie verstand, was ich ihr sagen wollte: „Sie sind ein großartiger Mensch. Sie schaffen es wieder! Sie haben die Kraft in sich, Ihr Leben zum Guten zu wenden. Vertrauen Sie darauf!" Ich bin überzeugt, dass meine Botschaft dieser Frau mehr Hoffnung gab als der kleine Betrag, mit dem sie sich vielleicht ein frisches Brot kaufen konnte.

Auf dem Weg zu wichtigen Erkenntnissen

Auch mir schenkte diese Frau – weit über unsere kurze Begegnung hinaus Kraft – mit ihrem Händedruck und mit diesen tiefen, aufrichtigen Blicken. Sie hat mich im wahrsten Sinn des Wortes angerührt. Ihre dankbare Berührung hat sich tief in mein Bewusstsein eingeprägt. Denn ich kenne dieses Lebensgefühl, wenn man ganz unten ist und sich von allen Menschen verlassen fühlt. Sie erinnerte mich an eine Zeit, als ich glaubte, den Erfolg schon errungen, den Gipfel erreicht zu haben.

Doch plötzlich erlebte ich den Sturz ins Bodenlose – beruflich und privat. Arbeitslos, mit einem Berufsverbot belegt, das für immer verhindern sollte, dass ich jemals wieder auf die Beine kam, wurde zur gleichen Zeit meine erste Ehe geschieden. Die leer geräumte Wohnung, in der ich noch lebte, war mit dreihunderttausend Mark Schulden belastet. Ich besaß buchstäblich nur noch ein Hemd, ein Paar Schuhe, und einen Anzug.

Als ob diese Niederschläge nicht gereicht hätten, verlor ich auch noch alle Freunde. Und zuletzt starb meine Großmutter, bei der ich aufgewachsen war und der ich meinen ganzen Halt verdankte. Ich war gepeinigt von Mutlosigkeit, Verzweiflung, Hoffnungslosigkeit und Trauer. Trotzdem habe ich es geschafft, wieder auf die Beine zu kommen, mein Leben zum Positiven zu wenden. – Und wissen Sie wie? – Lesen Sie bitte das Kapitel „Start aus der letzten Reihe!“

Schreiben Sie ein neues Programm für Ihr Denken!

Wir alle machen es uns doch so gerne bequem in unseren selbst gezimmerten Lebenslügen. Bis uns dann das Schicksal unbarmherzig mit der Wahrheit die Augen und den Verstand öffnet. Deshalb war für mich die wichtigste Erkenntnis: „Werde ehrlich!“ Ich hatte in zu vielen Dingen das wahre Gesicht meines falschen Erfolges nicht sehen wollen. Weil ich die ehernen Gesetze des wahren Erfolges nicht kannte, hatte ich mich von der chromblitzenden Oberfläche einer Traumkarosse täuschen lassen, die mit Höchstgeschwindigkeit durch eine Scheinwelt auf einen echten Abgrund zuraste. Von diesen Trugbildern musste ich mich Schritt für Schritt entfernen, ehe ich mit Zähigkeit und totaler Leistungsbereitschaft auf die Verwirklichung meines wahren Lebenszieles zugehen konnte.

Auf diesem steinigen Weg der Realität habe ich etwas gelernt, was man auf keiner Schule oder Universität lernen kann, nämlich wie man mit der Zeit alle leistungs- und erfolgshemmenden Geisteshaltungen ablegt und zur Ehrlichkeit zurückkehrt. Ich lernte vor allem, dass nur diejenigen Ziele für uns die richtigen sind, mit denen auch unser Herz und unsere Seele in Einklang steht. Denn wie sagt Albert Einstein: **„Probleme kann man niemals mit derselben Denkweise lösen, durch die sie entstanden sind.“**

Unser Denken braucht ständig ein neues Programm, wenn sich unsere Lebensumstände entscheidend verbessern sollen. Denken Sie sich deshalb mit Fantasie, Kreativität, Disziplin und Begeisterung in Ihr neues Leben hi-nein! Nehmen Sie sich jetzt in diesem Augenblick die Zeit, den Neubeginn Ihres Lebens zu entwerfen! Formulieren Sie in einigen wenigen Sätzen und Bildern Ihr Lebensziel und fassen Sie den Entschluss, dieses Lebensziel unter allen Umständen zu verwirklichen – mit Disziplin und Begeisterung! Denn Disziplin und Begeisterung sind ein hochaktiver Triebstoff für Ihren Weg in die Zukunft. Lassen Sie sich begeistern für Ehrlichkeit und Reichtum, damit Sie mit Ihrem gesunden Selbstvertrauen ans Ziel Ihrer Lebensträume gelangen.

Mit einfachen Fragen
zu einem neuen Programm

Haben Sie sich schon einmal so ganz einfache Fragen gestellt wie: „Worauf bin ich stolz? Was mag ich an mir selbst? Worin bin ich unschlagbar? Wofür kann ich mich aus ganzem Herzen begeistern?" – „Bin ich ehrlich zu mir?" „Habe ich Mut?" und „Mit wem kann ich in aller Harmonie meine Freude teilen?" – Wenn Sie auf diese entscheidenden Lebensfragen ohne Zögern eine klare und positive Antwort geben können – herzlichen Glückwunsch! Sie tragen die Wurzeln des Erfolges bereits in sich. Ihr Selbstbewusstsein und Ihre menschliche Umgebung sind in Höchstform! Geist, Körper und Seele stehen bei Ihnen in harmonischem Einklang.

Sie werden dann auch bald erkennen, dass ein paar Misserfolge nur die notwendigen Prüfsteine für Ihre innere Einstellung sind. Wissen Sie warum? – Das Schicksal begünstigt vor allem denjenigen, der weiß, dass es sein eigenes Denken, Handeln und Fühlen ist, das sein Leben bestimmt. Halten Sie deshalb unbeirrt an Ihrem Ziel fest, auch wenn ein paar Rückschläge kommen sollten.

Nur wer sein Selbstbewusstsein und sein Unterbewusstsein mit Begeisterung auf Erfolg programmiert, kann seine unerschöpflichen Energieströme fließen lassen. Vertrauen Sie auf meine Vorhersage: Sobald Sie Ihr Selbstbewusstsein zurückgewonnen haben und Ihre Energie wieder fließt, steigt Ihr Lebensmut und wächst Ihr Reichtum ganz von alleine! Selbstbewusstsein und Motivation sind die Grundlage Ihres Erfolges. – Sie zweifeln doch nicht etwa daran? Glauben Sie mir, ich habe schon einer ganzen Reihe von Menschen, die mich um Hilfe baten, durch eine ehrliche Diagnose weitergeholfen. Ich habe als allererstes ihr Selbstbewusstsein gestärkt. Sie waren anschließend völlig überrascht, wie schnell plötzlich Energie und Reichtum flossen!

Nehmen Sie den ehrlichen Weg zu Reichtum und Erfolg

Wirklich reich und unabhängig werden kann man nur durch Ziele, auf die man mit Begeisterung hinarbeitet. Mit einem Lebensfeuer, das aus einem ehrlichen Herzen strömt! Deshalb meine Botschaft an jeden, der den unerschütterlichen Entschluss gefasst hat, ein erfolgreiches Leben in dem ihm zustehenden Reichtum zu führen: „Lebe ehrlich!" Ehrlichkeit ist die Voraussetzung für diesen Reichtum. Ehrlichkeit ist der erste und wichtigste Schritt auf dem Weg zu dauerhaftem Erfolg! – Klingt das nicht weltfremd oder gar paradox, in einer Welt, in der so viele Menschen durch Unehrlichkeit zu Macht, Einfluss und Reichtum gekommen sind?

Warum glauben Sie, lauten die ersten beiden Zeilen der Psalmen in der Bibel, dem größten Lebensbuch aller Zeiten: „Selig ist der, der nicht folgt dem Rat der Bösen, der nicht geht auf dem Weg der Sünder, noch sitzt in der Runde der Spötter!"

Glauben Sie an das unumstößliche Gesetz der Wahrheit und Ehrlichkeit: Sie können nur den Reichtum ohne

Schuldgefühle genießen, den Sie erarbeitet haben, ohne Ihre Mitmenschen zu täuschen, zu belügen oder ihnen sonst irgendwie zu schaden. Ehrlich erworbener Reichtum dagegen kann niemals schaden!

Die neue Definition von Reichtum

In diesem Sinne muss auch ehrlicher Reichtum neu definiert werden. Reichtum wird in Zukunft an der Gesundheit unseres wunderbaren blauen Planeten bemessen werden. Gold, Silber, Edelsteine, ja selbst Land und Häuser in den teuersten Gegenden dieser Erde sind fallende Werte. Reichtum wird in dem Zeitalter, das gerade anbricht, an der Gesundheit aller miteinander verknüpften Lebensparameter bemessen.

Wir Menschen sind doch nur ein Teil dieses bis in die letzten Einzelheiten vernetzten ökologischen Systems. Unser Körper, unser Geist und unsere Seele leben im Austausch mit unserer Erde, mit den Flüssen und Meeren, mit dem üppigen Reichtum der Regenwälder genauso wie mit der kargen Schönheit der Steppen, Tundren und Wüstengebiete, mit allen Tieren, von den Walen bis zu den unsichtbaren Mikroorganismen – wie es schon Franz von Assisi in seinem unvergleichlichen Hymnus an die göttliche Natur, in seinem berühmten „Sonnengesang" ausgedrückt hat.

Nicht das Geld auf der Bank, nicht der Egoismus des einzelnen, sondern der Gesundheitszustand unseres Planeten ist die Messlatte. Ehrlicher Reichtum bedeutet viel, viel mehr als die unbegrenzte Ansammlung materieller Güter. Wer nur für Geld und Luxus arbeitet und dabei seinen Ursprung vergisst, wird nie dauerhaft glücklich und erfolgreich sein. Bedenken Sie, wie viele Menschen haben auf dem Weg zu Geld und egoistischem Reichtum ihr Herz, ihr Glück, ja sogar ihr Leben verloren!

Werden Sie reich an Harmonie!

Auch im Zusammenleben der Menschen untereinander muss die Frage nach menschlichem Reichtum neu definiert werden. Sie lautet: „Bist du reich an Wissen, bist du reich an Ehrlichkeit, bist du reich an Harmonie, bist du reich an reinem Herzen, bist du reich an Freude, bist du reich an Zuwendung zu deinen Mitmenschen, bist du reich an Mut, bist du reich an Begeisterung?"

Häufig haben wir den Eindruck, dass wir in einer kalten, distanzierten Gesellschaft leben. Höflichkeit, Rücksicht, Zuneigung, Liebe und positives Denken werden oft als naiv und hoffnungslos altmodisch angesehen. Dagegen sind Misstrauen, Kälte, Distanz, Unehrlichkeit, Egoismus, Raffgier und Neid gefährliche, negative Strömungen, die uns Menschen verletzen.

Dieses negative Denken macht krank. Glauben Sie mir, es ist die unwiderlegbare positive Erkenntnis: Seit Menschen über ihr Menschsein nachdenken, steht fest – nur positives Denken schafft Freude, Gesundheit und Glück. Schon aus diesem Grund lautet mein Rat an Sie: Glauben Sie an die Wahrheit, an Glück, an Harmonie, an die unumstößlichen Gesetze des Kosmos. Glauben Sie an Freude, an Zuneigung und Liebe! Das sind die wirklich positiven Wege des Lebens. – Welchen Weg wählen Sie? Welche Rolle spielt in Ihrem Leben die Nähe zu anderen Menschen, zur Familie, zu Freunden, Kollegen und Partnern? Welche Rolle spielt in Ihrem Leben die Wahrheit? Gehen Sie mit offenem Herzen auf alle Menschen zu, die Ihnen begegnen? Freuen Sie sich an ihrer Einzigartigkeit? Seien Sie offen für ein Gespräch mit Andersdenkenden!

Lebendige und vorurteilsfreie Kommunikation ist eine unersetzliche Brücke zum Erfolg und unser kürzester Weg in Richtung Glück. Offen, ehrlich und mutig auf andere Menschen zuzugehen hat mein Leben und meine Zukunftsperspektiven entscheidend beeinflusst. – Wie? – Das werde ich Ihnen in dem Kapitel erzählen „Wie man mit einer Briefmarke sein Leben verändert".

Worin das größte Risiko liegt

Wie ist Ihre derzeitige Grundstimmung gegenüber dem Leben? Glauben Sie an die Kraft des Guten, der Freude und des Glücks? Glauben Sie an den Sieg der Gerechtigkeit? Glauben Sie an die Kraft intakter Beziehungen? Glauben Sie an ehrliche und aufrichtige Gespräche! Glauben Sie an Gott! – Ich kann Ihnen versichern, der positiv denkende Mensch glaubt. Ein gläubiger Mensch sieht nicht über die dunklen Seiten des Lebens hinweg. Er gibt ihnen nur einen anderen Stellenwert, denn er weiß, dass nichts in seinem Leben geschieht, ohne dass er dafür selbst verantwortlich ist.

Sie kennen doch sicherlich auch Menschen, die immer nur klagen, jammern, in jeder Lebenslage nur das Schlechteste erwarten und sich mit grimmiger Freude bestätigt sehen, wenn es eintrifft. Diese Menschen tragen häufig die durchsichtigsten Ausreden als Schutzschild gegen den Erfolg vor sich her! Weil sie sich der Gestaltungskraft ihres Geistes und der Energie des positiven Denkens noch nicht bewusst sind. Deshalb bleiben sie vorsichtshalber, was sie sind – mutlos, unzufrieden und negativ!

Obwohl diese Menschen mit ihrer Gegenwart oft höchst unglücklich sind, scheuen sie das Risiko einer hoffnungsvollen Veränderung für die Zukunft. Vielfach scheuen sie auch die Forderung nach harter Arbeit und bedingungslosem Einsatz, ohne die kein Traum verwirklicht werden kann. Denen, die nicht bereit sind, zu lernen, sich zum Positiven zu verändern, kann ich keine sehr hoffnungsvolle Prognose mit auf den Weg geben! Denn wir leben in einem Risikozeitalter, in dem nur der bestehen kann, der der mutig seine Ziele verfolgt und der über ausreichendes Wissen verfügt! Wer vor dem Risiko der Zeit, in der wir leben, davonläuft, wird vom Risiko eingeholt! Ein Leben ohne Risiko bleibt aber arm, eintönig, stumpf und inhaltslos. Denn das größte Risiko liegt im permanenten Vermeiden von Risiken. Wer das Risiko meidet, vermeidet seinen Erfolg!

Ihr Aufbruch zu einem
neuen Leben

Begeistern Sie sich für die Fülle an Möglichkeiten, die in Ihnen steckt und für den Reichtum, der für Sie bereit liegt! Mit meinem Buch „Lebe ehrlich – werde reich!" will ich Ihnen aufzeigen, wie wichtig es ist, sein Leben selbst in die Hand zu nehmen. Denn es lohnt sich immer, sein Leben zum Positiven zu verändern. Zweifeln Sie bitte nicht an dieser wunderbaren Tatsache. Oder können Sie diese Botschaft noch nicht glauben? Dann fühlen Sie Ihren Herzschlag und fragen Sie Ihre fünf Sinne: „Wie lebe ich?" Wenn Sie mit Ihrer ehrlichen Antwort nicht zufrieden sind, dann ist es höchste Zeit für einen Aufbruch zu einem neuen Leben. Fassen Sie sich ein Herz und gehen Sie der Persönlichkeit entgegen, die Sie sein können!

Wenn Sie davon träumen, Ihr Leben selbständig in die Hand zu nehmen, wenn Sie sich an einer Leistung orientieren, die Ihnen Freude macht, wenn Sie einen sagenhaften Ehrgeiz in sich verspüren, besessen sind von einer Idee und in absoluter Strenge gegenüber sich selbst für ihre Ziele kämpfen wollen, dann kann ich Ihnen eines prophezeien: „Zeiten großer Chancen stehen vor Ihnen! Denn Sie wissen ja, Krisen sind immer auch Wegweiser für große Chancen!" Viele meiner Erfolge begannen in der Krise! Haben Sie also keine Angst vor Krisen!

Werden Sie Ihr eigenes Erfolgsoriginal

Vor einem Trugschluss möchte ich Sie allerdings schon an dieser Stelle warnen: Ahmen Sie selbst in einer Krise nie die Erfolge anderer Menschen nach! Damit werden Sie bestenfalls eine Erfolgskopie. Nehmen Sie sich an den Erfolgen anderer Menschen nur ein Beispiel und finden Sie dadurch Ihr eigenes Erfolgsoriginal! Hören Sie auf Ihr eigenes Unterbewusstsein, auf Ihre eigene Intuition und auf die Signale Ihres eigenen Geistes und Ihrer eigenen Kräfte. Denn es gibt nur ein Erfolgsrezept, das heisst: eigener Einsatz, eigener Mut, eigene Kreativität und Begeisterung!

Sie können sich von den Erfahrungen anderer nur anregen lassen – und Ihren eigenen Weg zum Erfolg unbeirrt weitergehen. Dann werden auch Sie eines Tages dieses Wunder unerschöpflicher Kraft und Erleuchtung über die ewigen Gesetze des Erfolges in sich spüren! Es gibt nur einen Menschen, der Ihren Erfolg zustande bringen kann. Er steht vor Ihnen, wenn Sie in den Spiegel schauen. Sie kennen ihn besser als irgendjemand anderen. Es sind – Sie selbst! Wenn Sie die Erkenntnisse Ihrer inneren Zwiegespräche umsetzen, wird Sie niemand mehr an Ihrem Erfolg hindern können.

Beherzigen Sie die tiefe Erkenntnis des chinesischen Dichters und Weisen Lin Yutan, der sagt: „Wer sein Glück anderswo sucht, als in sich selbst, wird es nie finden!"

Ich freue mich auf Ihren Erfolg und auf Ihr Glück!

Start aus der letzten Reihe

Jeden Nachteil kann man ausgleichen!

Fühlen Sie sich vom Schicksal benachteiligt? – Weil Sie aus ärmlichen Verhältnissen kommen und keinerlei Unterstützung von Ihren Eltern hatten? – Weil Ihre Eltern häufig Streit hatten? – Weil Sie nicht auf eine Höhere Schule gehen konnten und „nur" einen Volksschulabschluss haben? – Oder werden Sie von Ängsten, Sorgen und Problemen erdrückt? – Weil Sie in einer zu Ende gehenden Beziehung leben und gerade Ihren Job verloren haben? – Weil Sie Ihre wahren Gefühle vor Ihrem Partner verstecken und allen Ärger mit sich alleine ausmachen müssen? – Weil Sie als Verlierer für Ihre vermeintlichen Freunde, ja, vielleicht sogar für Ihre Familie uninteressant geworden sind? – Weil Sie aus heiterem Himmel von einem Menschen fallengelassen wurden, den Sie wie einen Vater verehrt haben? Und weil dieser Mensch, für den Sie alles gegeben haben, Sie mit einem Prozess verfolgt und Sie für immer aus Ihrem beruflichen Wirkungsfeld vertreiben will? Obendrein stecken Sie wegen des unüberlegten Kaufes einer Eigentumswohnung bis zum Hals in Schulden?

Bleiben Sie nicht bei bohrenden Fragen stehen

Einer dieser Nackenschläge würde wahrscheinlich ausreichen, um sich seine Zukunft in düstersten Farben zu auszumalen. Aber das Schicksal begnügt sich bekanntlich nicht mit halben Sachen. Um das Maß voll zu machen, verlieren Sie mitten in dieser traurigen Lebenslage für immer den einzigen Menschen, der Ihrem Leben Halt gab. Spätestens jetzt hätte jeder Mensch Verständnis dafür, wenn Sie in tiefe Verzweiflung und Hoffnungslosigkeit verfielen. Wenn in Ihnen die bohrende Frage aufkeimen würde, ob es überhaupt noch einen Sinn macht weiterzuleben. Wahrscheinlich fände es nach dieses Erfahrungen jeder verständlich und normal, wenn Ihre Gedanken für den Rest Ihres Lebens hauptsächlich um die eine Frage kreisen würden: „Womit habe ich das bloß verdient, warum treibt das Schicksal ausgerechnet mit mir ein so grausames Spiel?"

So werden Träume Wirklichkeit

Ihre Vorstellung von sich selbst und Ihre Einstellung zu dieser Situation kann aber auch grundlegend anders sein, nämlich positiv, zuversichtlich, lebendig und voller Optimismus! Und dann wird auch Ihr Lebensweg völlig anders verlaufen. Denn Sie werden trotz aller vorübergehender Beunruhigungen, Sorgen, und vielleicht auch Misserfolge niemals den Glauben an sich selbst verlieren. Und dieser Glaube wird Sie unüberwindlich stark machen und Ihnen die Kraft verleihen, um keinen Preis aufzugeben. Sie werden dann plötzlich die Wunderkraft Ihres Glaubens an sich selbst erleben und eine herrliche, von Leben und Freude erfüllte Zukunft vor sich sehen: Ihre Visionen und Wunschträume werden sich Stück für Stück in greifbare, fühlbare Wirklichkeit verwandeln. Werden Sie mit aller Gelassenheit ein großer Träumer! Träumen Sie von Lösungen, Erfolgen und vom Guten in Ihrem Leben!

Eines Tages fahren Sie dann in ein Büro, in dem Sie Ihre großen Träume und kühnen Pläne verwirklicht sehen. Dieser Wirkungskreis strahlt Leben, Freude an der Arbeit und sprühende Energie aus. Sie freuen sich auf die Zusammenarbeit mit hoch motivierten Menschen, telefonieren mit Geschäftspartnern rund um den Globus, schreiben Bücher, halten Vorträge und diskutieren mit den Spitzen aus Politik, Wirtschaft und Medien.

Unmöglich! – Das sind doch Märchen, die man für kleine Kinder erfindet, damit sie an die Glücksfee glauben. – Nein! Ich kann Ihnen versichern, genauso ist ein großes Stück meines Lebensweges verlaufen. Lassen Sie mich Ihnen dieses Leben etwas ausführlicher erzählen, damit Sie erkennen, dass nichts davon Glück oder Zufall ist, es sei denn, man glaubt daran, dass man Glück erarbeiten kann und dass Zufall das ist, was einem „zufällt", wenn man den Kampf nicht aufgibt!

Meine Eltern, meine Herkunft, meine Kindheit

Geboren wurde ich im Sternzeichen des Zwilling, kurz vor Kriegsende, in einem kleinen Landstädtchen in der Nähe von München, weil meine Mutter wenige Wochen vor meiner Geburt in Ihrer Wohnung am Marienplatz, mitten in München, ausgebombt worden war. Als ich vier Jahre alt war, kehrte sie mit mir dorthin zurück. Das ist der Grund, warum ich kaum Erinnerungen an mein frühes Leben auf dem Lande habe. Die Kindheit, an die ich mich erinnere, spielte sich im Herzen von München ab, fünfzig Schritte von der Mariensäule entfernt. Zentraler konnte man in München nicht wohnen.

Die Erlebnisse und Erfahrungen aus dieser Zeit sind für mich unvergesslich. Kein Stadtfest, keine Feier, keine Prozession, kein Trachtenzug, keine politische Großveranstaltung, die ich nicht zusammen mit meiner Mutter aus dem 5.Stock miterleben konnte. Auch wenn keine Feste gefeiert wurden war dieser Blick aus dem Fenster immer bunt und ereignisreich. Er stachelte meine unbezähmbare Neugierde an.

Das war spannender als Fernsehen, das es damals noch gar nicht gab. Auf diesem Marienplatz meiner Kindheit herrschte brodelndes Leben. Das war ein Verkehrsknotenpunkt, in dessen Mitte sich die Schienenwege zahlreicher Straßenbahnlinien kreuzten. Der immer stärker werdende Autoverkehr zwängte sich zusammen mit den bimmelnden, weißblauen Straßenbahnen mühsam durch den gotischen Torbogen des Alten Rathauses. Zu den Stoßzeiten hatten die Fußgänger Mühe, auf den schmalen Gehsteigen und Verkehrsinseln Platz zu finden. An diesem Platz zeigte sich auch der rasante Wiederaufbau der Stadt München zuallererst. Die Ruinen verschwanden, die Straßenbeleuchtung wurde heller, und wenn es neue Autotypen gab, sah man sie hier am ersten. Und welcher Junge entdeckt nicht mit großer Begeisterung neue Autos?

Dieses Schauen aus dem Fenster war immer mit großer Nähe zu meiner Mutter verbunden. Sie hatte nämlich fürchterliche Angst dass ich aus dem Fenster fallen könnte, weil wir doch so hoch oben wohnten. Alleine durfte ich nur durch die geschlossenen Scheiben spähen. Ihre Aufforderung „Komm, Erich, jetzt darfst du mit mir zum Fenster rausschauen!" war deshalb hundertmal schöner als wenn ich meinen eigenen Fernseher im Zimmer gehabt hätte. Wir brauchten auch keine Uhr. Wir konnten die Zeit vom Glockenspiel ablesen, für das heute täglich Tausende von Touristen aus aller Welt pünktlich um elf Uhr ihre Köpfe in den Nacken legen und die Kameras zücken.

Natürlich blieb ich als Kind nicht immer in dieser luftigen Höhe. Ich durchstreifte neugierig und immer auf der Suche nach kindlichen Abenteuern die Straßen der Innenstadt und ging Fußballspielen mit meinen Freunden. Damals lebten mitten in der Stadt noch Kinder. Was glauben Sie, wo unser Fußballtor stand? Wir legten einfach zwei große Steine und später unsere Schultaschen an den Aufgang zum Hauptportal des weltberühmten Liebfrauendoms mit seinen ungewöhnlichen Kuppeltürmen. Ich werde nie vergessen, wie mir einmal nach einem gelungenen Torschuss der große, ja majestätisch wirkende Kardinal Faulhaber mit der Hand über den Kopf strich, als er aus dem Dom kam.

Warum wir die Fische nur anschauen konnten

Samstag war für meine Mutter und mich immer ein besonderer Tag. Da gingen wir beide zusammen auf den nahe gelegenen Viktualienmarkt. Am liebsten zu den Fischständen, wo man in den Bottichen die Fische herumschwimmen sah. Wir konnten die Karpfen, die Forellen und Hechte nur gemeinsam bestaunen. Kaufen konnte meine Mutter sie für uns nicht. Denn eines muss ich dazusagen. Wir beide waren bitter arm, auch wenn ich das als Kind nicht so empfand. Ich kannte ja nichts anderes. Außerdem waren zu Anfang nur wir beide da, denn für meinen Vater hatte der Krieg noch lange nicht aufgehört. Er büßte mit den schönsten Jahren seiner Jugend für die Schuld einer Clique von Verbrechern, die die halbe Welt mit Krieg überzogen, weil sie Deutschland größer machen wollten.

Jahre des Wartens

Auch für meine Mutter vergingen diese Jahre des Wartens und sich Bekümmerns nur langsam. Der Mann, mit dem sie gehofft hatte glücklich zu werden, saß irgendwo in den Weiten Russlands in einem Lager, Tausende von Kilometern entfernt, und sie hatte nicht einmal eine Ahnung, wo.

Ich habe sehr lange gebraucht, dieses harte Schicksal zu verstehen – und zu verstehen, dass ein hartes Schicksal eben hart machen kann. Denn auch ich habe in späteren Jahren mein Herz meiner Mutter gegenüber für viele Jahre abgeriegelt. Dabei spüren wir doch alle die wunderbare Wahrheit, die in dem Satz des Kleinen Prinzen liegt: „Man sieht nur mit dem Herzen gut!" Der großartige französische Dichter Antoine de Saint Exupéry hat sie ihm in den Mund gelegt. Ich bin überglücklich, dass ich diesen Zugang zu meiner Mutter später wieder gefunden habe. Wir konnten noch viele Jahre gemeinsam auf unser Leben zurückschauen und darüber sprechen, wenn ich sie besuchte, mit ihr telefonierte oder einen Ausflug machte. Wenige Jahre, bevor sie starb sagte sie zu mir: „Jetzt ist die glücklichste Zeit meines Lebens!" Was glauben Sie, wie mich dieses Öffnen Ihres Herzens froh und glücklich gemacht hat.

Lange Zeit am Glück vorbei

Meine Mutter war im wahrsten Sinn des Wortes ein Stiefkind des Schicksals – die längste Zeit ihres Lebens! In ärmlichen Verhältnissen ohne Vater aufgewachsen, von frühester Kindheit an kränklich, musste sie bereits während ihrer Volksschulzeit körperlich Schwerstarbeit leisten. Liebe, Geborgenheit, Wärme hatte sie in ihrer Familie nie erfahren, und dieses Leben ohne Liebe setzte sich leider auch in der Ehe mit meinem Vater fort. Die beiden hatten sich wenige Wochen nach der Hochzeit wieder trennen müssen, denn mein Vater wurde in den ersten Kriegstagen eingezogen. Von da an wurde er, wie Millionen anderer junger Männer auch, mit der deutschen Wehrmacht quer durch Europa, von einem Kriegsschauplatz zum nächsten transportiert.

1951 kam er völlig verändert aus russischer Kriegsgefangenschaft zurück. Dieser überaus gescheite und musisch begabte Mann hatte dort die letzten Jahre seiner Jugend verbracht. Für diesen jungen Lejeune gab es jedenfalls keine „Jeunesse dorée", keine „goldene Jugend." Er muss in diesen Jahren schreckliche Dinge erlebt haben, denn er war zutiefst deprimiert und körperlich wie seelisch gebrochen. Zu Hause fand er nichts, was ihm Hoffnung auf ein eigenes, erfülltes Leben hätte geben können. Deutschland lag

in Trümmern, immer noch, wie Sie zum Beispiel in den frühen Erzählungen des Literaturnobelpreisträgers Heinrich
Böll nachlesen können. Auch er hat diese Zeit mit schwersten seelischen Verletzungen durchlitten. Ja, das beginnende
deutsche „Wirtschaftswunder" war keine gute Zeit für sensible Menschen.

Mein Vater jedenfalls fand keine Möglichkeit, seine musischen Fähigkeiten auszubauen und damit den Lebensunterhalt für seine Familie zu verdienen. Vielleicht hatte er
einfach nicht mehr die nötige Durchsetzungskraft, die in
diesen frühen Jahren nach der Währungsreform für den
Aufstieg erforderlich gewesen wäre. Im Vollbesitz seiner
Kraft hätte mein Vater diese Zeit des allgemeinen Aufstiegs
sicher fantastisch nutzen können, denn er stammte aus einer vornehmen und wohlhabenden Aachener Hugenottenfamilie, eine Herkunft, auf die er sehr stolz war. Wohlbehütet war er in großbürgerlichen Verhältnissen aufgewachsen
– mit Kindermädchen und Chauffeur und allem Luxus, der
einer erfolgreichen Kaufmannsfamilie in der damaligen
Zeit zur Verfügung stand. Was hatte ihn so nachhaltig zerbrechen lassen? Wieso gelang es ihm nie wieder, im Leben
richtig Fuß zu fassen? Warum fand er nie mehr die Kraft,
für seinen Erfolg zu kämpfen?

Warum ich ohne Antwort blieb

Auf diese Frage, die mich sehr berührt und mich mein Leben lang beschäftigt, habe ich von meinem Vater leider keine richtige Antwort bekommen. Trotz meiner vielen Versuche, einen Weg zu seinem Herzen zu finden, ließ es sein
Stolz nicht zu, sich mir zu öffnen. Ich konnte nie mit ihm
darüber sprechen. Und es macht mich noch heute traurig,
dass ich nicht einmal gegen Ende seines Lebens einen Zugang zu ihm fand. Ich glaube, dass er tief in seinem Innersten eine ganz große Vorstellung von seinem Leben und von

seiner Vaterrolle hatte. Beides hing in dieser Vorstellung sicher ganz eng zusammen. Für ihn bedeutete, so vermute ich, ein guter Vater zu sein: beruflich erfolgreich und damit seinem Sohn ein leuchtendes Vorbild zu sein. Und da er das eine nicht war, glaubte er, auch das andere nicht sein zu dürfen. Ja, ich bin heute davon überzeugt, dass das der Grund war, warum er sich verschloss. Er wollte seine Scham über den beruflichen Misserfolg verbergen – vor sich und vor den Menschen, die er sicherlich mehr liebte, als diese ahnen konnten. Deshalb baute er eine unüberwindliche Mauer um sein verletztes Herz. Das war die Tragik seines schweren Lebens!

Sein Leben war Enge

Mein Vater beendete seine berufliche Laufbahn als Portier der Münchner Universitäts-Tierklinik. Als Kind konnte ich ihn natürlich nicht so verstehen, wie ich das heute kann. Damals erlebte ich nur, dass er seine Verzweiflung, seine Hoffnungslosigkeit und seine Depressionen mit Alkohol betäubte. Ich werde sicherlich mein Leben lang nicht vergessen, was für ein Gefühl es war, wenn ich ihn in seinem angetrunkenen Zustand aus einem Gasthaus abholen musste, weil meine Mutter Angst vor seinen Aggressionen hatte. Aber glauben Sie mir, so schrecklich der Kampf mit dieser Situation auch war, ich empfand es immer als ein Erfolgserlebnis, wenn es mir endlich gelungen war, ihn wieder einmal nach zu Hause zu bringen.

Manchmal brach, wenn wir zu Hause waren, sein verzweifelter Zorn aus ihm heraus. Dort spürte er die ganze Enge seines Daseins. Dann musste ich mich in meinem Zimmer einschließen, weil er drohte, handgreiflich zu werden. Dennoch empfand ich meinem Vater gegenüber nie Aggressionen. Es tat mir nur weh, dass er sich auch in nüchternem Zustand kaum um mich kümmerte.

Worauf mein Vater stolz war

Eines aber habe ich von meinem Vater ganz sicher gelernt, und dafür bin ich ihm unendlich dankbar: Er war ein äußerst zuverlässiger und disziplinierter Arbeiter. Egal, wie schlecht es ihm ging, er verließ jeden Morgen pünktlich um fünf Uhr das Haus und ging zu seiner Frühschicht als Autowäscher bei einer bekannten Autovertretung in München. In seinem ganzen Leben blieb er nicht einen Tag seiner Arbeit fern. Er war sich wohl der Tatsache bewusst, dass ein Leben ohne Arbeit keinen Mittelpunkt hat. Und wenn er schon nicht den großen Entwurf seines Lebens verwirklichen konnte, wollte er seinem Leben wenigstens durch eine solch bescheidene Arbeit Sinn und Inhalt geben. Sichtbare und zählbare Leistung war für ihn offenbar sein Lebensinhalt. So kam er manchmal nach der Arbeit nach Hause und erzählte voll Stolz: „Heute habe ich wieder 60 Autos gewaschen!" Und ich muss hinzufügen – mit seinen eigenen Händen, denn damals gab es noch keine vollautomatischen Waschstraßen!

Sprachloser Abschied

Bei seinem viel zu frühen Tod machte ich eine unglaubliche Erfahrung. An einem ganz normalen Vormittag im Büro wurde ich durch den Anruf des Hausarztes aus einer geschäftlichen Besprechung herausgerufen. Er sagte mir kühl und ohne jegliche Anteilnahme: „Entschuldigen Sie bitte die Störung, Herr Lejeune, Ihr Vater ist soeben verstorben!" Sofort sprang ich ins Auto und fuhr zu meinem Vater nach Hause. Dort stand ich zunächst wie betäubt an seinem Totenbett, denn auch ich hatte mich viele Jahre ihm gegenüber verschlossen. Während ich so vor ihm stand, lief unser ganzes nicht gelebtes Leben wie ein Film in mir ab.

Nach einer Weile wurde mir bewusst, dass dies der Moment der endgültigen Trennung war. Still legte ich meinem Vater zum Abschied meine Hand auf die Stirn. Plötzlich fühlte ich mit einer fast erschreckenden Unmittelbarkeit, wie eine ungeheure Energie aus diesem leblosen Körper auf mich überströmte. Ich hatte den Eindruck, dass in diesem Augenblick alle Entfernungen zwischen uns für immer aufgehoben wurden. Wir waren uns in diesem Augenblick so nahe wie nie im Leben zuvor. Dieses Gefühl seiner Kraft und Energie, die er mir zum Abschied übertrug, war unbeschreiblich. Sie ist in mir geblieben – bis heute.

Erinnern Sie sich an die schönen Seiten Ihrer Kindheit!

Herkunft ist das, wo wir herkommen, und nicht unbedingt das, wo wir hingehen. Aber wohin wir auch gehen – wir können unsere Herkunft nicht einfach ablegen wie einen Anzug oder ein Kleid, das uns zu eng geworden ist. Aus vielen Gesprächen und auch aus meiner ganz persönlichen Erfahrung weiß ich, dass es nicht immer leicht ist, seine Herkunft anzunehmen. Überall trifft man Menschen, die davon überzeugt sind, dass alles Unglück in Ihrem Leben schon mit Ihrer Herkunft angefangen hat. Bis ins hohe Alter verstecken sie persönliches Versagen im Beruf und in ihren zwischenmenschlichen Beziehungen hinter dieser Ausrede: Das ist die Schuld meiner Familie!

Ich möchte Ihnen deshalb mit einem demütigen Rückblick auf meinen eigenen, langen Lernprozess den guten Rat weitergeben: „Denken Sie bitte einmal so objektiv wie möglich darüber nach, was Ihnen Ihre Eltern Positives auf Ihren Lebensweg mitgegeben haben. Plötzlich werden Sie feststellen, dass Ihr Vater nicht nur jähzornig und Ihre Mutter nicht nur streng und unnachgiebig war. Sie werden feststellen, dass Ihre Eltern mit allem, was sie Ihnen mitgegeben haben, das Wichtigste in Ihrem Leben sind! Wir lassen uns nur zu gerne auch in unseren engsten Beziehungen dazu verleiten, uns mit vereinfachenden Klischeevorstellungen zufriedenzugeben.

Suchen Sie die schönen Stunden
Ihrer Kindheit!

Denken Sie einmal darüber nach – vielleicht haben ihre Eltern Ihnen die Freude an der Musik und am Lesen, die handwerkliche Geschicklichkeit im Nähen oder die glückliche Hand in der Gartenarbeit mitgegeben. Erinnern Sie sich doch lieber an die schönen Stunden, die Sie zusammen verbracht haben – ja, an den gemeinsamen Blick aus dem Fenster, den Einkauf auf dem Markt. Vielleicht hat Ihnen Ihre Mutter beigebracht, worauf man beim Einkauf für den sonntäglichen Festbraten achten muss. Wäre es nicht eine gute Idee, sich einmal – nur für ein einziges Mal daran zu erinnern, wie so ein Mittagessen ablief – und es zu wiederholen? Oder vielleicht hat Ihnen Ihr Vater im Beisein der ganzen Familie das Tennisspielen beigebracht. Wann haben Sie das letzte Mal mit ihm gespielt? – Dabei könnte dann auch dieser kleine Schritt geschehen, dass Sie Ihren Eltern das verzeihen, was Sie Ihnen seit vielen Jahren innerlich vorwerfen und was zwischen Ihnen und Ihrem Leben als Kind steht.

Ich gebe Ihnen diesen Rat nicht von oben herab. Ich selbst habe mehr als ein halbes Leben lang einfach vergessen, dass mir meine Mutter in einer Zeit größter Not zu Weihnachten eine elektrische Märklin-Eisenbahn geschenkt hat. Die riesenhafte Summe von sechzehn Mark für dieses wunderbare Geschenk hat sie ein ganzes Jahr lang von ihrem hart verdienten Lohn, den sie mit Putzen erarbeitete, Pfennig für Pfennig zusammengespart. Wie konnte ich das so lange vergessen?

Mit dem Mondscheintarif
zurück in die Kindheit

Wenn auch Ihnen gelungen ist, ein solches „Vater-Mutter-Erlebnis" in den Tiefen Ihres Gedächtnisses wiederzufinden, werden Sie plötzlich feststellen, um wie viel reicher Ihr Leben mit diesem Schatz aus der Erinnerung geworden ist. Aber Sie müssen mir versprechen – wenn Ihre Eltern noch leben, egal, was Sie von Ihnen trennt, teilen Sie diesen Schatz mit Ihnen. Laden Sie sie ein! Postkarte genügt! Oder nutzen Sie den Mondschein-Tarif. Oder nehmen Sie die nächste U-Bahn, Autobahn oder auch das Flugzeug. Ich wünsche Ihnen das tiefe Glück, das daraus entsteht, von ganzem Herzen! Ich habe es leider nur zur Hälfte erlebt.

Werfen Sie einen Blick
auf den Kern der Dinge!

Was hat mich zum Beispiel meine Mutter alles gelehrt? – Liebe, die ihre Taten nicht an die große Glocke hängt, Verzicht für einen anderen, Ausdauer und die Erkenntnis, dass sich Zuneigung oft hinter einer Schale von Strenge, Disziplin, ja sogar Aggression verbergen kann. Meine Mutter, die in ihrem Leben selbst nie wirkliche Liebe erfahren hatte, war einfach nicht immer in der Lage, mich ihre Liebe spüren zu lassen. Ihre Krankheit, ihr täglicher Kampf mit ihrem schweren Leben machten sie reizbar. Aus dieser Anspannung heraus reagierte sie manchmal aggressiv und verletzend. Aber ihr starker Charakter hat mich nachhaltig geprägt. Von ihr habe ich gelernt zu kämpfen. Denn sie hat immer gekämpft, nicht den großen Kampf, bei dem man entweder gewinnt oder verliert. Nein, sie kämpfte den kleinen, alltäglichen Kampf ums Überleben, der nie aufhört. Und ich kann Ihnen sagen, sie hat nie aufgegeben. Sie kämpfte jeden Tag gegen ihre schwere Krankheit – bis ans Ende ihres Lebens. Nie habe ich sie jammern gehört. Und sie war immer voller Hoffnung. Das Wissen um ihren Kampf gab auch mir immer wieder Kraft!

Lernen Sie
an Wunder glauben!

Trotz ihres schlimmen Gesundheitszustandes ging meine Mutter, als ich ein kleiner Junge war, beinahe täglich nach ihrer Arbeit als Verkäuferin noch zu verschiedenen Putzstellen. Als sie einmal längere Zeit so krank war, dass sie nicht arbeiten konnte, war unsere finanzielle Situation wieder einmal katastrophal! Wir lebten tagelang von Maggiwürfeln, das Stück für zwei Pfennige. Mit etwas heißem Wasser überbrüht, ergaben sie unsere Mahlzeit. Aber glauben Sie mir, selbst auf die größte Armut fällt immer wieder ein Hoffnungsstrahl, der wie ein Wunder wirkt!

Mitten in dieser Zeit des Hungerns fand ich beim Spielen auf einer Wiese sechs blitzende Markstücke. Außer mir vor Freude lief ich nach Hause und brachte meiner Mutter diesen schier unglaublichen Betrag. Es wurde ein wirklicher Festtag! Meine Mutter kaufte davon ein Stück Fleisch und während sie es briet, sah ich sie zum ersten Mal nach langer Zeit wieder lächeln. Seither weiß ich, dass Lächeln der größte Kraftspender in dunklen Tagen ist. Wir aßen uns wieder einmal richtig satt und schwelgten in einem Gefühl von unermesslichem Reichtum. An diesem Tag hat uns das Leben freudig angelacht!

Als ich fünfundzwanzig Jahre später meine erste Million verdient hatte, habe ich mich nicht mehr gefreut als an diesem Tag. Nur leider holte uns damals der triste Alltag in unserer Sozialwohnung, in die wir mittlerweile gezogen waren, schnell wieder ein.

Kontakte schaffen Erfolg

In diesem Münchner Arbeiterviertel, in der unsere Art von Armut keine Ausnahme war, lernte ich früh, mich auch in freudlosen Verhältnissen durchzusetzen und zu kämpfen. Wann immer es ging, versuchte ich, diesem Leben am Rande des Existenzminimums zu entfliehen – und lernte dabei schon früh, auf andere Menschen zuzugehen. Viele Menschen, die noch unten sind, denen es sehr schlecht geht, machen den großen Fehler, sich abzukapseln. Sie verkriechen sich mit ihrer Unsicherheit, Angst und Niedergeschlagenheit hinter einer Mauer von Schroffheit und brechen oftmals den Kontakt zu ihrer Umgebung ab. Wie kann man da Freunde gewinnen und auf Menschen treffen, die einem weiterhelfen? Wie kann man da positive Impulse empfangen und Hoffnung aus der Kraft anderer schöpfen? Gehen Sie deshalb immer mit offenem Herzen auf Menschen zu, vor allem in Ihrer nächsten Umgebung. Glauben Sie mir, in einer Zeit der Veränderung gibt es nichts Wichtigeres als gute Kontakte zu anderen Menschen.

Ich überwand meine damalige Armut durch Kontakte. Ich organisierte zum Beispiel Fußballturniere, bei denen meine Freunde und Kinder aus der ganzen Gegend mitmachten. Ich veranstaltete Wettbewerbe im „Schussern", oder wie es hochdeutsch heisst, im Murmelspielen. Ich wurde durch meine ständige Übung so gut, dass ich plötzlich die meisten Murmeln hatte. Das waren alles kleine Schritte, um diesem Elend und dieser Armut zu Hause zu entfliehen. Ich kann mich noch gut erinnern, wie ich manchmal nachts in meinem Bett lag und dieses Säckchen Murmeln fest an mich drückte. Ich hatte sie mit Geschicklichkeit und Ausdauer für mich hart erkämpft. Sie waren mein ganzer Stolz und gaben mir das Gefühl unendlich reich zu sein. Auch wenn ich bewusst das Risiko suchte und sie am nächsten Tag wieder aufs Spiel setzte.

Der beste Weg
beginnt immer ganz unten!

Ich habe mir nie die Ausrede gegönnt, dass meine Eltern schuld waren an nicht gehabten Chancen und verpassten Gelegenheiten. Das ist die entscheidende Erkenntnis, die Sie aus der Schilderung meiner Kindheit und Jugend schöpfen können: „Dauerhafter Erfolg entsteht fast immer vor dem Hintergrund von Armut, Not und dem Überwinden von Nachteilen. Lesen Sie die Biografien der Menschen, die in diesem Jahrhundert zu Symbolen von Erfolg und Reichtum geworden sind – John D. Rockefeller, Henry Ford, Aristoteles Onassis, oder auch die erfolgreichsten Musiker der Geschichte, die Beatles – dann werden Sie feststellen, dass alle diese Menschen sich aus ärmlichsten Verhältnissen hoch gekämpft haben! Sie alle haben etwas gemeinsam – sie hielten sich nie mit Problemen auf. Sie dachten immer nur an Lösungen.

Was glauben Sie, warum das so ist? – Weil nur in dieser Armut der unbedingte Wille herangeschmiedet wird, mit dem man die Nachteile seines Lebens durch brauchbare Ideen in ihr Gegenteil verwandeln kann. Ich hätte mich gut und gern mein ganzes Leben mit der Ausrede begnügen können, dass mir meine armen Eltern den Besuch einer Höheren Schule oder gar eines Studiums nicht ermöglichen konnten. Sie dürfen mir glauben – trotz aller meiner autodidaktischen Anstrengungen schmerzt mich dieser Nachteil nicht. Er treibt mich nur mit unermüdlichem Ehrgeiz und großen Willen zum ständigen Weiterlernen an. **Ein Leben lang lernen** – das sind die wichtigsten „Ls" in meinem Wortschatz. Nehmen Sie diese drei „Ls" auch in Ihr Leben auf!

Durst nach Wissen – Hunger nach Bildung

Bleiben Sie nie bei den Nachteilen stehen, die sich in Ihrer Ausbildung zunächst ergeben haben! Nehmen Sie sich den großen Erfinder Thomas Alva Edison zum Beispiel. Er konnte nicht einmal ein halbes Jahr lang zur Schule gehen. Aber er hat diesen Bildungsmangel mit unermüdlichem Fleiß wettgemacht und unsere Welt mit seinen Erfindungen nachhaltig verändert.

Wer sich und andere mit Ausreden über Mängel in seiner Ausbildung abfindet, hat einfach nicht genügend Durst nach Wissen und Hunger nach Bildung. Dem nützen auch 20 Semester Philosophie nicht weiter. Das ist wie mit dem Reichtum – wer kein Gefühl dafür hat, wie er entsteht, dem kann man Millionen schenken, er wird sie in kürzester Zeit in Luft auflösen. Denn Reichtum braucht Geist, Gefühl und einen Charakter, der ihn dauerhaft absichert!

Mit Zuversicht zum Neuanfang

Ich möchte Sie mit meiner Lebensgeschichte von der feststehenden Tatsache überzeugen: „Wenn es Ihnen zurzeit nicht besonders gut geht, glauben Sie mir, darin kann auch Ihre große Chance stecken. Sie müssen nur innerlich dafür bereit sein! Vielleicht haben Sie nur noch nicht erkannt, dass der Erfolg in der Regel ganz unten beginnt. Vielleicht müssen Sie auch Ihre Anstrengungen verdoppeln. Und vor allem müssen Sie fest daran glauben, dass es immer irgendwo einen Menschen gibt, der bereit ist, Ihnen zu helfen. Sie werden ihn finden. Begeben Sie sich auf die Suche! Dann werden Sie bald erfahren, dass schlechte Zeiten immer gute Zeiten für unerwartete Chancen sind.

In jedem Fall ist es wichtig, dass Sie Ihre Vorstellungskraft auf Ziele richten, die Ihnen Freude bereiten und Ihrer Begeisterung neue Nahrung geben. Armut und Erfolglosigkeit bleiben nur dann für das ganze Leben bestimmend, wenn man der Freude, dem Glück und der Hoffnung in seinem Denken keinen Raum gibt. Überwinden Sie jeglichen Pessimismus! – Warum, glauben Sie, ist Amerika ein so erfolgreiches Land? – Das können Sie in jeder Geschichte der Einwanderung, in jeder Biografie eines Einwanderers nachlesen. Weil das Denken dieser Menschen nach wie vor und immer wieder vom Geist der Gründerväter beherrscht wird, von Menschen, die Elend und Unterdrückung nicht auf Dauer hinnehmen wollten. Sie brachen auf, um mit totalem Einsatz für die Vision von einem besseren Leben zu kämpfen und mit unüberwindlicher Zuversicht einen Neuanfang zu wagen.

Denken Sie daran, wenn Sie wieder in einen Hamburger beißen – Hamburger heißen deshalb so, weil die deutschen Auswanderer, die von Hamburg aufbrachen, nicht genügend Geld für ganze Fleischstücke hatten. Sie mussten sich mit dem billigen Hackfleisch begnügen. Die Idee, daraus ein Geschäft zu machen, nahmen sie mit in ihre neue Heimat. Vieles, was im Leben billig erscheint, kann durch die richtige Idee zu Reichtum werden!

Der große Lichtblick meines Lebens

Mein Leben hatte, wie Sie sich leicht denken können, durchaus seine dunklen und schattigen Seiten. Den großen, hellen Gegenpol dazu fand ich in Agnes Lejeune. Sie war die Mutter meines Vaters, meine Großmutter. Obwohl auch sie aufgrund der Zeitläufte in relativ bescheidenen Verhältnissen wohnte, strahlten sie und ihr Zuhause doch den Glanz und den Stolz der Aachener Kaufmannsfamilie aus. Bei ihr verbrachte ich die schönsten Tage meiner Kindheit. Sie verwöhnte mich nach Kräften. Sie war optimistisch, lebensbejahend und in ihrer selbstsicheren Art durchaus auch dominierend. Heute kann ich übrigens – trotz aller Bewunderung für diese großartige Frau – sehr gut nachvollziehen, wie meine arme Mutter, mit ihrem harten Schicksal im Hintergrund, unter dem Vergleich mit ihrer Schwiegermutter gelitten hat.

Agnes Lejeune war in jeder Hinsicht eine vollendete Dame. Sie hatte Stil, Geschmack und Lebensart. Sie war stets elegant gekleidet. Ihre Geisteshaltung und Disziplin vereinigte sich in der glücklichsten Weise mit einer aus dem Herzen kommenden heiteren Natur. Sie hatte eine aristokratische Ausstrahlung und die Art, wie sie sich bewegte, machte sie zu einer ganz besonderen Erscheinung. Für mich ist sie das überzeugendste Beispiel, dass Vornehmheit und wirklicher Adel keine Frage von Geld oder Herkunft sind, sondern allein der Herzensbildung und einem edlen Charakter entspringen. Sie hatte Freunde in allen Gesellschaftsschichten. Bei ihr verkehrten Menschen, die man sonst nur vom Hörensagen oder aus der Zeitung kannte. So erzählte Sie mir von ihren Begegnungen mit Konrad Adenauer, den sie noch als Oberbürgermeister von Köln kennengelernt hatte und den sie in der Zeit des Wiederaufbaus mehrfach wieder traf.

Legen Sie nie Ihre Kindheit ab!

Von Erich Kästner stammt die sehr weise Einsicht über das Verhältnis von Erwachsenen zu ihrer Kindheit: „Die meisten Menschen legen ihre Kindheit ab wie einen alten Hut. Sie vergessen sie wie eine Telefonnummer, die nicht mehr gilt. Früher waren sie Kinder, dann wurden sie Erwachsene, aber was sind sie nun? Nur wer erwachsen wird und Kind bleibt, ist ein Mensch!" Diesen Satz: „Nur wer erwachsen wird und Kind bleibt, ist ein Mensch!" möchte ich Ihnen ganz besonders ans Herz legen. Verlieren Sie nie das Kind in sich, das Sie einmal waren. Das Kind in uns Erwachsenen bedeutet bleibende Jugend.

Meine Lehrmeisterin für das Gute

Durch die Erzählungen meiner Großmutter und durch die selbst erlebten Begegnungen in ihrem Haus habe ich gelernt, keine Angst vor großen Namen zu haben. Sie lehrte mich, hinter Namen, Titeln oder Positionen auf den Menschen zu sehen. Und insbesondere den Menschen zu respektieren, der weder einen großen Namen noch einen eindrucksvollen Titel besaß. Damit gab mir meine Großmutter Selbstvertrauen, Mut und einen unerschütterlichen Optimismus. Nie habe ich sie resigniert oder deprimiert erlebt. Sie verkörperte positives Denken im besten Sinn des Wortes, denn sie lebte in der Überzeugung, dass sich alles zum Guten wendet. Sie war meine Lehrmeisterin für das Gute. Sie hatte die Kraft der positiven Gedanken. Und sie sagte mir immer wieder: „Erich, das Geheimnis deines Erfolges liegt in dir selbst!"

Sie lehrte mich, dass ein großer Teil unseres Lebens von unseren Vorstellungen geprägt wird und sie sah jedes Problem von seiner hellen Seite an. Für jede Schwierigkeit suchte und fand sie eine Lösung. Sie gab meiner Kindheit und Jugend Liebe, Wärme und Geborgenheit und erzog mich doch mit fester Hand. Die Eckpfeiler ihres Lebens waren die Grundtugenden Ehrlichkeit, Gerechtigkeit, Mut und Disziplin. Ich bin unendlich dankbar für die Jahre, die ich bei ihr erlebte. Sie verband ein hohes Maß an Aufgeschlossenheit mit einer tiefen und aus innerstem Herzen kommenden Frömmigkeit. Sie ging mit mir zur Kirche und pflanzte mir einen starken Glauben ein, der mich mein Leben lang begleitet und stärkt.

Werde zuverlässig – oder nass!

In ihrer Erziehung konnte sie sehr konsequent sein. Einmal kam ich erst morgens gegen vier Uhr von der Geburtstagsparty eines Freundes nach Hause. Am nächsten Morgen wollte ich ausschlafen und erst später zur Arbeit gehen. Von dieser Unzuverlässigkeit und Disziplinschwäche kurierte sie mich mit Humor und einem Eimer kalten Wassers. Den schüttete sie mir kurzerhand ins Gesicht und scheuchte mich fröhlich lachend aus dem Bett. Dieser Eimer Wasser erzog mich zu Disziplin und absoluter Pünktlichkeit. Und Sie wissen ja, „Pünktlichkeit ist die Höflichkeit der Könige!" Ich möchte hinzufügen, sie ist auch unser größtes Reservoir an sinnvoll erlebter Zeit! Sie brachte mir damit auch bei, dass Vertrauen niemals eine Einbahnstraße ist und dass derjenige, der über die Stränge schlägt, auch die Verantwortung dafür tragen muss. Sie zeigte mir – Pünktlichkeit ist ein Teil des Erfolges. Denn ohne diese Tugend gibt es keinen Erfolg!

Trotz alledem hatte sie großes Verständnis für die Wünsche und Bedürfnisse eines Jugendlichen. Dabei gab ihr ihre Intuition die beste Erziehungsmethode an die Hand. Ohne je ein theoretisches Buch über Methoden der Erziehung gelesen zu haben, wusste sie, dass man in der Erziehung die besten Erfolge dann erzielt, wenn man das Positive belohnt und das Negative löst. Das zeigt wesentlich mehr Wirkung als wenn man das Negative kritisiert und bestraft. Als ich mit 17 Jahren meine Kaufmannsprüfung abgeschlossen hatte, belohnte sie mich mit einem Moped – und bestand darauf, auf dem Rücksitz mit mir eine Runde zu drehen.

Der 7. Sinn stellt eine Weiche

Zeitlebens hatte Agnes Lejeune den 7. Sinn für richtige und zukunftsweisende Entscheidungen. Ich glaube sogar, dass diese große Gabe der Intuition mit ein Grund war, warum sehr viele Persönlichkeiten das Gespräch mit ihr suchten. Ihre Intuition gab auch meinem Leben eine entscheidende Weichenstellung!

Während meine Mutter mit Blick auf unser kärgliches Einkommen und eines besseren Verdienstes wegen wollte, dass ich eine Friseurlehre begann, erkannte Agnes Lejeune offensichtlich, dass in mir die kaufmännische Ader meiner hugenottischen Vorfahren durchgeschlagen hatte. Sie besorgte mir nach dem Abschluss der Volksschule eine Lehrstelle als Großhandelskaufmann in einer Handelsfirma für Elektrotechnik. Ihrem Spürsinn war nicht entgangen, dass es sich dabei um eine aufstrebende Branche handelte. Diese kluge Frau wusste, dass das Wirtschaftswunder nicht zuletzt seinen Boom in der Unterhaltungselektronik erleben würde.

Trotzdem war es zunächst eine Lehrzeit der klassischen Art – vom Leeren der Papierkörbe bis zum Abstauben der Schreibtische, von der Lagerverwaltung über die Buchhaltung bis hin zum Verkauf. Mein Arbeitstag im grauen Kittel begann damit, dass ich den schweren eisernen Fahrradständer auf die Straße schleppen musste. Das große Ziel, das mir damals vorschwebte, war es, diesen grauen Lehrlingskittel möglichst schnell abzulegen und ihn gegen den weißen Mantel des Verkäufers einzutauschen.

Bedenke bei allem, was du tust, das Ende!

Mein Lehrherr sah neben meiner fachlichen Ausbildung in vorbildlicher Weise auf Korrektheit, Fleiß und Disziplin. Und meine Großmutter brachte mir darüber hinaus bei, dass der verantwortungsbewusste Mensch Ja sagt zur Arbeit, zur Leistung und zur Disziplin, aber auch zum Leben, zur Freude, zum Glück, zum Erfolg, bei sich und bei anderen. Mit ihrem tiefen Glauben und ihrer positiven Einstellung zum Leben stand sie aber auch zu mir, wenn ich Dummheiten beging und Fehler machte. Ihr Leitspruch in solchen Fällen war: „Bedenke bei allem, was du tust, das Ende!"

Ihre mit fester Stimme gesprochene Ermahnung wurde für immer bestimmend für mein Denken und Handeln. Ich möchte Ihnen diese goldene Lebensregel wärmstens weiterempfehlen! Sie bedeutet für mich, sich ständig der Summe seiner Erfahrungen bewusst zu sein, aber auch zu seinen Fehlern zu stehen. So schlimm manche Erfahrungen für mich waren, ich möchte keine aus meiner Lebensgeschichte ausradieren. Fehler sind die Antriebsräder des Lebens, wenn man sie nicht auf der Position von Grübeln und Selbstvorwürfen anhält. Verwandeln Sie Fehler, die Sie einmal begangen haben oder die Ihnen durch Unachtsamkeit unterlaufen sind, durch eine ehrliche Analyse in positive Einsichten!

Der Aufstieg im weißen Mantel

Meine nächste Arbeitsstelle suchte ich mir selbst. Ich wechselte bewusst in die Elektronikbranche. Und ich schaffte es, endlich den heiß ersehnten weißen Kittel des Verkäufers zu tragen. Er war für mich eine großartige Bestätigung. Mit Feuereifer stürzte ich mich ins Verkaufen. Ich spürte in mir den unstillbaren Drang: „Jetzt kommst du vorwärts!" Den freizeitorientierten Schongang gab es für mich nicht. Wenn unangenehme Arbeiten zu erledigen waren – ich meldete mich. Ich habe immer gerne die Arbeiten übernommen, für die sich andere zu gut vorkamen.

Maßstab für meine damalige Arbeit im weißen Mantel in dieser beginnenden Wirtschaftswunderzeit waren die geschriebenen Kassenzettel. Wer an den langen Samstagen die meisten Kassenzettel vorweisen konnte, bekam eine zusätzliche Prämie. Diese Prämien gewann ich reihenweise. Ich war ehrgeizig und es machte mich stolz, wenn ich Stammkunden sagen hörte: „Ich möchte von Herrn Lejeune bedient werden!"

Eine Begegnung,
die mein Leben veränderte

Mitte der 60er-Jahre wechselte ich erneut die Firma. Ein Goldrausch lag über Deutschland. Das Fernsehzeitalter war angebrochen. Wer es sich irgendwie leisten konnte, wollte seinen eigenen Fernseher haben. Fast ein wenig schade, denke ich im Rückblick, dass nun bald ein jeder einen Fernseher hatte. Denn damit ging auch die Zeit zu Ende, in der sich bei weltbewegenden Ereignissen der ganze Freundeskreis im Wohnzimmer der Glücklichen versammelte, die so ein „Aktualitätenkino" bereits besaßen.

Auch ich interessierte mich brennend für das Fernsehen und den großen Bereich der Unterhaltungselektronik. Deshalb bewarb ich mich bei einem Industriehandelsunternehmen, das auf diesem Sektor die Nr. 1 in München war. Ich kannte dieses Unternehmen schon von meiner Lehrzeit her. Mein erster Chef hatte mich immer dorthin geschickt, wenn bei uns irgendein Teil nicht vorrätig war. Die Idee, mit Ware zu handeln, die man nicht selbst auf Lager hatte, bekam für mich später bei der Gründung meines eigenen Unternehmens noch eine ganz zentrale Bedeutung!

Begeisterung für einen
blendenden Geschäftsmann

Der Mann, dem ich beim Vorstellungsgespräch gegenübersaß, sollte in meinem Leben noch eine entscheidende Rolle spielen. Er war Personalchef und Generalbevollmächtigter dieses Unternehmens. Er übte auf mich eine ganz ungewöhnliche Faszination aus. Alles, was ich mir in jungen Jahren wünschte und was mir erstrebenswert erschien – weltgewandtes Auftreten, Sprachkenntnisse und eine geschliffene Rhetorik schien er in sich zu vereinigen. Ganz nachhaltig beeinflusste mich sein überzeugender Briefstil. Dazu sah er blendend aus – er war groß, sportlich, braungebrannt, und immer makellos gekleidet. Er besaß, neben Dutzenden von Maßanzügen, Hunderte von Designerkrawatten! Was mich über diese Bewunderung hinaus unglaublich beflügelte – er honorierte meine Freude an der Arbeit und meinen unermüdlichen Einsatz mit kleinen Auszeichnungen, Prämien und Belobigungen. So überreichte er mir jeden Morgen den Schlüssel seines dunkelblauen Mercedes Cabrio 220 S – ich durfte dieses Traumauto auf den Parkplatz fahren! Auch sonst ließ er keine Gelegenheit aus, mich vor den anderen durch Lob herauszuheben. Das spornte mich noch mehr an. Er schürte meine Begeisterung für perfekten Service ins Unermessliche!

Schlüsselvollmacht

Arbeit und Anerkennung waren für mich immer der Motor meines Lebens. In diesen sechziger Jahren fühlte ich mich als Teil einer bahnbrechenden wirtschaftlichen und technologischen Entwicklung. Um in meinem Beruf ständig auf dem neuesten Stand zu sein, besuchte ich dreimal die Woche Abendkurse für Radio- und Fernsehtechnik. Ich fuhr auch abends nach der Arbeit und an Wochenenden noch zu Kunden, um Ihnen die neu erworbenen Fernsehgeräte anzuschließen.

Der Erfolg als Verkäufer blieb nicht aus. Eines Tages überraschte mich mein großes Vorbild mit einer unerhörten Auszeichnung – ich bekam die Schlüsselvollmacht. Mit 24 Jahren wurde ich Verkaufsleiter, und das in dieser sagenhaften Boomzeit. Mein Einkommen war damit in kurzer Zeit auf das Dreifache meines Einstiegsgehalts geklettert!

Verliebt, verträumt, verheiratet

Diese Einkommensverbesserung konnte ich gut gebrauchen, denn eines Tages lernte ich Monika kennen. Sie war siebzehn Jahre alt, bildhübsch, schlank, großgewachsen, ein Mädchen, nach dem sich jeder umsah. Ich war unglaublich stolz, wenn ich die bewundernden Blicke anderer auf sie gerichtet sah. Unser größtes Vergnügen war, tanzen zu gehen. Der Rock 'n' Roll eroberte die Tanzsäle. Bill Haley und natürlich das Idol einer ganzen Generation – Elvis Presley versetzten uns in einen wahren Taumel der Begeisterung! Und dann noch der junge deutsche Schlagersänger und Schwarm aller Teenager – Peter Kraus.

Hätte ich mir damals träumen lassen, dass dieses unverwüstliche Showtalent einmal auf der 20-Jahrfeier meines Unternehmens ce den musikalischen Teil des Abends gestalten würde? Dass ich ihn Jahre später in meiner Fernsehsendung interviewen und mit ihm zusammen das Buch „I love Rock 'n' Roll – Keine Zeit zum alt werden" schreiben würde? Das hätte mich wohl über viele bange Stunden, die mir seinerzeit noch bevorstanden, hinweggetröstet!

Monika und ich fuhren an den Wochenenden in meinem nagelneuen, feuerroten Austin MiniCooper 850 spazieren. Dieses Auto war damals der Inbegriff für Erfolg bei jungen Leuten. Es gab nicht viele, die ihn sich leisten konnten! Ich brauste damit durch eine wahnsinnig spannende Zeit. Monika und ich genossen unsere junge Liebe. Dieses abgehobene Schweben im 7. Himmel unseres Verliebtseins fand allerdings schlagartig ein Ende. Nach einem gemeinsamen Ausflug stellte sich heraus, unser Zusammensein war nicht ohne Folgen geblieben. Monika war schwanger, und so beschlossen wir zu heiraten. Mir war diese nicht geplante Wendung in meinem Leben sehr recht. Ich wollte endlich ein eigenes Zuhause haben, und auch Monika entfloh gerne der Enge ihres Elternhauses. Rückblickend weiß ich natürlich, dass diese Träume als Basis für eine Ehe viel zu wenig waren.

Intrigen,
die das Aus bedeuten

Sehr bald stellte sich heraus, dass wir außer dem Tanzen kaum gemeinsame Interessen hatten – und ich stürzte mich nur noch intensiver in meine Arbeit. Aber die Sonderstellung, die ich mir in dieser Firma erkämpft hatte, fand von einem Tag auf den anderen ein jähes Ende. Eines Morgens war mein großes Vorbild nicht mehr da. Er war fristlos entlassen! Erst kursierten Gerüchte und dann stellte sich heraus: Er hatte den Geschäftsinhaber von der Idee überzeugen wollen, seinen Betrieb in ein Villenviertel am Stadtrand zu verlegen, „... weil die Innenstadtlage angeblich auf Dauer nicht rentabel sei!“ Gleichzeitig hatte er versucht, über einen Strohmann die bisherigen Geschäftsräume anzumieten, um darin seine eigene Firma aufzumachen. Einer seiner engsten Vertrauten, der in diese Pläne eingeweiht war, hatte Angst vor der eigenen Courage bekommen und den Inhaber unterrichtet. Und damit war mein großer Gönner kurz vor Erreichen seines Zieles mit seinem undurchsichtigen Vorhaben gescheitert.

Nun rächten sich an meinem Arbeitsplatz die Vergünstigungen, die ich von ihm bekommen hatte. Plötzlich stand ich alleine da. Kleinliche und teils hinterhältige Schikanen von neidischen Kollegen häuften sich. – Warum? – Mir hing das Odium an, der Vertraute des entlassenen Prokuristen zu sein. Nur weil ich mich an seiner Verteufelung nicht beteiligte und trotz der immer wilder wuchernden Gerüchte loyal zu ihm stand. Nach einer Zeit schier unglaublicher Intrigen gegen mich, heute würde man sagen des Mobbings, legte mir die Firmenleitung nahe, meine Kündigung einzureichen. Ich willigte ein und kündigte!

Leere Tage

Zum ersten Mal in meinem Leben stand ich auf der Straße! Ich konnte es gar nicht fassen. Plötzlich war ich arbeitslos! Was für eine niederschmetternde Situation für einen Menschen, dessen ganzer Lebensinhalt die Arbeit ist! Am Morgen nicht ganz selbstverständlich in die Arbeit gehen zu können, jeden Tag neu überlegen zu müssen – was tue ich heute? Das war unerträglich. Mein Schicksalsschlag sprach sich jedoch wie ein Lauffeuer in der Branche herum. So bekam ich bald eine Reihe von sehr verlockenden Angeboten – von früheren Konkurrenzfirmen. Sie wussten, dass ich verkaufen konnte und dass ich darauf brannte, mich mit vollem Einsatz nach vorne zu kämpfen!

Ich weiß heute wie damals, dass ein Leben ohne Arbeit sinnlos ist.

Ein schwindelerregendes Angebot!

Noch ehe ich mich für eines der Angebote entscheiden konnte, meldete sich meine große Vaterfigur. „Sunny", so nannte er mich immer, wenn er guter Laune war, „hör mir bitte mal gut zu! Mach dir bitte keine Sorgen. Ich habe ganz aufregende Neuigkeiten für dich. Ich habe beschlossen, wir beide bauen zusammen ein Unternehmen auf. Und wenn du gut bist, wirst du einmal mein Partner!"

Bereits für den nächsten Tag wurde ich in seine hochherrschaftliche Villa zu einer eingehenden Besprechung dieses faszinierenden Vorhabens eingeladen. Sieben zermürbende Monate des Wartens sollten mit einem so furiosen Neubeginn zu Ende gehen. Ich sah eine glänzende Zukunft vor mir!

Mein Mentor stellte sich ein Unternehmen vor, das die Aktivitäten unserer bisherigen Firma weit in den Schatten stellen sollte. Er deutete erneut an, dass ich bei entsprechendem Einsatz einmal sein Partner werden könnte. War es ein Wunder, dass ich vor Ehrgeiz, jugendlichem Tatendrang und Stolz lichterloh brannte? Ich war begeistert von dieser Wahnsinnsidee! Am Aufbau eines Unternehmens mitzuwirken, kam meinen Wünschen und Träumen so nahe, dass ich mir nicht lange den Kopf zerbrach, weswegen mein früherer Chef fristlos gekündigt worden war.

Das ist vielleicht der einzige Nachteil, den begeisterungsfähige Menschen haben, solange ihre Begeisterung nicht mit genügend Lebenserfahrung gepaart ist – dass sie sämtliche Alarmglocken und Warnblinkanlagen kurzerhand abschalten, um ihrem Traum zu folgen. Und mein Traum war geboren! Ich stürzte mich Hals über Kopf in dieses wahnsinnig aufregende Abenteuer.

Wechselbäder der Gefühle

Als erstes bekam ich den Auftrag, geeignete Räume für diese Unternehmensgründung zu suchen. Ohne Anstellungsvertrag und schriftliche Vollmacht stürmte ich los. Ich vertraute ganz einfach auf sein mündlich gegebenes Wort. Ich suchte die Gegend um den Bahnhof ab, wo sich die meisten Firmen unserer Branche befanden. Ich rannte von einem Immobilienmakler zum nächsten. Ich hatte mir in den Kopf gesetzt: „Du findest die absolute Traumlage!" Aber was ich auch an Räumen ausfindig machte, mein großes Vorbild war mit keinem Vorschlag einverstanden. Einmal zog er seine, nach scheinbar reiflicher Überlegung gegebene Zustimmung telefonisch wieder zurück, als ich gerade beim Eigentümer saß, um den unterschriftsreifen Vertrag abzuschließen. Total verwirrt und enttäuscht ging ich weg. Da erreichte mich ein erneuter Anruf, ich sollte die Räume nun doch nehmen. Bereits da begannen die Wechselbäder der Gefühle, die mich die nächsten Jahre begleiten sollten. Dieses launische und mir gegenüber mehr als rücksichtslose Verhalten hätte mir eine Warnung sein sollen.

Aus dieser Erfahrung heraus kann ich Ihnen nur den sehr ernst gemeinten Rat geben, wenn Sie vor der Entscheidung stehen, zusammen mit anderen einen Neuanfang zu wagen: Vorsicht vor Menschen, die keine eindeutigen Entscheidungen treffen und die ihre Schwäche und Entschlusslosigkeit hinter einer Fassade von Arroganz und weltmännischem Auftreten verbergen!

Nichts entscheiden endet immer mit Leiden

Nach der pompösen Geschäftseröffnung begann der tägliche Kampf um den Aufbau der jungen Firma. Ich stand von früh bis spät im Laden – nur kamen leider keine Kunden. Jetzt hagelte es erste Vorwürfe. Mein großer Gönner sagte streng: „Herr Lejeune, Sie sind schuld an meinem Ruin!" Verzweifelt begann ich, was ich noch nie getan hatte, ich besuchte und akquirierte auswärts Kunden. Diese scheinbar aussichtslose Situation weckte in mir einen ungeheuren Kampfgeist und meinen Verkaufsinstinkt. Ich arbeitete unermüdlich von früh bis spät. Und ich schaffte es! Die ersten Kunden kamen. Jeden dieser Kunden betreute ich persönlich. Ich kämpfte um jeden Auftrag und um jeden noch so kleinen Erfolg. Und es gelang mir tatsächlich, die junge Firma vorwärts zu bringen und in ein dynamisches Unternehmen zu verwandeln! Schon bald hatten wir bis zu hundertfünfzig Kunden am Tag. Über diesen hart errungenen Erfolg war ich überglücklich. Spürte ich doch zum ersten Mal in meinem Leben die tiefe Befriedigung über einen selbst erkämpften unternehmerischen Erfolg! In diesem Erfolg fand ich meine große Bestätigung. Und es ging weiter aufwärts! Zum ersten Mal in meinem Leben sah ich eine große Karriere vor mir!

Mein erster Millionenauftrag!

Eines Tages holte ich vom größten europäischen Versandhaus durch persönlichen Einsatz einen Millionenauftrag für elektronische Bauteile. Können Sie sich vorstellen, wie ich mich da fühlte? Ich hatte zum ersten Mal in meinem Leben einen Auftrag in Händen, auf dem unten eine siebenstellige Zahl stand! Wie einen strahlenden Sonnenaufgang sah ich immer nur diese unglaubliche Zahl vor mir. Und ich hatte diesen Wahnsinnserfolg aus eigener Initiative und mit all meiner Überzeugungskraft ganz allein geschafft! Ich dachte, ich zerspringe vor Glück! Mehrmals fuhr ich auf der Rückfahrt rechts ran, um jubelnd diesen Millionenauftrag zu bestaunen.

Schock am Gartentor

Nun versetzen Sie sich bitte mal in meine Lage. Aus diesem unbeschreiblichen Glücksgefühl und jubelnden Stolz heraus beschloss ich ganz spontan: „Diesen Auftrag muss ich unbedingt meinem Chef zeigen. Jetzt sofort!" Ich wollte mein unbändiges Glücksgefühl mit ihm teilen. Ich fuhr los. Ja, ich flog fast zu ihm!

Seine Reaktion war niederschmetternd! Er ließ er mich am Gartentor ganz kühl von seiner Frau abwimmeln. Mit fast vorwurfsvollem Ton sagte sie von oben herab: „Wenn Sie meinem Mann etwas zu berichten haben, tun Sie das bitte während der Geschäftsstunden!" Was für ein Schock! Ich kam mir vor, als hätte ich mich in der Adresse geirrt. Dieser Mann tauchte mich ständig in Wechselbäder von einschmeichelnder Sympathie und schroffer Ablehnung. Ähnlich erging es mir auf Geschäftsreisen, auf die er mich gelegentlich mitnahm. Unterwegs duzte er mich wie einen langjährigen, guten Partner und ließ nach den gelungenen Verhandlungen für uns beide Champagner kredenzen. Er gab mir augenscheinlich das Gefühl von Freundschaft, Vertrauen und Anerkennung.

Wenn er dann am Ende einer solchen Reise von seiner Frau am Flughafen abgeholt wurde, sagte er völlig distanziert: „Herr Lejeune, nehmen Sie sich bitte ein Taxi und bringen Sie die Vertragsunterlagen morgen ins Geschäft mit!" Er erwies sich als ein Meister in der stufenweisen Zerstörung meiner Motivation.

Traumgage

Im Grunde nahm mir dieser blendende Geschäftsmann immer das Gute weg, das ich für ihn mit meinen Ideen und meinem Einsatz erkämpft hatte. Dafür gab er mir das Schlechte zurück. Dennoch ging es mit der Firma sensationell bergauf! Und dieser Aufstieg zahlte sich auch für mich aus. Im Alter von sechsundzwanzig Jahren verdiente ich 250 000 Mark im Jahr, nicht gerechnet die beträchtlichen Sonderprämien. Ich fuhr einen 380er Mercedes mit Autotelefon und kaufte mir auf Anraten meines „Gönners" eine luxuriöse Dreizimmerwohnung für DM 300 000,–. Und das sind Zahlen von Mitte der siebziger Jahre!

Aufklärung per Telefon

Das leuchtende Vorbild, das ich in meinem Kopf und in meinem Herzen auf ein Podest gestellt hatte, fing unter solchen Erlebnissen wie am Gartentor mit der Zeit erheblich an zu wanken. Trotz aller Selbst-Motivation für den Erfolg sperrten sich meine Gefühle immer stärker gegen ihn. Und dann kam ein unglaublicher Schlag! Eines Tages rief er mich aus seinem italienischen Feriendomizil an und sagte zu mir: „Herr Lejeune, gehen Sie doch bitte mal an meinen Schreibtisch und schauen Sie in die rechte Schublade.

Da sind Papiere, die Sie genauer studieren sollten!" – Was, glauben Sie, fand ich da? – Bündelweise überfällige Rechnungen von Lieferanten und Brandbriefe von Banken, die mir fast den Atem nahmen. Mein Chef hatte wieder einmal die vornehme Art gewählt, um mir den Boden unter den Füßen wegzuziehen. Wieso hatte er Angst gehabt, mich von Angesicht zu Angesicht über den katastrophalen Zustand seiner Firmenfinanzen zu informieren? Er, der große Finanzstratege, der bis dahin die Firmenfinanzen ausschließlich alleine verwaltet hatte, konnte nicht einmal den Anflug von ehrlicher Kritik ertragen. Er war zu feige, seine eigenen Lebensfehler einzugestehen!

Eine Beerdigung Erster Klasse
nimmt ihren Anfang!

Ich sah ganz glasklar, was dieses Bündel Unterlagen bedeutete: „Wir standen kurz vor dem Aus!" Doch zum Glück hatten wir ein gut gefülltes Lager und eine hoch motivierte Mannschaft. So gelang es uns, dank eines unwahrscheinlichen gemeinsamen Engagements, die Banken für eine Gnadenfrist zum Stillhalten zu bewegen. In dieser kurzen Zeitspanne arbeiteten wir nicht nur rund um die Uhr. Es gelang uns, die hohen Lagerbestände zu guten Preisen zu verkaufen. Wir waren bienenfleißig und schafften es, immer neue Geschäfte anzukurbeln. Nach der geglückten Rettungsaktion und mit dem „Schreibtischschock" im Hinterkopf beschloss ich, noch mehr Verantwortung zu übernehmen.

In einer Besprechung unter vier Augen erwähnte ich, dass ich eine Teilhaberschaft, und sei sie auch noch so gering, für angebracht hielte. Ich wollte nie wieder eine derartige Überraschung erleben! Ich erhielt sogar seine Einwilligung. Das war ja schließlich auch der Anreiz gewesen, mit dem er mich seinerzeit von den anderen Stellungsangeboten weggelockt hatte. Nach endlosen Konsultationen mit seinen Anwälten willigte der bisherige Alleininhaber in diese „Partnerschaft" ein. Im April 1975 unterschrieben wir in einem feierlichen Akt den Vertrag. Ich ahnte damals noch nicht, dass dies für mich der Auftakt zu einer Beerdigung Erster Klasse war!

Ein winzig kleiner Paragraf

In meiner jugendlichen Blauäugigkeit hatte ich nicht nur die wahren Absichten meines „Partners" falsch eingeschätzt. Ich hatte vor allem die Brisanz eines Paragrafen dieses Vertrages völlig übersehen. Ich sollte nach Beendigung des Angestelltenverhältnisses für die Dauer von zwei Jahren „weder gegen Entgelt noch unentgeltlich" für ein Konkurrenzunternehmen der Elektronikbranche tätig werden dürfen.

Ich fühlte mich in meiner Unentbehrlichkeit viel zu sicher, um das für mehr als eine überflüssige juristische Spitzfindigkeit zu halten. Doch der feine Herr lieferte gerade mit diesem Paragrafen sein Meisterstück an Unehrlichkeit! An Weihnachten lud er meine Frau und mich zu einem sündhaft teuren Austernessen ein. Kurz vorher überreichte er mir mein Weihnachtsgeschenk: einen nagelneuen dunkelbraunen Mercedes mit Autotelefon. Das war sozusagen das Stück Speck in der Mausefalle, die Ende Januar zuschnappte. Alles schien von seinen Juristen generalstabsmäßig gegen mich vorbereitet.

Er war in seinem Stolz verletzt und wollte offenbar nur noch eines – mich unter allen Umständen loswerden! Über seine Anwälte ließ mir „mein Partner" in spe die fristlose Kündigung als Geschäftsführer mitteilen und sperrte unverzüglich mein Gehalt. Trotz mehrfacher Versuche meinerseits, gab er mir nicht einmal mehr eine Chance, mich wenigstens telefonisch zu seinen haltlosen Vorwürfen zu äußern. Er verfolgte jetzt nur noch ein einziges Ziel: Er wollte mich vernichten!

Die rote Karte

In einem Nebensatz versteckt, sah ich jetzt zum ersten Mal hautnah den Hinweis auf das Wettbewerbsverbot. Das war die rote Karte für mein Aus im Beruf! Ich musste die Schlüssel abgeben und durfte die Firma, die ich wie mein eigenes Unternehmen aufgebaut und geliebt hatte, die ich von früh bis spät betreut und geführt hatte, nicht mehr betreten. Das Auto, das mir mein „Partner" fünf Wochen zuvor feierlich übergeben hatte, ließ er von zwei peinlich berührten Kollegen abholen. Einem von ihnen hatte er meine Stelle versprochen. Und der hatte dankend angenommen!

Aber damit nicht genug! In einem Rundruf und mit Rundbriefen informierte mein ehemaliger Chef und Partner die gesamte Branche über meine Entlassung. Mit geheimnisvollen Andeutungen ließ er mich in einem Licht erscheinen, als hätte ich silberne Löffel entwendet. Ehemalige Kollegen brachte er mit vagen Versprechungen dazu, in dem Prozess gegen mich auszusagen. Ich hätte versucht, sie für eine eigene Firma abzuwerben! Diesen Prozess verlor ich, obwohl ich die Wahrheit eindeutig auf meiner Seite hatte.

Von Leuten hintergangen zu werden, die ich noch vor kurzem für den gemeinsamen Erfolg motiviert und mobilisiert hatte, tat besonders weh. Ich brauchte lange, um über diese tiefe menschliche Enttäuschung hinwegzukommen. Auch darüber, dass man Prozesse verlieren kann, weil die Gegenseite die Wahrheit durch Zeugen unehrlich außer Kraft setzt!

Warum glauben Sie, dass ich Ihnen gerade diese Geschichte so ausführlich erzähle? Weil ich Ihnen damit zeigen will, dass man über enttäuschte Gefühle nur dann hinwegkommen kann, wenn man sie annimmt, in kleinen Schritten verarbeitet und daraus die alles entscheidende Konsequenz zieht – niemals aufzugeben. Enttäuschungen sind die Grundlage der Erfahrung!

Ein Kindheitstraum
nimmt seinen Anfang

Schon als Kind hatte ich den brennenden Wunsch in mir verspürt, einmal erfolgreich, frei und unabhängig zu werden. Das war die frühe Botschaft, die sich hinter den Karpfen, den Murmeln und den glitzernden Münzen verbarg, die ich in höchster Not wie in einer Fügung des Schicksals gefunden hatte. Trotz meiner Armut träumte ich mit unstillbarer Sehnsucht, von Wohlstand und Glück umgeben zu sein. Dieser Traum hat mich auch in den schlimmsten Niederlagen nie verlassen. Und träumen kann man auch in den schlimmsten Zeiten!

Dennoch kann ich heute kaum nachvollziehen, woher ich den Mut und die Kraft nahm, am absoluten Tiefpunkt meines Lebens, Anfang 1976, mit meinen letzten fünftausend Mark die **Consumer Electronic ce** zu gründen. Als Gesellschafter wurden meine erste Frau und ein Bekannter eingetragen. Geschäftsführerin war eine frühere Sekretärin von mir. Und ich lebte nach dieser Gründung für kurze Zeit in der Einbildung, das Schlimmste überstanden zu haben. Was für ein Trugschluss! Was für ein Irrtum!

Mein erster Kunde! Mein erster Lieferant!

Mit **ce**, die lange Zeit zu den erfolgreichsten Handelshäusern für Mikrochips in der Welt zählte, verband ich damals noch keine klar definierte Philosophie. Ich wollte einfach in dem Metier überleben, in dem ich mich hochgearbeitet hatte und in dem ich mich bis in alle Einzelheiten auskannte. Das bedeutete Handel mit elektronischen Bauelementen und Mikrochips.

Auch wenn ich wegen des Wettbewerbsverbotes nicht in Erscheinung treten durfte, wusste doch jeder in der Elektronikbranche, wer als Visionär hinter diesem rotweißen Logo mit den zwei Buchstaben c und e stand. So fand die ce zunächst weder Lieferanten noch Kunden. Das heißt, es fand sich ein Lieferant, der an mich glaubte. Er ließ die Gerüchte, die Flüsterpropaganda und die Verleumdungen nicht an sich herankommen und war bereit, mein kleines Unternehmen zu beliefern.

Ihm bin ich für seine Hilfe und seine Unabhängigkeit unendlich dankbar. Niemand, der nicht in einer ähnlichen Situation gestanden hat, kann nachvollziehen, wie sehr eine derartige Unterstützung den Überlebenswillen eines Einzelkämpfers motiviert. Mit Carlo Giersch und seiner Frau Karin, die trotz ihres immensen Erfolges immer verlässliche Menschen geblieben sind, verbindet mich seither eine aufrichtige Freundschaft. Sie stehen für Vertrauen, Menschlichkeit und Glück!

Und nehmen Sie meine positive Erkenntnis in Ihr Leben herein. Tauschen Sie sie aus gegen das negative Sprichwort: Ein Unglück kommt selten allein! Ja, auch Glück kommt selten allein. Mein kleines Unternehmen fand einen ersten Kunden! Sie werden es nicht glauben, es war das größte Versandhaus Europas, mit dem ich seinerzeit meinen ersten Millionenvertrag abgeschlossen hatte. Das überstrahlte mit einem goldenen Schein im Nachhinein meinen Schock am Gartentor!

Auf in den Kampf, Torero!

Anderen ehemaligen Geschäftspartnern schien es eine große Befriedigung zu vermitteln, dass ich scheinbar hoffnungslos am Boden lag. Mit großer Schadenfreude meldeten sie jede Kontaktaufnahme sofort an meinen erbitterten Kontrahenten weiter. Die Folge waren weitere eingeschriebene Briefe von Anwälten, mit neuen Unwahrheiten und Erniedrigungen. Ich habe es nie verstanden und werde es nie verstehen, warum es akademisch gebildeten Menschen eine so hämische Lust bereitet, vermeintliche Fakten mit einem ganzen Arsenal von herabwürdigenden Anspielungen und offenen Gemeinheiten zu verbrämen! Ist etwa das Gegenteil von gebildet „akademisch gebildet"?

Aber ich konnte mich über ihre Angriffe schon lange nicht mehr ärgern. Ich ließ diese Pfeile kleingeistiger Winkeladvokaten einfach an mir abprallen! Und ich möchte auch Ihnen den guten Rat geben: wenn Sie Briefe aus dieser Richtung bekommen sollten, halten Sie sich nicht auf mit derartig negativen Sprechblasen! Lassen Sie alles, was Ihren Mut und Ihre Entschlusskraft, Ihre Fantasie und Arbeitsfreude in irgendeiner Weise beeinträchtigen könnte, einfach an Ihrer positiven Einstellung für Erfolg zerplatzen! Fangen Sie an sich zu wehren.

Der Kampf beginnt!

Ich hatte jedenfalls zu diesem Zeitpunkt bereits mit aller Konsequenz und Entschlossenheit den Kampf um meine Existenz aufgenommen. Ich spürte in mir den Mut und die Kraft, jede Stichelei und jeden neuerlichen Nackenschlag in eine noch größere Anstrengung umzuwandeln. Ich ließ mich von den juristischen Drohungen einfach nicht mehr kleinkriegen!

Dennoch blieben erneute Enttäuschungen auch innerhalb meines Unternehmens nicht aus. Ein paar Monate nach der Gründung meldete sich ein ehemaliger Kollege. Er bot mir mit großen Worten seine Mitarbeit an. Als es ihm gelungen war, einige neue Kunden anzuwerben und die Umsätze anzukurbeln, schöpften wir beide Hoffnung. Doch bereits nach kurzer Zeit stellte auch er sich als Wolf im Schafspelz heraus. Seine Alternative: „Entweder überträgst du mir die Hälfte deiner Firma oder ich gehe!" Die Entscheidung fiel mir nicht leicht, aber ich hatte schon dazugelernt. Ich ging keine Kompromisse mehr ein, und wenn es mich erneut auf den Nullpunkt zurückwerfen sollte! Ich wusste zu genau, was von Geschäftspartnern zu erwarten war, die einen mit freundlicher Miene erpressen wollten.

Auch Ihnen rate ich dringend: Schließen Sie niemals halbherzige Kompromisse, denn sie kosten immer den ganzen Erfolg! Ich akzeptierte jedenfalls seine Kündigung – und stand wieder vor einer schier unüberwindbaren Mauer. Ich war wieder alleine.

Am Abgrund!

Anfang Oktober 1976 brach die Welt für mich zusammen – mein Leben und alles, was mir jemals etwas bedeutet hatte. Am frühen Morgen rief mich meine Mutter an. Sie teilte mir eine schlimme Nachricht mit, meine Großmutter war in der Nacht vorher gestorben! Ich hatte sie nach all den Tiefschlägen in den vergangenen Monaten nicht mehr besucht. Nun machte ich mir die schlimmsten Vorwürfe. Warum habe ich gerade ihr in ihren letzten Stunden nicht wenigstens die Hand gehalten? Mein einziger menschlicher Halt war für immer von mir gegangen. Für immer!

Von dieser lähmenden Nachricht, die in mir das trostlose Gefühl völliger Verlassenheit auslöste, hatte ich mich noch nicht erholt. Da klingelte zwei Stunden später der Postbote und überreichte mir einen der gefürchteten eingeschriebenen blaugrauen Briefe, deren Anblick allein schon Magenkrämpfe auslösen kann. Absender Oberlandesgericht München. Mit zitternden Fingern öffnete ich das Kuvert und las nur ein Wort: „Klage abgewiesen!" Das war das Aus. Tiefer konnte ich nicht mehr fallen. Das Gericht hatte meinen Einspruch gegen die Kündigung und gegen das Wettbewerbsverbot abgewiesen und sprach mir die gesamten Kosten des Verfahrens zu. Eine ausweglos erscheinende Lage! Und ich hatte niemanden mehr, mit dem ich darüber reden konnte. Meine damalige Frau war schon Wochen vorher mit unserer Tochter Sandra aus der gemeinsamen Wohnung ausgezogen. Sie hatte ein neues Glück gefunden.

Weinen befreit!

Nach diesen Keulenschlägen eines unbarmherzigen Schicksals war jetzt alles leer in mir, tot, wie abgestorben. Ich verließ die Wohnung, fuhr ziellos in der Gegend herum, raus aus der Stadt. Irgendwann steuerte ich die in München berüchtigte Selbstmörderbrücke im Isartal an. Auf meiner Irrfahrt hatte sich in meinem Kopf die wahnsinnige Vorstellung festgesetzt, dort mein Leben zu beenden! Ich stand vor einer Entscheidung letzter Konsequenz. Ruhelos lief ich auf der Brücke hin und her und starrte lange in die Tiefe. In diesem Abgrund sah ich für einige bange Stunden nur noch meine Niederlagen. Alles war schwarz, alles schien hoffnungslos. – Bis mir eine innere Stimme in dieses hoffnungslose Ringen hinein sagte. „Das wirst du niemals tun! Etwas Besseres als diese Ausweglosigkeit findest du allemal." Merken Sie sich diesen Satz und vor allem diese Einstellung für Ihr ganzes Leben!

Im selben Moment schien in mir ein Damm zu brechen. Meine Augen füllten sich mit Tränen und ich begann laut und hemmungslos zu weinen. Über Stunden! Ich konnte überhaupt nicht mehr aufhören damit. Diese Tränenflut half, alle meine verzweifelten Gedanken, die sich in den vergangenen Wochen und Monaten festgesetzt und meinen Kampfgeist unterhöhlt hatten, aus mir herauszuschwemmen. In meiner großen Not fing ich an, Zwiesprache mit meiner Großmutter zu halten. Plötzlich war ich mir wieder ihrer schier unerschöpflichen Kraft bewusst, die mir diese starke Frau mit auf meinen Lebensweg gegeben hatte!

Ich konnte wieder einigermaßen klar sehen und fuhr in das Tegernseer Tal, das sie so geliebt hatte. Dort hatte ich sie früher des Öfteren an sonnigen Tagen besucht. Dort rollte ich mich in meinem kleinen Auto zusammen und schlief, in Gedanken bei ihr, bis weit in die Morgendämmerung hinein. Die aufgehende Sonne weckte mich. Trauer und Selbstmitleid hatte ich wie eine böse Krankheit aus mir herausgeschlafen. Mein alter Kampfgeist war wieder erwacht. Laut und deutlich sagte ich zu mir: „Ich schaffe es! Ich lasse mich von nichts und niemandem mehr kaputtmachen. Ich kämpfe. Ich will siegen. Ich glaube an die Gerechtigkeit!"

Lassen Sie Ihren Gefühlen freien Lauf!

Wenn Sie je in Ihrem Leben glauben, am Ende Ihrer Kraft zu sein, lassen auch Sie Ihren Tränen freien Lauf. Sie sind immer ein Zeichen dafür, dass unser Denken allein nicht mehr fähig ist, die Widersprüche unseres Lebens aufzulösen. Sperren Sie sich nicht gegen diesen Reflex Ihrer Seele. Weinen löst alle diese Verkrampfungen, die der Kampf gegen eine scheinbar endgültige Niederlage im Körper, im Geist und in der Seele hinterlässt. Nichts ist so schlimm, dass man darüber nicht ehrlich weinen darf. Kämpfen Sie gegen Ihre Niederlage, aber nicht gegen das Weinen, wenn es unausweichlich erscheint. Weinen reinigt die Seele. Weinen befreit. Weinen macht stark!

Wenn diese innere Reinigung und Befreiung vorüber ist, hören die Tränen von ganz von alleine auf zu fließen. Von diesem Moment an ist Ihr Denken aufnahmebereit für die eine entscheidende Botschaft: „Ich lasse mich von nichts und niemandem erniedrigen! Ich kämpfe! Ich habe Mut!" Saugen Sie diese Botschaft in sich ein, bis Sie spüren, dass sie nicht nur Ihr ganzes Wachbewusstsein, sondern auch Ihr Unterbewusstsein erreicht hat. Diese Botschaft und die Entschlossenheit, sie durchzuhalten, muss stärker werden als jeder Fluchtreflex. Bleiben Sie stark! Gehen Sie auf Ihre Probleme zu!

Die Langzeitwirkung einer Rede
aus dem Stegreif

Mir brachte diese Entschlossenheit Mut, Kraft, Hoffnung – und den Wendepunkt in meinem Leben. Ich hatte eine wahrhaft göttliche Eingebung. Plötzlich sah ich einen Menschen vor mir, von dem ich damals intuitiv das sichere Gefühl hatte: „Auf diesen Menschen kannst du dich in allen Lebenslagen verlassen! – Sein Name ist Herbert Graus!" Ich kannte ihn seit meiner Lehrzeit. Er war Einkaufschef einer florierenden elektromedizinischen Firma in München. Ihn hatte ich offenbar begeistert, als ich Anfang der siebziger Jahre bei der Eröffnung einer Filiale in Düsseldorf aus dem Stegreif eine Rede halten musste. Ich war für meinen Chef in die Bresche gesprungen. – Wie das? – Er hatte mir Minuten vor Beginn der Veranstaltung mitgeteilt, dass er nicht in der Lage sei, zu sprechen. Also nahm ich meinen ganzen Mut zusammen, trat vor die etwa vierhundert geladenen Festgäste und fing an zu sprechen! Ich weiß nicht mehr, was ich damals aus dem Bauch heraus und mit höchster Konzentration vor meinen Zuhörern sagte. Unter diesen Zuhörern befand sich auch Herbert Graus! Meine Rede hat zumindest diesen einen und für meinen späteren Lebensweg so entscheidenden Mann nachhaltig begeistert!

Er erzählte mir viel später, dass er noch auf dem Rückflug nach München zu einem Kollegen gesagt hatte. „Mit diesem Erich Lejeune würde ich gerne einmal zusammenarbeiten!" Und es kam auch so! Mit meiner spontan gehaltenen Rede hatte ich nicht nur Jahre später einen Partner gefunden, sondern auch mein Unternehmen gestärkt. Außerdem erkannte ich zum ersten Mal meine neue Berufung, der ich mich bis heute mit wachsender Begeisterung widme: Ich halte mit Freude Vorträge und Seminare über Motivation und Begeisterung und habe dafür im Jahr 2003 sogar die Lejeune Akademie für Kommunikation, Motivation und Erfolg gegründet.

Ich verlor nie den Glauben an mich!

In dieser schweren Anfangszeit meines Unternehmens schafften wir oftmals nur einen Umsatz von einigen 10 000 Mark im Monat. Denn die Zermürbungsstrategie meines erbitterten Gegners ließ uns nicht vorwärtskommen! Ihn trieb nicht nur eine mir bis heute unerklärliche Vergeltungssucht, sondern auch die Furcht, ich könnte wieder auf die Beine kommen und seiner beherrschenden Marktstellung ein Ende bereiten. Er beschäftigte eine ganze Anwaltskanzlei, um mich zu blockieren. Überdies sorgte er mit seinen grundlosen, aber nicht nachlassenden Anstrengungen dafür, dass niemand vergaß, wer hinter den zwei Buchstaben **ce** stand.

Meine finanzielle Lage war immer noch deprimierend. Allein die Belastungen für die Eigentumswohnung verschlangen fast mein gesamtes Einkommen. Dazu kamen die Zahlungen an meine Frau und meine Tochter und die demoralisierende Abzahlung der Prozesskosten. Für mich selbst blieb so gut wie nichts. Ich lebte schon lange unter dem Existenzminimum! Der einzige Luxus, den Herbert Graus und ich uns gönnten, wenn wir wieder einmal einen kleinen Erfolg verzeichnen konnten, waren unsere sagenhaften „Leberkäsrunden" beim benachbarten Metzger. Ja, so sahen zu der Zeit unsere „Gesellschafterversammlungen" aus!

Hundert Mark und ein Berg Verbindlichkeiten

Immer noch verging damals für mich kaum ein Tag ohne Mahnschreiben von den zahlreichen Anwälten und den Gerichten. Wundert es Sie, dass ich in dieser Zeit eine tief sitzende Angst vor dem Briefkasten entwickelte. Gleichzeitig trug ich zäh und mit eiserner Disziplin hundertmarkweise den Riesenberg von Verbindlichkeiten ab. Ich besaß nicht einmal mehr meinen geliebten kleinen Austin Mini, mit dem ich in guten Zeiten durch ein aufregendes Leben gefahren war. Schweren Herzens hatte ich mich von ihm getrennt. Für Kundenbesuche blieb mir daher nichts anderes übrig, als mir das Auto meines Partners auszuleihen.

Ist es da verwunderlich, dass ich mich trotz seines Zuspruchs immer häufiger leer und ausgelaugt fühlte. Manchmal bezweifelte ich sehr stark, dass es möglich war, mit diesem kleinen Unternehmen meine großen Ziele zu erreichen.

Andererseits klammerte ich mich mit einer fast irrationalen Verbissenheit an mein Ziel. Ich verlor nie meinen Glauben an mich und an eine große Zukunft. Darin lag das Geheimnis der Kraft, mit der ich unser kleines Unternehmen am Leben erhielt. Und so kämpfte ich Tag für Tag, gegen alle Widrigkeiten und Enttäuschungen, die mir das Schicksal als Prüfsteine in den Weg legte.

Wenn nur noch der Glaube weiterhilft

Damals sagte ich mir jeden Morgen als erstes nach dem Aufwachen: „Du kennst dein Ziel. Geh mutig darauf zu!" Diese Vision, einmal auf dem Gipfel meiner Träume zu stehen, trug mich auch über Phasen, in denen ich dem Aufgeben näher war als dem Glauben an den Erfolg. Heute weiß ich, wie unabdingbar diese Vision und wie wichtig ein tief sitzender Glaube für die Verwirklichung von Träumen sind. Nur mit diesem Glauben kann man die letzten Reserven aktivieren und das Potenzial an Fähigkeiten ausschöpfen, das in jedem von uns steckt und das uns hilft, auch aus der bedrückendsten Lebenssituation einen Ausweg zu finden!

Viele Menschen hoffen ein Leben lang, dass ein Zauberer sie wie in „Tausendundeine Nacht" auf einen fliegenden Teppich einlädt und sie mühelos im Land ihrer Träume absetzt. Aber weitaus sicherer und unendlich viel befriedigender ist es doch, ein selbst gewähltes Ziel ins Auge zu fassen und mutig, mit Geduld und Ausdauer darauf zuzugehen. Damit aktivieren wir unsere Intuition und die übernatürlichen Kräfte, die viele Menschen als Glück und Zufall bezeichnen. Manchmal führen einen diese Zufälle auf Umwege, auf denen einem das große Glück begegnet. Es gibt viele Straßen des Glücks – man muss nur bereit sein, sie zu finden. Begeben Sie sich auf die Suche – in der absoluten Gewissheit, dass irgendwo auch für Sie diese Suche ein glückliches Ziel finden wird!

Am Anfang war das Wort – und die Zuversicht!

Im November dieses „Unglücksjahres" beschloss ich, die „Electronica", die größte Micro-Electronic-Fachmesse der Welt zu besuchen. Als ich durch die Messehallen schlenderte, war mir nicht bewusst, dass ich mich auf meiner „Straße des Glücks" befand. Ich erinnere mich nur, dass plötzlich der Stand einer Schweizer Weltfirma meine Aufmerksamkeit erregte. Ich kam mit einem Repräsentanten dieser Firma ins Gespräch. Ich erzählte ihm von meinem verlorenen Prozess und dem Wettbewerbsverbot.

Zwischen uns beiden entstand gegenseitiges Interesse, spontanes Vertrauen, und plötzlich flogen die Bälle hin und her. Es gab verblüffende Gemeinsamkeiten. Auch dieses Schweizer Unternehmen stand vor einer gerichtlichen Auseinandersetzung mit seiner deutschen Niederlassung und war auf der Suche nach einem „Troubelshooter". Als ich für den nächsten Tag eine Einladung zu einem Gespräch mit dem Präsidenten des Verwaltungsrates bekam spürte ich, wie sich förmlich in meinem ganzen Denken und Fühlen die Hoffnung auf eine einmalige Gelegenheit durchsetzte!

Allein dieses Gespräch erschien mir schon wie ein Wunder. Plötzlich sah ich ein Licht am Ende des Tunnels. Ich wusste allerdings: „Für dieses Gespräch musst du bestens vorbereitet sein!" – Also was tun? – Per Fernschreiben forderte ich bei einer Wirtschaftsauskunftei ein Profil über die Schweizer Firma und über ihre deutsche Niederlassung an. Das Ergebnis elektrisierte mich! Die Schweizer waren weltweiter Marktführer für Saphire und Industriediamanten. Sie produzierten u. a. Saphirnadeln für die Tonabnehmer von Plattenspielern. Damals ein Riesengeschäft! Die Informationen über ihre deutsche Niederlassung sprangen ebenfalls sofort ins Auge – da standen ein bedeutender Grundbesitz, große Kapitalrücklagen und ein Firmenwert in Millionenhöhe zu Buche. Ich war fasziniert! Ich hatte das Gefühl, auf eine Goldmine gestoßen zu sein – wenn ich nur diesen aussichtslosen Prozess verhindern konnte! Ich lernte alle Daten und Fakten auswendig und legte mir für das Gespräch ein klares Konzept zurecht. Das hatte ich ganz deutlich im Kopf, als ich dem Präsidenten hoffnungsfroh die Hand schüttelte!

Fangen Sie nie an aufzuhören!

Entscheiden Sie sich deshalb niemals für das Aufgeben! Hören Sie nie auf, immer wieder anzufangen. Und fangen Sie unter gar keinen Umständen an aufzuhören! Warum nicht eine Nacht über scheinbar unausweichlichen Entscheidungen schlafen? Warum nicht die inneren Blockaden bekämpfen, die die Niederlagen verursachen? Und was meine scheinbar völlig ungewisse berufliche Zukunft anbelangte – ich hatte schon einmal bewiesen, dass ich in der Lage war, eine Firma von ganz unten her aufzubauen. Lange bekam ich für meine Zuversicht keinerlei Bestätigung von außen, im Gegenteil, mein erster Partner hatte sich sich als totaler Missgriff erwiesen.

Dennoch spürte ich in mir einen unzerstörbaren Kern, aus dem ich meine Hoffnung schöpfte. Mit dieser Hoffnung im Hinterkopf ging ich auf einen Menschen zu, von dem ich intuitiv den Eindruck hatte, dass er ein ehrlicher, geradliniger und zuverlässiger Mensch war. Ich fand ihn, weil ich nicht aufgab, über Auswege aus der scheinbar hoffnungslosen Lage nachzudenken. So wie ich an mich glaubte, glaubte ich auch daran, dass es irgendwo jemanden gibt, dem ich vertrauen kann.

Und ich sollte recht behalten. In der gesamten Elektronikbranche gibt es weltweit keine Partnerschaft, die auch nur annähernd so lange gehalten hat wie unsere und die über viele Jahre so erfolgreich war!

Niederlagen – eine Frage der Einstellung

Als die für meine Branche wichtige Elektronik-Messe anstand, hätten die meisten Menschen verständnisvoll genickt, wenn ich gesagt hätte: „Was soll ich dort, ich bin ohnehin am Ende! Ich bin hoffnungslos verschuldet! Ich habe nicht einmal mehr genügend Geld, um mir ein gebrauchtes Auto zu kaufen. Soll ich mir anstatt der teuren Eintrittskarte zu dieser Messe nicht lieber ein anständiges Mittagessen kaufen?“ Und was dann auf dieser Messe passierte – war das Fügung des Schicksals?

Nein, es kam aus meinem Glauben an die Macht der Vision! Dieser positive Glaube verlieh mir Kraft für die Haltung, mit der ich das scheinbar Unabwendbare bezwang. Deshalb machte ich auch in dunklen Zeiten keinen grambgebeugten oder abweisenden Eindruck. Oder glauben Sie, dass mich mit hängenden Schultern, herabgezogenen Mundwinkeln und trauriger Miene jemand von sich aus angesprochen hätte? Während dieses ersten Gesprächs erahnte ich eine Riesenchance. Und ich ließ nicht locker, bis ich erfahren hatte, mit wem ich sprechen musste, um aus dieser Ahnung eine konkrete Möglichkeit zu schaffen! Als dieser kleine Lichtstrahl des Glücks greifbar nahe war, sagte ich nicht: „Na gut, morgen habe ich dieses Gespräch. Schauen wir mal, was sich daraus ergibt! Mehr als schief gehen kann es nicht!" Nein, ich legte sofort los, um für mein Gespräch über alle Einzelheiten informiert zu sein, die wichtig werden konnten. Ich lernte die Fakten auswendig und legte mir eine Strategie zurecht. Mit einem unvorstellbaren Erfolg!

Eine Ahnung wird Wirklichkeit

Es klingt wirklich unwahrscheinlich, wenn ich erzähle, wie dieses Gespräch endete. Ich bekam noch am Messestand ein Schreiben, das mich für die Verhandlungen mit der deutschen Niederlassung als Bevollmächtigten des Verwaltungsrates auswies und dazu eine Einladung in die Schweiz. Stellen Sie sich vor, ich hätte aus Mutlosigkeit und Verzagtheit das Geld für den Eintritt gespart! Nun sollte ich das Stammhaus mit seinen dreihundert Mitarbeitern kennenlernen, ehe ich für diesen Weltkonzern verhandelte.

Dort kam ich nach genauem Studium der Akten und eingehenden Erkundigungen zu einer weiteren entscheidenden Erkenntnis: Das System der Exklusivvertretungen war so geschwächt, dass Firmen wie die deutsche Niederlassung geradezu aufgefordert wurden, das Monopol zu durchbrechen. Diese Erkenntnis bestärkte mich in meiner Einschätzung, dass ein Prozess beiden Kontrahenten irreparablen Schaden zufügen würde. Gewinnen würden wieder einmal nur die Anwälte. In dieser Überzeugung verhandelte ich mit der deutschen Niederlassung und war mit meiner Vermittlung erfolgreich. Es gab keinen Prozess!

Als ich über dieses Ergebnis dem Vorstand in einem ausführlichen Schreiben berichtete, wurde ich gebeten, sofort in die Schweiz zu kommen. Dort machte mir Charles Gerber, der Präsident des Verwaltungsrates, das sagenhafte Angebot, kaufmännischer Direktor des Unternehmens zu werden! Können Sie sich vorstellen, wie diese schier unfassbare Wendung auf mich wirkte? Ich war sprachlos, überglücklich, verwirrt und wild entschlossen zugleich!

Aber dann kam der ernüchternde Augenblick, wo ich entschied, diesem Mann in aller Offenheit und Ehrlichkeit meine gegenwärtige Situation zu schildern. Die falschen Anschuldigungen, die Demütigungen, den verlorenen Prozess, alles! Ich wollte mich damit auch vor neuen Enttäuschungen schützen. Seine Antwort war der Beweis für seine selbstbewusste und unabhängige Denkweise: „Wissen Sie, Herr Lejeune, uns in der Schweiz interessiert nicht, was andere sagen. Wir machen uns selbst ein Bild von den Menschen, mit denen wir zusammenarbeiten wollen. Machen Sie sich da mal keine Sorgen!"

Der Start in ein neues Leben!

Im Januar 1977 sollte ich meine Tätigkeit im Konzern aufnehmen. Noch dazu in Biel, der Heimat so berühmter Uhrenmarken wie Tissot, Rolex und Omega. Wie sollte ich mich entscheiden? In München war ich ein schwarzes Schaf, dem man mit allen Mitteln die Luft zum Atmen abschnürte. In der Schweiz konnte ich Direktor einer Weltfirma mit einem geradezu fürstlichen Gehalt werden. Andererseits gab es in München ein kleines Wohnbüro, an dem sich in den zwei Buchstaben ce mein Traum von einem eigenen Unternehmen kristallisierte. Da saß ein Mensch, der diesen Traum mit mir teilte. Der dafür seine Existenz riskiert und ein sehr lukratives Angebot ausgeschlagen hatte und den ich unter keinen Umständen enttäuschen durfte.

Auch dieses Problem sprach ich ganz offen an – mit dem Erfolg, dass ich die Erlaubnis erhielt, bei meinen Auslandsreisen auch Geschäftskontakte für unser kleines Unternehmen aufzubauen. Mut und Ehrlichkeit hatten mir im wahrsten Sinn des Wortes ungeahnte Möglichkeiten eröffnet.

Wissenslücken,
und wie man sie beseitigt!

Apropos Auslandsreisen, ich hatte meinen Anstellungsvertrag schon in der Tasche, als mich Herr Gerber eher pro forma nach meinen Sprachkenntnissen fragte: „Na, Herr Lejeune, bei Ihrem Namen können Sie sicher Französisch, und wie steht es mit Ihrem Englisch?" Meine ehrliche Antwort, dass ich damals über keinerlei Sprachkenntnisse verfügte, wollte er zuerst nicht glauben. Er hielt sie für übertriebene Bescheidenheit. Aber dann entschied er, dass ich in London einen Crash Course machen sollte, um meine Sprachkenntnisse „aufzufrischen". Auch das war typisch für sein unabhängiges und vorurteilsfreies Denken. Er vertraute so sehr auf meine kämpferischen Fähigkeiten, dass er über diese Bildungslücke einfach hinwegsah.

Auf dem 2. Bildungsweg

Ehe ich also in die große weite Welt aufbrechen konnte, musste ich noch einmal die Schulbank drücken. Mit Einzelunterricht an einer berühmten Sprachenschule. Deren gnadenlose Paukmethoden waren unter Politikern und Geschäftsleuten aus aller Welt berüchtigt. Alle sprachen ausschließlich Englisch mit mir – und ich verstand zunächst kein einziges Wort! Dieser Druck machte mich fast wahnsinnig. Am zweiten Tag sprang ich während des Unterrichts auf und rief: „Schluss! Ich halte das nicht mehr aus. Ich kann einfach nicht mehr!" Der Lehrer schien derartige Reaktionen von seinen erwachsenen Schülern gewohnt zu sein. Seine Antwort klang jedenfalls sehr gelassen: „Don't worry, Mr. Lejeune. Let's go for a walk into the Hyde Park!" Auf diesem Spaziergang wurde mir klar, was ich in meinem bisherigen Leben an Bildung alles versäumt hatte. Ich nahm mir vor, dass künftig kein Tag mehr vergehen dürfe, an dem ich nicht irgendetwas dazulernen würde.

An diesen Entschluss habe ich mich unbeirrt gehalten, denn es gibt keine Erfolge, für die man nicht dazulernen muss. Was einem ohne Anstrengung zufällt, ist meist nicht der Rede wert, vor allem, wenn man in einer Branche arbeitet, die tagtäglich Neuerungen auf den Markt bringt. Lebenslanges, tägliches Lernen ist nicht nur eine unabdingbare Voraussetzung für lebenslange Erfolge. Lernen, die stetige Erweiterung seines geistigen Horizonts und seiner Bildung ist eine Quelle ungeheurer Freude, die nie versiegt! Sie stärkt unser Bewusstsein, sie durchdringt alle Sinne und verleiht uns die unabdingbare Voraussetzung für den Erfolg – Charakter und Bildung. Lernen ist die beste Medizin für geistige Fitness!

Der Start in eine neue Welt

Von London aus flog ich zurück in die Schweiz, um meine erste Überseereise vorzubereiten. Meine Sekretärin stellte jeden Termin einzeln zu einer Agenda zusammen, mit Name, Adresse und Telefonnummer des Gesprächspartners und mit einem präzisen Aufriss dessen, was zu besprechen war. Von dieser klaren Methode war ich sehr beeindruckt. Auch dieses Prinzip habe ich mir zu einer bleibenden Angewohnheit gemacht. Unterschätzen Sie deshalb nie die Wichtigkeit der Ordnung und die ordnende Hand einer guten Sekretärin!

Und dann ging's los! Mein Glücksgefühl war unbeschreiblich, als ich in der Maschine der Swissair von Zürich nach New York saß. Ich schwebte nicht nur über allen Wolken, ich fühlte mich im siebten Himmel. Ich konnte meine Freude kaum fassen: „Amerika! Was für ein Glücksgefühl! – Jetzt kam ich zum ersten Mal auf diesen faszinierenden Kontinent!" Mit großen Augen fuhr ich im Taxi vom John

F. Kennedy-Flughafen zu meinem Hotel in Manhattan, vorbei an den aufragenden Wolkenkratzern, die ich bisher nur von Bildern kannte.

In dreißig Tagen um die Welt

Nach erfolgreichen Verhandlungen in New York und Toronto kehrte ich in die Schweiz zurück. Die Direktion war mit den Ergebnissen meiner Reise hochzufrieden. In wenigen Wochen sollte ich meine erste große Weltreise antreten: Mailand, Beirut, Damaskus, Athen, Bahrain, Karachi, Bombay, Kalkutta, Bangkok, Hongkong, Taiwan, Tokio, Singapur, Manila, Sydney und Wellington (Neuseeland). Ziel der Reise war es, mit den dortigen Auslandsvertretungen wieder eine dynamische Zusammenarbeit aufzubauen. Was für eine großartige Chance, endlich die Welt kennenzulernen!

Ein Glücksstern
tritt in mein Leben!

In diese Zeit fiel ein privates Ereignis, das mein Leben entscheidend verändern sollte. In Biel/Bienne, diesem hübschen Städtchen genau an der Grenze zwischen der französischen und der deutschen Schweiz lernte ich Irène kennen, einzige Tochter einer gutbürgerlichen Schweizer Familie. Sie war zweisprachig aufgewachsen und sprach ganz im Gegensatz zu mir genauso gut Französisch wie Deutsch. Und Englisch ebenfalls. In unseren Lebensläufen gab es aber sehr viele Ähnlichkeiten.

Irène hatte gegen den Rat ihrer Eltern mit einundzwanzig Jahren einen sehr viel älteren Mann geheiratet, der zwei Kinder mit in die Ehe brachte. Die beiden hatten auch noch ein eigenes Kind. Florence. Dennoch lebte Irène nach einigen Jahren Ehe in großer innerer Einsamkeit. Als ich sie kennenlernte, hatte sie ihre Scheidung bereits fest ins Auge gefasst. So war es nicht nur ihr bildhübsches Aussehen und ihre klare und herzliche Ausstrahlung, die mich auf Anhieb begeisterte. Es war das gegenseitige tiefe Verständnis für die Situation des anderen, die uns zusammenführte. Als wir uns kennenlernten war Irène allerdings in der Regelung ihrer persönlichen Situation schon einen Schritt weiter als ich. Aus dieser klaren Entscheidung schöpfte sie Kraft. Soviel, dass sie mir durch ihren Zuspruch, durch ihre Haltung und durch ihr optimistisches Wesen neue Energie schenken konnte. Auch ich musste mir endlich eingestehen, dass meine Ehe mit Monika gescheitert war und dass in dieser Beziehung eine eindeutige Entscheidung zu treffen war.

Die Voraussetzung für einen Neuanfang

Ich spürte einen übermächtigen Drang, mein Leben mit neuem Schwung, mit Energie und totalem Einsatz aller meiner Kräfte, auf das Ziel zuzusteuern, das ich nie ganz aus den Augen verloren hatte! Ich wollte wieder erfolgreich sein. Aber zuerst musste ich in dieser aufwühlenden Zeit des Umbruchs und des Neuanfangs mein Privatleben in geordnete Bahnen lenken. Aus der sicheren Erkenntnis heraus, dass nur der beruflich erfolgreich arbeiten kann, der seine privaten Dinge in Ordnung gebracht hat.

„Im Beruf Profi und im Privatleben Amateur!" Auf der einen Seite Tatendrang, Erfolgsgefühl, Selbstbewusstsein, Schaffensfreude und alles, was zu einem erfolgreichen Menschen gehört – und zu Hause Frust, Unsicherheit und lähmende Abkühlung der Gefühle? Das kann nicht lange gut gehen. Oder es führt zu einer totalen Vermischung der Bereiche. Ein ungeordnetes Privatleben saugt kontinuierlich die Kraft und Energie ab, die man gerade in beruflich harten Zeiten so dringend benötigt – und zwar bis zur letzten Reserve. Umgekehrt nimmt eine ungeklärte berufliche

Situation so viel Freude, Zuneigung und Unternehmungslust aus dem Leben unserer Gefühle, dass Spannungen nicht ausbleiben können.

Ich wusste, man muss immer sein ganzes Leben in Ordnung bringen! Deshalb sah ich gar keine andere Wahl, nachdem ich meinen persönlichen Erfolg wieder ins Auge gefasst hatte: Auch ich entschloss mich zur Scheidung!

Ich bringe Ordnung in mein Leben

Um die Ordnung des Privaten auch für meine Tochter in den Griff zu bekommen, sprang dankenswerter Weise wieder einmal meine Großmutter Agnes Lejeune ein. Sie nahm sich für mehrere Jahre meiner Tochter Sandra an. So wusste ich mein Kind in bewährten Händen, während ich an meinem Comeback arbeitete, das mich immer wieder für Wochen ins Ausland führte.

Um auch mein neues Leben in der Schweiz auf ein geordnetes Fundament zu stellen, bat ich Irène, in der Zeit meiner Abwesenheit eine kleine Wohnung zu finden. Ich konnte unmöglich länger den Zustand ertragen, auf Reisen Tag für Tag den Koffer zu packen, um von einem Hotel ins nächste zu jetten und nach meiner Rückkehr wieder im Hotel zu landen und wieder aus dem Koffer zu leben. Ich war dieses Leben aus dem Koffer leid! Ich brauchte ein richtiges Zuhause. Und Sie kennen sicher den Wert von einem echten Zuhause. Irène fand es für mich. Mein kleines Schweizer Domizil wurde meine neue Lebensmitte. Zwar floss immer noch ein Großteil meines nunmehr stattlichen Einkommens in die „Aufräumarbeiten" meiner Sorgen und Verpflichtungen. Ich sorgte weiter pünktlich und in angemessener Höhe für meine Noch-Ehefrau und vor allem für unsere Tochter. Aber es blieb mir doch eine kleine Summe, die ich Irène geben konnte, um die notwendigste Einrichtung für dieses Domizil zu kaufen.

Kein Deutsch, kein Japanisch – nur eine Idee!

In Japan begegnete ich einem japanischen Geschäftsmann, der für ein in Tokio ansässiges Handelshaus den Export leitete. Er sprach nicht Deutsch, ich nicht Japanisch, und sein Englisch war kaum besser als meines. Aber dennoch entstand in diesem „Gespräch" erst eine völlig verrückte klingende Idee und dann – ob Sie es glauben oder nicht – eine völlig neue Nische im Handel mit der Mikroelektronik! Als ich diesem Mann radebrechend, mit Händen und Füßen und offensichtlich mit einer Überzeugungskraft, die alle Sprachbarrieren überwand, von meinen Plänen mit meinem Unternehmen erzählte, sagte er spontan: „Lejeune-san, I would like to work for you!" – Wie sollte das gehen? – Er schlug mir vor, eine eigene Niederlassung für ce in Japan zu gründen.

Mit einem eigenen Unternehmen in Japan

Meine erste Reaktion war große Skepsis, weil ich wusste, dass Japan in der Mikroelektronik damals noch weit hinter den USA und Deutschland zurücklag. Dennoch begann ich aus einer Intuition heraus, mich für diesen unrealistisch klingenden Vorschlag zu interessieren. Wie hätte ich zu diesem Zeitpunkt auch ahnen können, dass das der „goldene Boden" war, der einmal den großen Erfolg von ce mitbegründen sollte?

Das hatte vor mir in der Eletronikbranche noch niemand gewagt – in Japan eine eigene Firma zur Beschaffung von mikroelektronischen Bauteilen zu eröffnen. Verrückt! Mir wurde erst viel später bewusst, dass ich damit offiziell der erste Chipbroker der Welt wurde. Ohne es zu wissen, hatte ich eine völlig neue, kundenfreundliche Art der Beschaffung von elektronischen Chips erfunden! Durch diese Begegnung mit dem japanischen Markt wurde ich zu einem

Pionier für die ganze Chipbranche. Das beweist, dass Verständigung eben mehr ist als die bloße Anwendung von Sprachkenntnissen.

Zu der damaligen Zeit hatten für dieses Gebiet noch nicht einmal deutsche Großkonzerne Niederlassungen in Japan. Bedenken Sie deshalb, wenn Sie einmal vor ähnlich dramatischen Entscheidungen stehen – es ist die Vorstellungskraft und der Glaube, die Wunder und Visionen hervorrufen. So werden Visionen durch Mut Wirklichkeit!

Ehrlichkeit – das beste Verhandlungskonzept

Trotz dieser so bahnbrechenden Gespräche hatte ich natürlich in erster Linie meinen Auftrag im Auge! Station um Station arbeitete ich mich auf meinem Reiseplan vorwärts. Ich bekam ständig mehr Routine in der Verhandlungsführung. Das brachte gute Ergebnisse für meinen Schweizer Arbeitgeber! Statt den Anschein von Exklusivität im Vertrieb aufrechtzuerhalten, gaben mir meine Gesprächspartner einen Überblick über die weitverzweigten Abhängigkeiten von Liefer- und Abnahmebedingungen. Fast immer gelang es mir, auf dieser Basis annehmbare Lösungen in der Zusammenarbeit zu erreichen – zum Vorteil beider Seiten. Diese Art zu verhandeln habe ich beibehalten. Sie führt zum Kern der Probleme und spart Zeit, weil man der Wahrheit auf Dauer nicht ausweichen kann! Zusammenarbeit bedeutet immer Geben und Nehmen! Auf diese Weise stehen am Ende der Verhandlungen immer zwei Gewinner!

Nicht nur unter dem Eindruck der zahlreichen Gespräche in Fernost wurde Ehrlichkeit zu meinem ausschließlichen Lebensprinzip! Dieses Konzept habe ich auch beibehalten, als ich in meinem ersten Buch „Mr. Chip – eine deutsche Karriere" einen Teil meiner Autobiografie schrieb. Ich habe darin nichts beschönigt. Deshalb wurde ich nach der Veröffentlichung meines ersten Buches häufig verwundert gefragt: „Wie kann man nur so ehrlich sein?“ Meine Antwort lautet: „Weil man nur durch Ehrlichkeit frei werden kann für den Erfolg!“ Nur mit Ehrlichkeit werden wir die großen Probleme unserer Zeit lösen!

Diese Botschaft der Ehrlichkeit habe ich in all den vergangenen Jahren in Vorträgen vor -zigtausenden von Menschen vertreten. Mit dieser Botschaft bin ich in zahlreichen Diskussionsrunden, auch durch die Medien einem großen Publikum näher gekommen. Dabei hatte ich immer den Eindruck, verstärkt durch viele persönliche Gespräche und Briefe, dass die Menschen diese Offenheit und Liebe zur Wahrheit selbst als eine große Befreiung empfinden. Sie scheinen zu spüren, dass ein erfolgreicher Neuanfang nur auf der Basis von Mut, Wahrheit und Ehrlichkeit möglich ist.

Rückkehr zu meiner Berufung

Ohne den mutigen Kampf um die Wahrheit und Ehrlichkeit hätte ich wohl nie mehr die Rückkehr zu meiner Berufung geschafft! Doch glauben Sie mir, jede Seite dieses Buches und jeder noch so kleine und erst recht jeder größere Erfolg entstand aus harter, dornenreicher Arbeit! Um es abzukürzen – nach Ablauf meines Wettbewerbsverbotes kehrte ich von der Schweiz nach München zurück. Ich wusste: „Eine große Zeit steht vor mir!“ Ich wusste: „Jetzt geht's aufwärts!“

Irène wurde meine Frau. Herbert Graus, Irène und ich führten unser Unternehmen durch Untiefen und über zahlreiche Klippen zu einem nie für möglich gehaltenen Aufstieg! Irène, diese kluge, gebildete und kämpferische Frau, wurde nicht müde, mir auch in den schwierigsten Situationen den Zuspruch zu wiederholen: „Erich, du schaffst es!“ Ihr Mut, ihre Tatkraft und ihr Vertrauen waren ganz entscheidend für meine Entwicklung und für den Aufbau unseres Unternehmens.

Das Geheimnis des wahren Erfolges

Ich möchte Ihnen damit für Ihren eigenen Weg Mut machen. Verlassen Sie die ausgetretenen Pfade der Orientierungslosigkeit, der Niedergeschlagenheit und der Mutlosigkeit. Erfolg entsteht nur durch Mut und durch eine genaue Zielsetzung. Erfolg haben kann jeder, der nicht aufgibt!

Ein erstes Durchlesen von „Lebe ehrlich – werde reich!" wird auch Sie sensibilisieren für die Voraussetzungen Ihres Erfolges. Für eine dauerhafte Entwicklung Ihrer Persönlichkeit, Ihres Charakters und Ihrer Erfolgsbereitschaft müssen Ihnen aber die Grundgesetze des Erfolges durch ständige Anwendung zur zweiten Natur werden. Dann wird Ihr Handeln von diesen unumgänglichen und unumstößlichen Gesetzen getragen sein.

Am Anfang steht dabei die Bereitschaft zum Wandel. Dann kommt die Suche nach Ihrem Lebensziel und die Bündelung aller Ihrer Kräfte in der unbeirrbaren Entschlossenheit, dieses Ziel zu erreichen. Ständig dazuzulernen, besser zu werden, Ihre Talente und Fähigkeiten auszubauen, um dann mit Freude festzustellen, dass alle Ihre Energie in Richtung Ihres Erfolges fließt – das ist die Reise zum Erfolg, auf der ich Sie mit meinen Erfahrungen begleiten will. Reißen Sie sich um Erfolg. Reisen Sie zu Ihrem Erfolg!

Plötzlich wird ein Wunder geschehen

Glauben Sie mir, ich habe dieses Wunder des Erfolges nicht nur an mir selbst, sondern auch an vielen anderen Menschen erlebt. Dieses Wunder, plötzlich ein positiv gestimmter und erfolgreicher Mensch zu sein, kann auch Ihnen geschehen. Lassen Sie sich deshalb von keinen Niederlagen entmutigen. Das sind die Prüfsteine, die uns das Schicksal in den Weg legt, damit wir beweisen können, dass wir den Erfolg auch wirklich verdient haben.

Und nun möchte ich Ihnen ein Geheimnis verraten, das Sie erst verstehen werden, wenn Sie es selbst erlebt haben: Es gibt eine Stufe des Erfolges, die nichts mehr mit vordergründigem Geldverdienen zu tun hat. Diese innere Erkenntnis kommt eines Tages wie eine Erleuchtung über Sie. Das ist nicht übertrieben. Denn dann werden Sie mit Ihrer ganzen Person, mit Ihrem ganzen Wesen, mit Ihrem ganzen Geist und mit Ihrem ganzen Körper spüren: Ja – das ist der wahre Erfolg!

Wenn Sie diese Erkenntnis in sich spüren, ist es vollkommen unerheblich, wie viel Geld Sie besitzen, selbst wenn es im Moment gerade noch für das nächste Mittagessen reicht – Sie sind reich! Sie werden grenzenlos erfolgreich sein! Und jeder, der Ihnen begegnet, wird plötzlich davon überzeugt sein, dass Sie es geschafft haben! Auch wenn Sie sich jetzt noch weit davon entfernt sehen sollten. Glauben Sie an das Wunder des Erfolges, das auch Ihnen begegnen wird!

Erfolg ist niemals eine Endstation

Auch wenn Sie diesen unumkehrbaren Weg gegangen sind und Ihr Ziel erreicht haben, werden Sie nie sagen können: „Jetzt habe ich den Erfolg ein für allemal in der Tasche!" Erfolg ist keine Endstation, sondern ein Hürdenlauf, bei dem man um den Sieg ständig aufs Neue kämpfen muss. Es geht bei dieser Art von Erfolg auch nicht mehr vordergründig um Geld, sondern um die völlige Harmonie von Körper, Geist und Seele, mit der man lebt und Dinge tut, die einem Freude bereiten. Dabei spielt es keine Rolle, ob man Bilder malt, Firmen gründet oder Menschen fürsorglich und von Herzen gerne betreut.

Man weiß nur eines – man lebt erst richtig, wenn man diese fast „unglaubliche" Schaffenskraft auch umsetzt. Es erzählt nicht mehr, was und wie viel man bewegt. Man will in erster Linie etwas Gutes bewegen, denn die Bewegung zum Guten ist Leben. Stillstand hingegen führt zum Rückschritt! Stillstand führt ins Aus! Glauben Sie mir, es kostet mehr Kraft, die Folgen der Erfolglosigkeit zu ertragen als für seinen Erfolg, sein Glück und seine Lebensfreude zu kämpfen! Fangen Sie mit diesem Kampf an. Jetzt! Werden Sie reich an Zuversicht und Erfolg!

Leitsätze, Gedanken und Anregungen

Schreiben Sie bitte folgende Sätze auf kleine Kärtchen und machen Sie sie abwechslungsweise zu Ihrem Tagesmotto:

1. Negative Vorzeichen sind nicht immer schlecht. Sie können meine wichtigsten Bausteine für den Erfolg werden!
2. Mangelnde Schulbildung kann man durch ständiges Lernen ausgleichen. Ich werde Autodidakt!
3. Meine Niederlagen sind Prüfsteine auf dem Weg zum Erfolg.
4. Ich lasse mich von nichts und niemandem kaputtmachen. Ich kämpfe!
5. Ich habe den Mut, Fehler ehrlich einzugestehen, weil ich weiß, dass ich nur so aus Fehlern lernen kann!
6. Heute suche ich das Gespräch mit den unterschiedlichsten Menschen, die mir begegnen.
7. Wichtige Gespräche bereite ich minutiös vor und lege mir eine Strategie zurecht.
8. Ich will und ich werde Erfolg haben. Ich schaffe es, weil ich es aus meiner ganzen Persönlichkeit heraus will!
9. Ich werde in allen meinen Unternehmungen das Geheimnis des Erfolges suchen und nicht eher ruhen, bis ich es gefunden habe.
10. Ich glaube ganz fest daran, dass ich das Geheimnis meines Erfolges finden werde!

Nahziele, Fernziele, Visionen

Geben Sie Ihrem Leben ein Ziel und eine Richtung!

Was tun Sie, wenn Sie eine Urlaubsreise planen? – Richtig! Sie überlegen zuallererst, wohin Sie ganz besonders gerne fahren möchten. Da gibt es Reiseziele, die Ihnen schon lange vorschweben. Dort zieht es Sie hin, weil Sie dort genau das tun können, was Ihren Interessen am stärksten entgegenkommt.

Wenn dieses Reiseziel feststeht, entscheiden Sie anhand von Tourenbüchern, Karten und Fahrplänen, wie Sie am besten dorthin gelangen. Sie ziehen Erkundigungen ein, sprechen mit Menschen, die schon mal dort waren, lesen Reiseberichte, kaufen Bücher mit allen nur erdenklichen Informationen über Ihr Ziel, bis Sie einen Punkt erreichen, wo Sie über nichts anderes mehr reden als über den Ort, den Sie unter allen Umständen erreichen wollen.

Viele Menschen scheinen das Geschenk ihres Lebens so gering zu achten, dass es ihnen genügt, ihr Auskommen zu haben, einen einigermaßen erträglichen Job, innerhalb der tariflich vereinbarten Arbeitszeit und eine „Selbstverwirklichung", die sich auf die Hobbys am Feierabend oder an den Wochenenden beschränkt. Das dürfen Sie dem großartigen Geschenk, dem Wertvollsten, was Sie besitzen, Ihrem Leben nicht antun!

Treten Sie lebensfroh und zielbewusst heraus aus der Masse der Menschen, die die Verantwortung für ihr Leben abgegeben haben. Verlassen Sie den Kreis derer, die mit sich und häufig genug auch mit ihren allernächsten Mitmenschen nichts mehr anzufangen wissen, wenn ihr Fernseher keine Zerstreuung mehr zu bieten hat. Werden Sie aktiv für Ihr Leben!

Unser Leben ist unendlich viel reicher, vielfältiger und geheimnisvoller als wir uns im normalen Alltag träumen lassen! Diese Vielfalt und diesen Reichtum werden wir aber nur entdecken, wenn wir anfangen, Reiseberichte in unser Inneres zu studieren. Wenn wir anfangen, Spuren unserer verborgenen Fähigkeiten zu suchen und wenn wir uns auf die faszinierendste Abenteuerreise einlassen, die wir je antreten können – die Entdeckungsreise zum Kontinent unserer Möglichkeiten. Entdecken Sie die unendlichen Möglichkeiten Ihres Lebens!

Die Frage an uns und unser Leben lautet doch: Wie können wir innerlich wachsen und Kraft gewinnen für die Reise zu unserem wahren Lebensziel? Einem Ziel, auf das wir uns mit unserer ganzen Person und all unseren Sinnen einlassen müssen?

Für die Reise zu unserem Lebensziel gibt es leider keine schnellen Abkürzungen. Wir müssen uns auf unser ureigenstes Leben einlassen. Nur dann können wir von der unbefriedigenden, lähmenden und letzten Endes nur bequemen oder auch unbequemen Belanglosigkeit des Daseins wegkommen.

Der Weg in ein wirklich eigenständiges und authentisches Leben erfordert einen höheren Einsatz als ein teuer bezahlter Bungee-Sprung aus vierzig, sechzig oder hundert Metern. Diesen Weg in ein neues Leben müssen wir mit unserem ganzen Ich, mit unserer Zeit, Kraft und Begeisterung gehen – Tag für Tag, Woche für Woche, Jahr für Jahr!

Suchen Sie das Abenteuer
Ihres neuen Lebens!

Ich kenne dieses Abenteuer! Es hält uns länger in Atem als drei Sekunden – und man kommt garantiert als ein anderer an als der man aufgebrochen ist! Niedergeschlagenheit, Unzufriedenheit, Mutlosigkeit, Resignation und geistige Lähmung fallen auf diesem Weg wie von selbst von uns ab. Auf diesem Weg braucht man nicht selbstverliebt seine Hobbys als Ersatzprämie für ausgebliebene Anerkennung zu pflegen! Man kann auch nicht auf eine günstige Mitfahrgelegenheit warten. Vieles auf diesem Weg ist ungewiss! Aber eines ist sicher – man wird nicht in Lethargie, Tatenlosigkeit und Frustration versinken.

Ihr Leitstrahl für ein neues Leben!

Fangen Sie an, die wirklich wichtigen Fragen an Ihr Leben zu stellen: „Was sind meine Wünsche an dieses Leben oder besser – an mein Leben?" Nur Sie ganz allein können die Antwort darauf geben. Sie wissen doch so gut wie ich, wir alle haben nur dieses eine wundervolle Leben! Aus diesem Grund ist es so unumgänglich, sich für ein positives Leben und eine positiv erfüllte Welt zu entscheiden! Suchen Sie deshalb einen Leitstrahl für Ihr neues Leben!

Fragen Sie sich jeden Tag, immer wieder aufs Neue: „Wodurch erreiche ich den Unterschied zwischen bloßem Dasein, das mir manchmal wie Sand durch die Finger rinnt, und eigenständiger Existenz, die ich nach meinem Willen und meiner Vorstellung gestalte? Wie programmiere ich mein Denken, damit es zu einem Leitstrahl für ein neues Leben werden kann? Wie werde ich für mich selbst mein bester Freund? Wie finde ich die Türe, die zu meinem Erfolg und zu meiner Freude am Leben führt? Wie schaffe ich die Voraussetzungen für ein dauerhaftes Lebensglück?

Was ist überhaupt das Glück meines Lebens? Geben Sie sich Antwort auf diese entscheidenden Fragen Ihres Lebens!“

Tagesablauf, Lebensrhythmus, Lebensregeln

Wie gestalte ich mein Leben? – Sie stimmen sicher mit mir überein, dass es auf diese Frage höchst individuelle Antworten gibt. Das Leben, das ich führe und das mir große Freude und Befriedigung bereitet, würde viele Menschen wenig begeistern. Ich stehe nach wie vor um fünf Uhr auf, schwimme 40 Bahnen, frühstücke, lese mindestens zwei Zeitungen, fahre gegen acht Uhr in meine Akademie, bereite Motivationsvorträge und Fernsehsendungen vor, arbeite praktisch ständig an irgendeinem Buchprojekt, führe Gespräche, die das irische Honorarkonsulat betreffen, das mir 2001 übertragen wurde. Das Ende meines Arbeitstages ist häufig völlig ungewiss. Trotz dieser unterschiedlichen Tätigkeiten verlässt mich das Nachdenken über die tägliche Veränderung nie. Ich bin begeistert von meiner Arbeit. Deshalb ist mir negativer, zeitlich belastender Stress seit Jahren unbekannt. Um diese Arbeits- und Lebensweise mit der nötigen Spannkraft durchhalten zu können, achte ich natürlich auf meine Gesundheit und halte mich körperlich fit.

Körperliche und geistige Fitness ist für mich ein ganz großes und lebenswichtiges Thema. Dennoch kann ich in diesem Buch nicht ausführlich darauf eingehen, weil es mir unmöglich erscheint, auf dieses komplexe Thema in Kürze eine befriedigende Antwort zu geben. Dafür sind auch die Bedürfnisse und Wünsche jedes Einzelnen viel zu unterschiedlich. Ich beschränke mich deshalb darauf, Ihnen als Lebensmotto den Leitspruch der alten Römer mitzugeben: „Ein gesunder Geist in einem gesunden Körper!“ Der Wahrheit dieser Worte bin ich mir täglich bewusst. Ich hoffe, Sie auch!

Körperliche und geistige Fitness

Egal, was Sie persönlich bevorzugen – Schwimmen, Joggen, Wandern, Reiten, oder Tennisspielen: „Bringen Sie Ihren Körper in Form, in jeder Beziehung!" Wer Erfolg haben will, muss belastbar und ausdauernd sein. Er muss nach einer vielstündigen Autofahrt oder einem Flug über die Zeitgrenzen in der Lage sein, noch Stunden körperlich fit und geistig völlig klar zu verhandeln. Er muss auch gelegentlich mehrere Nächte hintereinander durcharbeiten können. Diese Leistung lässt sich aber nur erbringen, wenn man körperlich und geistig absolut fit ist!

Um mir diese Fitness zu erhalten, muss ich mich nicht auf wochenlange Erlebnisurlaube begeben. Ich verlasse mein Büro selten für länger als zehn Tage Urlaub am Stück. – Wie kann ein Mensch so überhaupt leben, werden sich manche denken! Ich weiß, dieser Urlaubsrhythmus erlaubt mir keine Trekking-Touren quer durch den Himalaya oder einen Segeltörn über den Atlantik. Aber ich konnte schon mehrfach feststellen, dass Freunde oder Bekannte nach sechswöchigen „Traumreisen" auch nicht besser erholt waren als ich nach einem verlängerten Wochenende. Denn oftmals ist das schwerste Gepäck, das die Menschen in den Urlaub mitschleppen, der Frust und die Sorgen des Alltags. Und die kann man, wie Sie sicher wissen, nicht „wegurlauben!" Bleiben Sie zur Abwechslung einmal „sorgenfrei" zu Hause. Und ich wette, Sie werden sich erholen wie noch nie!

Arbeit – ein wunderschöner Teil meines Lebens

Was gibt mir die Kraft, in so vielen unterschiedlichen Bereichen zu arbeiten, obwohl ich mich heute genüsslich zurücklehnen könnte, um nur die Früchte meiner jahrzehntelangen Anstrengungen zu genießen? – Ganz einfach, ich führe ein Leben, das mir Freude bereitet und das ich täglich neu und mit Begeisterung entdecke! Für mich ist Arbeit aber nicht etwa Lebensersatz. Sie ist einfach ein wunderschöner Teil meines Lebens. Arbeit ist Leben!

Haben Sie eine ähnliche Vorstellung von Ihrer Lebensform? Oder leben Sie von fünf Uhr abends bis Mitternacht und sehen die Arbeit als lästige Unterbrechung Ihres Lebens an? Das wäre schade, denn so entsteht kein unverwechselbares Leben! Wer sagt übrigens, dass ein schönes und erfülltes Leben immer bequem sein muss? Einen Teil harter und konzentrierter Arbeit an diesem Buch verwirklichte ich, wie Sie im Vorwort lesen können, an einem herrlichen Urlaubsort. Was glauben Sie, wer an diesem Ort der glücklichste Mensch war? – Ich wurde mehrfach höchst interessiert gefragt, was mir denn solche Freude bereitet, dass ich mit der Arbeit daran gar nicht mehr aufhören konnte! Es war die Faszination von **Lebe ehrlich – werde reich!**

Glauben Sie mir deshalb, ein authentisches, selbstbestimmtes Leben, ein Leben, das ganz dem entspricht, was Sie für sich als Erfüllung ansehen, darf überhaupt nicht bequem, nicht frei von Mühe und Anstrengung sein. Es muss auch in keiner Weise von großen äußerlichen Reichtümern umgeben sein. Es sollte nur eine Voraussetzung erfüllen – es muss voll und ganz und ohne Einschränkungen Ihren Vorstellungen entsprechen. Ja, wirklich nur Ihren!

Entdecken Sie einen neuen Kontinent!

Auch wenn ich mir heute noch wenig Zeit für große Entdeckungsreisen nehme, glaube ich doch zu wissen, was Entdeckergeist ist und was ihn beflügelt! Ich kann mir sehr gut vorstellen, wann der große Entdecker Christoph Kolumbus wirklich glücklich war – als er nämlich die Planken seiner „Santa Maria" unter seinen Füßen spürte. Er sprühte vor Entdeckergeist, als er endlich seine Fahrt ins Ungewisse antreten konnte. Das war sein wahres Glück, und nicht als er beladen mit Gold und anderen Schätzen der Neuen Welt nach Spanien zurückkehrte. Die Zeit seines Lebens, die ihn sicher mehr befriedigte als alles andere, war die Ungewissheit der Überfahrt, war der Reiz des Abenteuers und nicht der Rausch von Gold!

Vergleichen Sie diese Situation auch mal ganz ehrlich mit sich: „Brechen Sie lieber auf oder kommen Sie lieber nach Hause?" Die Seeleute von Kolumbus meuterten, als er nach dem Aufbrauchen der ersten Hälfte der Vorräte nicht umkehrte. Denn da begann das eigentliche Abenteuer! Warum? Am Ende der zweiten Hälfte ihrer Vorräte mussten die Schiffe Land erreicht haben, wenn die Besatzung nicht elend verhungern sollte.

Die einfachen Seeleute verlangten Sicherheit, weil sie Angst hatten und weil sie kein Ziel vor Augen sahen, zumindest kein eigenes. Sie führten kein authentisches, selbstbestimmtes Leben, das ein mögliches Scheitern mit einschließt. Sie wollten kein Risiko und waren zufrieden, wenn sie ihr Leben retten und vielleicht einen kleinen Gewinn nach Hause bringen konnten.

Außerdem waren sie nicht überzeugt von dem Glauben des Kolumbus, dass die Erde eine Kugel ist. Sie befürchteten, irgendwann über den Rand der Weltenscheibe hinunter zu stürzen. Kolumbus war tatsächlich der einzige, der an dieses Ziel wirklich glaubte. Deshalb setzte er alles daran, es zu erreichen. Ich kann Sie nur mit aller Begeisterung dazu auffordern: „Machen Sie es wie Kolumbus. Brechen Sie auf zu Ihrem neuen Lebenskontinent!" Sie werden plötzlich sehen, wie bunt die Welt und das Leben ist! Ich habe eines gelernt: Nur wenn man im Leben immer wieder aufbricht, kommt man zufrieden nach Hause!

Was aber haben Menschen vom Leben zu erwarten, die sich ihre Ziele von anderen vorschreiben lassen? Sie wissen es so gut wie ich! – Nichts!

Wessen Leben lebe ich?

Erinnern Sie sich bitte immer daran, egal in welcher Rolle, in welcher Lebenssituation oder in welchem Lebensabschnitt Sie sich gerade befinden: echten Erfolg findet man nur mit eigenen Zielen, eigenen Gedanken und eigenen Ideen! Selten mit denen der anderen! Viele Eltern begehen – in der besten Absicht – den Fehler, ihren Kindern Wege zu einem „glücklichen" Leben zu ebnen. Und was passiert, wenn diese Kinder ganz andere Ziele haben als die, die sich ihre Eltern für sie ausgedacht haben? In derartigen Lebenskonstellationen liegt ein ungeheures Negativpotenzial – das noch dazu geeignet ist, alle Beteiligten sehr unglücklich zu machen!

Die fürsorglichen Eltern geben das Motto aus: „Wir haben diese Firma nur für dich aufgebaut, dass du es einmal besser hast als wir!" oder „Du musst ebenfalls Medizin studieren, damit du einmal meine Praxis übernehmen kannst!" Hinter der Behauptung „Wir haben diese Firma oder Praxis nur für dich aufgebaut!" verbirgt sich aber bei weitem nicht die ganze Wahrheit! Alle Beteiligten wissen nämlich ganz genau, dass diese Behauptung so nicht stimmt! Dafür muss der Ehrgeiz dessen, der eine erfolgreiche Firma, eine gutgehende Arztpraxis oder was auch immer aufbaut, viel zu groß sein! Zweitens werden damit junge Menschen mit mehr oder weniger sanfter Gewalt zu Zielen überredet, die nicht die ihren sind. Sie bekommen auf diesem Weg oftmals eine schwere seelische Hypothek aufgeladen!

Sponsored by Papi!

Vielleicht ist Ihnen auch schon dieser liebenswerte Autoaufkleber aufgefallen: Sponsored by Papi! Als ich ihn einmal am Heck eines spritzigen, bunten Kleinwagens sah, hoffte ich für die junge Dame, die darin saß, dass das die reine väterliche Liebe war, in der ihr dieser nagelneue Mini geschenkt worden war. Eine Liebe, die Freiheit zum Erwachsenwerden schenkt und nicht kindliche Bindung fordert!

Kinder sollte man niemals mit einem überhöhten monatlichen Scheck von ihren lebenslangen Zielen abbringen, indem man ihnen seine eigenen Ziele überstülpt. – Warum? – Weil Ergebnisse, für die man nicht kämpfen muss, keinen inneren Gewinn bringen! An Zielen, die nicht die eigenen sind, kann man sehr leicht scheitern und selten wachsen. Meistens verfolgt man sie nur halbherzig – und verliert damit vielleicht sein ganzes Leben!

An Zielen, die nicht die eigenen sind, kann man auch nur schwer seine wahre Berufung finden und daran die wunderbare Kraft der Intuition erproben! Die Suche nach eigenen Zielen ist eine wesentliche und unabdingbare Voraussetzung für den wahren Erfolg. Auch wenn diese Suche immer wieder in die Irre führt. Denn Irren ist nicht nur menschlich. Irren ist unser wichtigster Lehrmeister für den Erfolg!

Antwort geben – das ist Leben!

Wenn nicht, kann ich Ihnen nur sagen, dass diese Frage „Wessen Ziele verfolge ich?“ den Kern meiner Anleitung für Ihren Erfolg bildet! Wer ständig das Leben lebt, das andere von ihm erwarten, kann nicht erfolgreich werden. Er kann in der Regel nicht einmal richtig erwachsen werden! Fragen Sie sich selbst und auch Ihren Lebenspartner: „Wessen Leben lebe ich eigentlich?“ oder „Wessen Leben leben wir?“ – „Leben wir unser Leben oder das deiner Familie?“ – „Was prägt unseren Lebensstil? Ist das unser Geschmack, in dem unsere Wohnung eingerichtet ist oder ist das der Geschmack deiner oder meiner Eltern?“ Oder ist das der Geschmack irgendeiner Freundin! Oder leben wir im Trend der Schwiegermutter?

Wenn Sie alle diese Fragen beantwortet und die Konsequenzen daraus gezogen haben, die sich aus der einen Frage „Wessen Leben lebe ich?" ergeben, werden Sie nicht mehr dieselbe Person sein wie vorher. Glauben Sie mir das! Diesen Anspruch durchzukämpfen kann Ihren ganzen Mut herausfordern, aber es lohnt die Mühe, sich dieser Frage zu stellen.

Aus meiner langjährigen Erfahrung als Mutmacher für den Erfolg kann ich Ihnen an diesem Punkt ohne alle Einschränkung sagen: „An der ehrlichen Beantwortung dieser Fragen und an klar erarbeiteten Konsequenzen entscheidet sich, ob Sie ehrlichen Erfolg haben werden oder nicht!"

Gehen Sie mit der Aufarbeitung Ihrer ehrlichen Antwort dennoch sehr behutsam um, denn sie wird nicht nur Ihr ganzes Leben verändern! – Auch das Ihres Lebenspartners, Ihrer Familie oder Ihrer Freunde wird nicht mehr so deckungsgleich zu Ihrem passen wie vorher! Warum? – Weil Sie möglicherweise Konsequenzen ziehen müssen, die Sie vielleicht seit vielen, vielen Jahren aus Angst vor Auseinandersetzungen vor sich hergeschoben haben.

Ein eigenes Leben zu führen, sich zu einem eigenständigen Charakter zu entwickeln, ist immer eine Frage des Mutes und der Zivilcourage! Der Schriftsteller Hermann Hesse, dessen Roman „Der Steppenwolf" weltweit zum Kultbuch einer ganzen jungen Generation wurde, schrieb einmal: „Leute mit Mut und Charakter sind den anderen immer unheimlich!"

Wie finde ich zu großen Zielen?

Die Antwort ist einfach! Indem Sie Ihren ganzen Mut zusammennehmen und sich von Ihren inneren Blockaden befreien! Halbherzige Menschen verfolgen die notwendige Lösung ihrer Probleme immer nur soweit, dass sie nicht gänzlich im Treibsand ihres Alltags versinken. Auf diese

Art und Weise kommen Sie nie aus dem negativen Bereich. Sie setzen nie die Segel, um mit Rückenwind aufs offene Meer hinauszurauschen. Sie stochern von einer Untiefe zur nächsten. Sie kommen nie zur Ruhe, aber auch nie richtig in Fahrt. Sie finden nie zu einem eigenen Kurs. Ihr Leben wird von kleinlichen Zwängen und Beunruhigungen bestimmt. Und wie beim Rudern ist ihr Blick immer rückwärts gewandt. In Richtung Vergangenheit!

Gehen Sie deshalb ab sofort mit einem ganz neuen Anspruch an Ihr Lebensziel heran. Ihre Frage an Ihr Leben muss sich an Ihrer ganzen Persönlichkeit und an Ihren gesamten Lebensumständen ausrichten Die entscheidende Frage lautet: „Wie gewinne ich die Kontrolle über mein Leben – beruflich und privat? Wie bekomme ich Raum für den Blick auf mein Leben als Ganzes?" Mit dieser Denkweise werden Sie Ihr neues Lebensziel finden! Da können Sie ganz sicher sein. Wenn Sie die Kraft und den Mut finden, die innere Kündigung aufzuheben!

Begeisterung und ein Lächeln –
Ihre Schlüssel für den Erfolg!

Wie erreiche ich mein Ziel? Werden Sie mich fragen. – Kennen Sie die Überzeugungskraft der Begeisterung? Welche Rolle spielt sie in Ihrem Leben? Gehört Begeisterung zu Ihrer Grundstimmung oder leben Sie eher nach dem Motto: „Naja, wird schon schief gehen? Was soll ich denn da machen? Das hilft doch alles nichts!" Wenn Letzteres der Fall sein sollte, dann müssen Sie sich eine Umgebung suchen, in der Sie sich mit Begeisterung aufladen können. Denn Ziele, auch kleinere Zwischenziele, erreicht man spielend, wenn man sich selbst und andere für diese Ziele begeistert. Aber wie gesagt mit Klugheit und Vorsicht!

Ein Mensch, ein Unternehmen, ein Land kann auf Dauer nicht erfolgreich sein, wenn die Begeisterung fehlt. Begeistern Sie sich für Menschen – in ihrer nächsten Umgebung! Begeistern Sie sich für Kleinigkeiten, die Ihnen Ihre begeisterten Kinder schenken oder zeigen. Begeistern Sie sich für Ideen anderer Menschen. Begeistern Sie sich für Ihre eigene Bildung! Begeisterung ist eine unglaubliche Antriebskraft für unser tägliches Leben. Sie erinnern sich doch an die unglaubliche Kraft der Begeisterung, die Paul McCartney über alle seine unglaublichen Erfolge stellte. Diese Begeisterung müssen Sie aber auch in sich spüren, solange Sie vielleicht noch in ganz bescheidenen Verhältnissen leben!

Begeisterung braucht ein Ziel

Echte Begeisterung ist die Antriebskraft, die unserem Leben dauerhaft Flügel verleiht. Man kann nicht künstlich eine Stunde begeistert sein und dann wieder für Tage in Gleichgültigkeit und Niedergeschlagenheit verfallen. Diese Begeisterung muss wirklich aus dem Herzen kommen. Es genügt nicht, einfach zu sagen: „Ich möchte vor Glück strahlen, Ich möchte reich werden!" Das wollen auch die Millionen Menschen, die Woche für Woche ihr Glück in der Lotterie ankreuzen.

Die Begeisterung für Ihr Ziel muss ganz tief aus Ihrem Innersten genährt werden, denn die richtige Einstellung entscheidet, ob es Ihnen gut oder schlecht geht. Suchen Sie sich deshalb ein Ziel, das für Sie ganz besonders geeignet ist und das genau zu ihren Talenten und Fähigkeiten passt. Sie kennen doch die sechs Richtigen des Lebens: Ehrlichkeit, Begeisterung, Klugheit, Gerechtigkeit, Tapferkeit und Arbeit! Damit gewinnen Sie immer! Nur damit werden Sie auch reich an Gefühlen, reich an Kreativität, reich an Ideen, reich an Wissen, reich an Zufriedenheit, reich an Freude, reich an Glück und reich an Achtung, die Ihnen entgegengebracht wird. Setzten Sie deshalb auf die sechs Richtigen des Lebens. Täglich!

Das Wichtigste im Leben

Wer Ziele verfolgt, für die es sich ehrlichen Herzens lohnt zu kämpfen, lebt aus einer inneren Kraft. Wer keine ehrlichen Ziele hat, kann keinen echten Mut entwickeln. Der bleibt in der Angst vor dem Versagen gefangen und wird immer tiefer in den Strudel der Unklarheiten seines Lebens hineingezogen. Sie wissen ja, Angst ist die Dunkelkammer der Seele, in der unsere Negative entwickelt werden! Hören Sie auf, immer neue „Negative" zu entwickeln. Das sind die falschen Bilder für Ihr Leben! Sehen Sie ab sofort Ihr Leben bunt und positiv!

Ziele, die Sie nach diesem Grundsatz für sich ausgewählt haben, werden Ihnen Ihr Körper, Ihr Geist, Ihre Seele mit einer unglaublichen Harmonie danken und bestätigen. Aus dieser Harmonie heraus wird Ihnen eine völlig neue Lebensenergie und Lebensfreude zuwachsen!

Risiko erhöht den Wert des Lebens!

Die Herausforderung, das Unberechenbare, ja auch ein gewisses Risiko sind ein wesentlicher Teil meiner Freude an der Arbeit und an meinem Leben! Ich bin ein spannungsgeladener Typ. Ich suche in allen meinen Unternehmungen bewusst immer wieder diese Herausforderung. Hierzu fällt mir die Geschichte von Helen Keller ein. Diese großartige Amerikanerin hatte ein unvorstellbar schweres Schicksal! Sie wurde mit 19 Monaten blind und taub! Aber als sie alt genug war, um über sich und ihre Zukunft nachzudenken, beschloss sie den Kampf gegen ihr Schicksal aufzunehmen! In zähem Ringen mit ihren Gebrechen lernte sie Sprechen, Lesen und Schreiben. Sie vollendete mit unvorstellbarer Tapferkeit und Ausdauer ein Studium und erwarb sogar den Doktor der Philosophie! Sie sagte über die wirklichen Herausforderungen des Lebens: „Der Gefahr aus dem Weg zu gehen, ist auf Dauer keineswegs sicherer, als sich ihr bewusst auszusetzen. Das Leben ist entweder ein kühnes Abenteuer oder es ist überhaupt nichts!" Helen Keller suchte das Abenteuer und besiegte dabei ihre schwere Krankheit!

Wer die Herausforderung der Zeit, in der er lebt, nicht sucht, wird vom Risiko eingeholt. Wir leben in einem Risikozeitalter mit zunehmender globaler Vernetzung, mit gigantischen Umschichtungen der Wirtschaftsräume und mit der noch viel gigantischeren Aussicht, in wenigen Jahren auf dem Mond und vielleicht sogar auf dem Mars Fuß zu fassen. Wer glaubt, er kann in einer Zeit derartig tief greifender Umwälzungen ohne Risiko leben, der geht am Leben vorbei. Leben bedeutet immer Veränderung. Leben ist Bewegung, und diese Bewegung wird durch das Risiko erzeugt. Alles, was wir unternehmen, ist mit Risiko behaftet. Auch das, was wir nicht unternehmen!

Nichts riskieren ist sehr riskant!

Das größte Risiko liegt in einem Denken, das sich nicht verändert. – Warum das so ist? – Weil die Lösungen von gestern nicht zu den Problemen von heute passen und morgen bereits selbst ein Problem darstellen! Selbstverständlich muss man Risiken, die man eingeht, abwägen. Wer aber in seiner Angst vor Veränderung immer nur die Rückversicherung sucht und kein Risiko eingeht, kann weder sich noch irgendetwas anderes bewegen. Er bremst damit seine eigene Zukunft.

Loten Sie Ihre Fähigkeiten und Ihre Grenzen aus, aber seien Sie darauf gefasst: „Seine Grenzen ausloten bedeutet fast immer, dass man zunächst gegen Wände rennt. Dass man in Sackgassen gerät oder wie in einem Spiegelkabinett so viele Möglichkeiten sieht, dass man sich nur noch richtungslos zum Ausgang tasten kann. Das darf Sie unter keinen Umständen davon abhalten, Ihr Leben neu zu programmieren. Verleihen Sie Ihrem Leben neue Impulse und eine neue Richtung!"

Prägen Sie Ihrem Denken den überaus wichtigen Satz ein: „Ich kann nur dann ein neuer Mensch werden, wenn ich nicht der bleibe, der ich gegenwärtig noch bin!" Solange man sein Lebensziel mit der halbherzigen Einstellung angeht: „Eigentlich müsste ich ...; vielleicht sollte ich ...; aber ich weiß nicht recht ... Schauen wir mal...! Und wenn aus meinem Traum nichts wird, kann ich immer noch in meinen alten Job zurück!", kann man sicher sein – man hat das richtige Ziel noch nicht gefunden. Beziehen Sie Position, auch gegen Ihre eigene Trägheit. Sagen Sie Ja zum Leben, Ja zu sich selbst, Ja zum Erfolg! Folgen Sie dem Grundgesetz des Lebens: „Leben ist Aktivität, ist Wohlstand, ist Glück, Freude und Gesundheit. Leben ist kein Stillleben. Leben heißt aktiv sein. Leben heißt, sich verändern. Ein Leben ohne Risiko gibt es nicht!"

Ein begeisterter Verkäufer

Als ich am Tiefpunkt meines Lebens angelangt war, kam mir als erstes die Erkenntnis, dass ich nicht mehr tiefer sinken konnte. Das nächste war die Überlegung: „Wofür hat dir dein Chef dieses Wahnsinnsgehalt bezahlt – und dann kam mir wie der Blitz der Gedanke – weil du ein begeisterter Verkäufer bist!" Ich wusste plötzlich wieder mit aller Deutlichkeit, dass Verkaufen meinem Naturell, meinem Bedürfnis mit Menschen zusammenzutreffen und meiner Freude am spontanen Agieren am nächsten kommt. Ich wurde wieder ein begeisterter Verkäufer!

Das war aber noch die Summe aus dem zwei und zwei meiner bisherigen Erfahrungen. Aber ich bin dabei nicht stehen geblieben. Ich habe diese realistische Einschätzung mit einem ganz und gar unrealistischen Ziel verknüpft. Ich sagte mir: „Es war schon immer dein Ziel, ein eigenes Unternehmen zu gründen und es zum Erfolg zu führen. Dieses Unternehmen gründe ich jetzt!"

Mein Entschluss, auf ein so großes Ziel loszugehen, versetzte meine Intuition in eine rational nicht mehr erklärbare Aktivität. Sie führte mich zum Brokergeschäft ohne Lager und zum Baustein der Zukunft, dem Microchip! Auf der Basis dieser beiden intuitiven Erkenntnisse habe ich diesen in meinem Unternehmen ce etwa dreihunderttausendmal erfolgreich verkauft. Und zwar mit Begeisterung! Ich habe mein Leben durch ein „total unrealistisches" Ziel entscheidend verändert. Wie? Indem ich es mit strengster Disziplin und nicht nachlassender Begeisterung verfolgte. Mit Begeisterung habe ich den Ärger, die Anfeindungen, die abgründigen Verleumdungen erfolgreich niedergekämpft. Ich habe in meinem Leben alles durch Begeisterung erreicht, denn Begeisterung heißt: „Gib stets dein Bestes!"

Im Rückblick ist Erfolg immer logisch!

Wenn man die Erfolgsgeschichten berühmter Menschen liest, gewinnt man meist den Eindruck: „Ja, das ist der logische Verlauf eines erfolgreichen Lebens. Alles passt zusammen – dieser geniale oder ungewöhnliche Mensch, die herausragende Idee, ihre Durchführung, die kleinen Niederlagen, die mit Glück überwunden wurden, dann der unermessliche Reichtum und zuletzt der Lorbeerkranz, den einem das Gros der weniger Erfolgreichen in stiller Ergriffenheit aufsetzt! Neider inklusive!"

Was vom Gipfel des Erfolges her aussieht wie ein fertiges Bild, das nur aus den längst vorhandenen Einzelteilen des Puzzles zusammengesetzt wurde, musste nicht nur Stein für Stein erkämpft werden – es musste erst die Idee für das Bild gedacht werden, das einmal entstehen sollte. Erst in diese Zielvorstellung konnten sich die einzelnen Teile des Erfolges einpassen. Sorgen Sie deshalb immer für die Spannung zwischen dem Ziel und der Realität. Sie erkennen darin den tiefen Sinn Ihres Lebens!

Den richtigen Weg findet man nur mit einem festen Ziel vor Augen!

Wie finden Sie Ihr Ziel, das alle vagen Hoffnungen zu greifbaren Erwartungen erfüllt und für das es sich lohnt, mit letzter Konsequenz zu kämpfen? Indem Sie nicht nur gelegentlich ein wenig darüber herumsinnieren, sondern sich ganz intensiv auf die Suche begeben. Sie sollten sich dafür aus Ihrer gewohnten Umgebung ausblenden und in die Stille gehen – oder in die pulsierende, von Leben durchströmte Großstadt. Steigen Sie auf einen Berg oder wandern Sie am Meer entlang, oder setzen Sie sich ans Ufer eines Flusses. Tun Sie etwas, was Ihnen wenigstens für kurze Zeit den Blick auf Ihre ganz persönlichen Wünsche freigibt.

Solange man nämlich mit gesenktem Kopf durch seinen hektischen Alltag trabt und der Betrieb oder die Familie einen nach Belieben aus zukunftsweisenden Gedanken reißen kann, wird man sein Ziel nicht finden. Nehmen Sie bitte meinen Rat: Suchen Sie Ihr Ziel in einer Atmosphäre größter innerer Ruhe und positiver Anspannung! Sollten Sie es aber noch nicht gefunden haben, dürfen Sie sich mit nichts anderem in der gleichen Intensität beschäftigen. Nur in voller Konzentration auf Ihr Ziel entstehen die guten Gedanken!

Ein Apfel und die kosmischen Gesetze

Gehen Sie auf die Suche nach der großen Erfüllung Ihres Lebens mit der gleichen unbedingten Entschlossenheit wie der englische Physiker und Mathematiker Isaac Newton an die Lösung einer großen Frage, die die Naturwissenschaft revolutionierte. Er, wie auch andere Wissenschaftler, hatten sich bereits seit Jahrzehnten mit dem Problem der Schwerkraft beschäftigt. Bis er einen Tag festsetzte und zu sich sagte: „Heute werde ich mich ausschließlich mit diesem Problem beschäftigen und es lösen!" Und es gelang ihm tatsächlich! Als er sein ganzes Wissen und seine Intuition mit der Beobachtung verband, dass ein Apfel zur Erde fiel, gelang ihm die Lösung – die Masse der kleinen Kugel wird von der Masse der großen Kugel angezogen. Wissen Sie, dass dieser einfache Satz das Grundgesetz des Kosmos darstellt?

Auch Isaac Newton kam ein kleiner Zufall und seine auf ein Ziel gerichtete Intuition, der er einen festen Auftrag gegeben hatte, zu Hilfe. Er konnte diesen „Zufall" des herabfallenden Apfels deshalb richtig einordnen, weil er seine ganze Konzentration auf dieses eine Problem gerichtet hatte. Plötzlich stand die Lösung ganz deutlich vor seinen Augen.

Vergessen Sie deshalb die Vielzahl kleiner Unebenheiten Ihres Lebens, die Sie im Moment noch beschäftigen. Richten Sie Ihre Konzentration auf die Lösung des alles entscheidenden Problems! Mit dieser Einstellung werden mit einem Schlag auch die vielen kleinen Probleme verschwinden! Sie werden jede Hoffnungslosigkeit überwinden!

Wie überwindet man 10 000 Tage Hoffnungslosigkeit?

Können Sie sich ein trostloseres Dasein vorstellen, als sechsundzwanzig Jahre lang in Einzelhaft in einem festungsartigen Gefängnis auf einer Insel festgehalten zu werden? Von einem politischen System, das unüberwindlich zu sein scheint? Wer könnte fast zehntausend Tage lang den Glauben an eine bessere Zukunft aufrechterhalten? Wer würde da nicht zehntausend Mal in Gedanken mit seinem Leben abschließen?

Nelson Mandela, dieser große Mann Afrikas, trug die unglaubliche Kraft in sich, an dieser Wirklichkeit nicht zu zerbrechen und Tag für Tag immer wieder von neuem an eine bessere Zukunft zu glauben! Sein einziges Mittel, die Gegenwart zu überwinden und diese unvorstellbare Zukunft herbeizuführen war – nicht aufzugeben! Etwas Besseres konnte er in seiner Lage nicht tun! Nur so konnte er überleben!

Kann es sein, dass Sie sich zu dieser Haltung nicht in der Lage sehen? Bedenken Sie, Sie sind frei. Sie können gehen, wohin Sie wollen! Sie können Briefe schreiben, an wen Sie wollen. Sie können Pläne schmieden und Ihr Leben frei gestalten! Liegt es vielleicht daran, dass Sie Ihre Vorstellungskraft noch nicht auf eine bessere Zukunft gerichtet haben? Darf ich Sie deshalb mit einem Satz des großen französischen Schriftstellers Victor Hugo zu einer neuen Sehweise ermutigen? Er sagte: „Die Zukunft hat viele Namen. Für die Schwachen ist sie das Unerreichbare, für die Furchtsamen ist sie das Unbekannte, für die Tapferen ist sie die Chance!" Zählen Sie sich deshalb zu den Tapferen!

Denken Sie sich in eine neue Wirklichkeit!

Sie können sich in Situationen hineindenken, mit denen Sie Ihren Erfolg erzielen werden. Stellen Sie sich Situationen vor, die Ihnen ganz besonders erstrebenswert erscheinen und mit denen Sie das Gefühl eines großen persönlichen Erfolges verbinden. Sie sehen sich durch ein Gebäude schlendern, das Sie entworfen haben. Sie halten einen Vortrag über ein wissenschaftliches Experiment, das Ihnen nach langer Forschungsarbeit gelungen ist. Sie setzen Ihre Unterschrift unter einen Vertragsabschluss, der Ihnen eine glanzvolle Zukunft sichert. Oder Sie sitzen in der Premiere eines Films, den Sie gedreht oder für den Sie das Drehbuch geschrieben haben.

Sie glauben, Sie bringen dafür nicht die entsprechenden Voraussetzungen mit? Das kann nicht sein. Lassen Sie sich von solchen unzutreffenden Überlegungen nicht abhalten? Die meisten großen Filmregisseure und Drehbuchautoren des 20. Jahrhunderts waren ursprünglich Amateure! Sie kamen als völlig mittellose Emigranten in die USA.

Aber was unterschied diese großen Männer des Films von anderen Amateuren, die sich auf diesem Sektor tummelten? Sie waren von ihren Ideen, von ihren kreativen Fantasien so begeistert, dass sie alle ihre Fähigkeiten auf dieses eine Gebiet konzentrierten und es zu ihrem eigenen Erfolgsfilm machten. Dafür lernten sie wie besessen alles, was für die Umsetzung ihrer Ideen notwendig war, inklusive der Sprache Ihrer neuen Heimat. Sie brachten Ihre ganze Kraft, ihr ganzes Können, ja ihr ganzes Leben in diese Aufgabe ein!

Ihr Wille zum Erfolg und Ihre zukünftigen Lebensumstände!

Verbinden Sie das Ziel, das Sie erreichen wollen, mit Bildern von hoher Suggestivkraft! Denn unser Unterbewusstsein nimmt nur Bilder auf, keine abstrakten Befehle. An dieser Stelle muss ich hinzufügen – das Unterbewusstsein nimmt jede Art von Bildern auf! Auch negative Bilder! Sie müssen sich dieser Tatsache einfach bewusst werden! Sie sollten deshalb unter keinen Umständen ungeprüft negative Bilder für den Entwurf Ihrer Zukunft und Ihrer zukünftigen Wege an diese Schaltstelle Ihrer Intuition weitergeben. Das Bild Ihrer Persönlichkeit und der Umgebung, in der Sie einmal arbeiten und leben wollen, könnte sonst Schaden nehmen!

Stellen Sie sich vor, mit welchen Menschen Sie gerne verhandeln oder auch nur sprechen möchten. Das können Ihre Vorbilder sein oder einfach höchst interessante Menschen, von denen Sie wichtige Impulse empfangen werden! Lesen

Sie mehr darüber in dem Kapitel „Wie ich mit einer Briefmarke mein Leben veränderte!" Sie werden dann sehr genau nachvollziehen können, warum mir Gespräche mit Ernst Albrecht von Siemens oder Alfred Herrhausen so wichtig waren. Ganz besonders zu einem Zeitpunkt, als ich selbst den allergrößten Teil meines Weges noch vor mir hatte!

Stellen Sie sich zum Beispiel auch ganz genau das Büro oder den Arbeitsplatz vor, in dem Sie einmal arbeiten werden. Richten Sie es in Gedanken genauso ein, wie es Ihrem Traum entspricht! Natürlich, erst dann, wenn Sie sich solche Wünsche durch ehrlich erbrachte Leistung finanzieren können. Ich wiederhole „ehrlich finanzieren!" Denn es gibt Leute, die gründen eine Firma, feiern diesen Start mit Champagner und Kaviar, kaufen sich dann als erstes ihr Traumauto – und nach einem Jahr gibt es diese Firma schon nicht mehr!

Lassen Sie sich von den Erfolgen anderer anregen!

Ich gebe Ihnen den Rat, lesen Sie Erfolgsgeschichten großer Menschen! Beobachten Sie dabei Ihre Reaktionen und Gefühle, und richten Sie Ihren Blick immer auf Ihren eigenen Mut! Das erste, was dabei wie von selbst verschwindet, ist der größte Erfolgsverhinderer im menschlichen Leben – der Neid auf die Erfolge anderer! Wer sich selbst zutraut, erfolgreich zu werden, wird den Neid auf andere kaum noch verstehen. Setzen Sie gegen dieses negative Gefühl Ihre Erfolg versprechende Entschlossenheit: „Ich schaffe mir meine Erfolge – selbst!" Mit dieser Einstellung wird es für Ihr Denken auch vollkommen nebensächlich sein, ob ein Bill Gates der reichste Mann der Welt, der zweitreichste oder was auch immer ist! Denn Sie haben erkannt, dass Menschen wie er nicht vom Streben nach Geld bewegt werden!

Meine Lehre aus der Lehrzeit

Beklagen Sie nie geringe finanzielle Möglichkeiten! Meine damaligen minimalen finanziellen Möglichkeiten brachten mich auf den einzig richtigen Weg. Ich erinnerte mich an meine Lehrzeit, wo ich in benachbarte Unternehmen geschickt wurde, wenn wir etwas nicht auf Lager hatten! Ich zog den einzig richtigen Schluss aus dieser Lehre! Ich begann mit Ware zu handeln, die ich noch gar nicht besaß! Diese Idee aus meiner Lehrzeit faszinierte mich, als ich in dieser Notsituation wieder daran dachte! Das Lager in der Luft war somit erfunden. Es befand sich in den Frachträumen der Transportflugzeuge, rund um den Erdball! So startete ich meine Karriere als Broker! Und ich war damit weit und breit der erste auf diesem Sektor! Ja, ich erfand damit einen ganz neuen Berufsstand in der Chipindustrie!

„La Strada" oder die Straße zum Erfolg

Ein sagenhaftes Gespür für neue und langfristige Trends hatte auch ein junger Assistent der Universität Erlangen, als er 1955 zusammen mit einem Freund nach Italien fuhr. Sein Ziel war Rom, wo er von dem damals schon weltberühmten Filmregisseur Federico Fellini die Aufführungsrechte von „La Strada" erwarb, damals ein Welterfolg. Anthony Quinn und die unvergessliche Giulietta Massina spielten die Hauptrollen.

Diesen Film brachte er in Deutschland mit großem Erfolg in die Kinos. Er verdiente damit im Vergleich zu seinem Assistentengehalt ein Vermögen! Mit diesem Geld kaufte er weitere Filme in Italien. Als er 1958 zum ersten Mal einen Kinofilm an die ARD verkaufte, führte das zu ungeheuren Protesten unter den Kinobesitzern. Aber dieser mutige junge Mann ließ sich nicht beirren, sondern kaufte ab 1959 größere Filmpakete von United Artists und auch von damals fast vergessenen Künstlern wie Buster Keaton.

Er fuhr, was damals noch völlig ungewöhnlich war, auch nach Japan! Man kann sich heute nicht mehr vorstellen, wie weit entfernt damals Japan war! Aber dieser ehemalige Assistent der Universität Erlangen hatte sich in den Kopf gesetzt, Filme des berühmtesten japanischen Regisseurs, Akira Kurosawa, zu erwerben. Durch diesen mutigen, jungen Mann wurden Kurosawas Klassiker „Rashomon" und „Die sieben Samurai" in Deutschland überhaupt erst bekannt.

Mit „La Strada" zum Medienmogul

Sagen Sie nun bitte nicht im Nachhinein: „Naja, ist doch klar. Bei dem Geld, das man damit verdienen kann!" Nein, dieser Einkauf auf Vorrat war stets mit einem großen Risiko verbunden! Das Fernsehen hatte damals nämlich eine ganz andere Programmstruktur! Es deckte seinen Bedarf an Unterhaltung in der Hauptsache mit Aufzeichnungen von Bühnenaufführungen von Opern und Theaterstücken.

Der ganz große Durchbruch beim Fernsehen kam erst 1984 mit der Zulassung der Privatsender und dem Kabel- und Satellitenfernsehen. Erst seit dieser Zeit sind die „Kirchgruppe" und ihr Gründer, der ehemalige Universitätsassistent Leo Kirch einer breiten Öffentlichkeit ein Begriff! Spielt es da noch eine Rolle, ob aus den zwanzigtausend Mark, die Leo Kirch 1955 für „La Strada" bezahlt hat, zweihunderttausend Mark oder zwei Millionen wurden. Entscheidend war die Idee, die Entschlusskraft und der Mut, als völlig unbekannter junger Mann zu Fellini nach Rom zu reisen. Das hat seinem Leben eine ganz entscheidende Wendung gegeben! Leo Kirch, dem heute manche Journalisten „sehr differenziert" gegenüber stehen und ihn gerne als „Medienmogul" bezeichnen, sagte jedenfalls nicht: „Naja, eigentlich wäre es schon eine ganz gute Idee, alte Filme zu kaufen. Wobei aber natürlich gleichzeitig zu bedenken wäre – man muss dafür ja bis nach Rom fahren! Und mit dem berühmten Fellini verhandeln. Wer weiß, wie einen der behandelt? Nein, das geht zu weit!" Nein, er setzte sich ins Auto und fuhr einfach hin!

Ich nehme an, Sie erkennen die Mutlosigkeit, die hinter diesen „Wobei zu bedenken ist-Ausreden" steht! Nein, der junge, damals völlig unbekannte Wissenschaftliche Assistent Leo Kirch wusste, dass ihn sein Job an der Uni nicht ausfüllte. Gleichzeitig sah er in der Idee, mit alten Kinofilmen im Fernsehen ein Geschäft zu machen, ein Ziel das nicht nur sein Leben, sondern die Programmstruktur des gesamten Deutschen Fernsehens veränderte und München als Medienstandort begründete! Wann brechen Sie auf, um Ihre „La Strada" zu finden? Wann sprechen Sie mit den Großen Ihrer Branche? Greifen Sie zum Hörer oder setzen Sie sich ins Auto und fahren Sie los!

Ein Weltkonzern
aus kleinen Tütchen

Dass diese Neuerungen auf einem ganz alltäglichen und unscheinbaren Sektor liegen können, will ich Ihnen mit einer Firmengeschichte verdeutlichen, die Ende des 19. Jahrhunderts in Deutschland ihren Anfang nahm – in einer kleinen Apotheke in Bielefeld. Dort saß ein junger Apotheker in einer winzigen Kammer und beschäftigte sich mit einem Problem, das jeden noch so kleinen Haushalt betraf! Er experimentierte mit verschiedenen Mischungen von Treibmitteln für Kuchen. Damals musste nämlich eine Hausfrau, die einen Kuchen backen wollte, sich in der Apotheke die richtige Menge Hirschhornsalz abwiegen lassen, damit der Kuchenteig aufging und locker wurde.

Backe, backe Kuchen!

Das war der Durchbruch bei der Erfindung, aber noch lange nicht auf dem Markt. Doch Dr. Oetker wusste, dass zu jeder Idee und zu jeder Erfindung etwas hinzukommen muss. Ihre Durchsetzung auf dem Markt! Er orientierte sich bei seiner Erfindung an den Bedürfnissen seiner Verbraucherinnen. Er füllte sein „Backin" in kleine Tütchen ab, die genau für 500 Gramm Mehl berechnet waren! Dazu hatte er noch eine glänzende Idee! Er ließ auf deren Rückseite sorgfältig ausgearbeitete Rezeptvorschläge für die verschiedensten Kuchen abdrucken!

Erst diese zwei genialen Marketingideen verhalfen dem Produkt zum Durchbruch und schufen die Grundlage für einen Weltkonzern, der sich nach fünf Generationen immer noch in Familienbesitz befindet und jährlich ca. 5,5 Milliarden Euro Umsatz macht. Und was glauben Sie, wie viele Milliarden Tütchen Backpulver seit der genialen Erfindung Dr. August Oetkers verkauft wurden? Beweisen Sie Initiative. Finden Sie es heraus!

Außerdem entstand aus den vielen Rezepten auf der Rückseite der Backpulvertütchen einer der größten Bucherfolge der deutschen Verlagsgeschichte – „Das Dr. Oetker Backbuch"! Es wurde ein Millionenseller. Viele Jahre rangierte es auf Platz zwei der Bestsellerliste – hinter der Bibel!

Ein Start mit 6 842,50 Thalern

Warum betrachten die meisten Menschen Erfolgsgeschichten immer von ihrem Istzustand aus? Also von den Milliardenumsätzen her? Wollen sie damit etwa der Frage ausweichen: „Warum gründe ich nicht einen Oetker-Konzern oder eine Siemens AG?" Wie lautet Ihre Antwort auf diese Frage oder finden Sie diese Frage absurd? Doch hoffentlich nicht, auch wenn Sie als erstes denken: „Wie soll ich? Ich kann zurzeit nur mit Mühe und Not mein Auto finanzieren!" Kein Anfang beginnt mit Milliardenumsätzen!

Wissen Sie, wie hoch das Startkapital von Siemens war, mit dem dieser Weltkonzern im Jahr 1847 gegründet wurde? Genau 6 842,50 Thaler! Der heute nahezu vergessene Vetter von Werner von Siemens, Johann Georg Siemens hatte dieses Kapital in die „Telegraphen-Bau-Anstalt von Siemens & Halske eingebracht. Sein Kapital war gut angelegt. Denn bereits in den ersten fünf Jahren konnte das florierende Unternehmen seinen Mitarbeiterstamm von 10 auf 90 erweitern. Das Ziel, daraus ein Weltunternehmen zu machen, stand von Anfang an fest. Bereits 1850 wurde die erste Niederlassung in England gegründet. Es folgten Russland (1855) und Österreich (1858).

Werner von Siemens scheute sich auch nicht, in neue, aufstrebende Märkte zu investieren, und das in Ländern, von denen es zur damaligen Zeit noch nicht einmal genaue Landkarten gab. Die Anfänge des Geschäfts mit Japan reichen bis in die 60er-Jahre des 19. Jahrhunderts zurück. Stellen Sie sich vor, wie lange man in der damaligen Zeit unterwegs war, um nach Tokio zu gelangen! 1879 wurde der erste Stromgenerator Chinas in Betrieb genommen – in Shanghai. 1890 war fast die Hälfte der rund 5 500 Mitarbeiter im Ausland beschäftigt. 1914 hatte Siemens in zehn Ländern eigene Gesellschaften und in weiteren 49 Ländern unterhielt es 168 Vertretungen.

Was ließ aus der kleinen Werkstatt in der Schöneberger Straße 19 in Berlin in 150 Jahren einen Weltkonzern mit rund 380 000 Mitarbeitern und einem Jahresumsatz von 100 Milliarden Mark wachsen? Dem Buchungsblatt, auf dem der Betrag von 6 842,50 preußischen Thalern genauestens eingetragen ist, sehen Sie es nicht an. Nein, es war die Vision des Werner von Siemens, die diesen winzigen Betrag mit einer ungeheuren Innovationskraft in eine weltumspannende Wirklichkeit verwandelte!

Sehen Sie auf die kleinen Anfänge!

Haben Sie noch nicht genügend Mut für die Suche nach Ihrem Erfolgsziel? Dann sehen Sie bitte ganz genau auf die kleinen Anfänge der großen Erfolgsgeschichten! Beherzigen Sie dabei die Erkenntnis „Die meisten großen Erfolge beginnen mit ganz einfachen Überlegungen!" Das gilt für das Abpacken von Backpulver in kleine Tütchen durch den Bielefelder Apotheker Dr. August Oetker genauso wie für die Zigarrenkisten und den Draht, aus dem der preußische Leutnant Werner Siemens einen ersten funktionstüchtigen Telegrafen bastelte.

Eine noch einfachere Überlegung stand am Anfang des Melitta-Konzerns. Sie ist in wenigen Sätzen erzählt. Seit der Zeit Johann Sebastian Bachs, der ein so großer Kaffeeliebhaber war, dass er diesem herrlichen Getränk eine eigene Kantate widmete, störte am vollendeten Genuss ein Umstand bei der Zubereitung – der Kaffeesatz. Denn der hinterließ auf der Zunge einen bitteren Geschmack! Auch der sächsischen Hausfrau Melitta Bentz war dieser Kaffeesatz einfach sehr lästig!

Aber sie hatte eines Tages eine naheliegende Idee zur Lösung dieses Problems. Sie perforierte eine Blechdose, nahm aus dem Schulheft ihres Sohnes ein Löschblatt, gab die gewohnte Menge gemahlenen Kaffee hinein und schüttete das kochende Wasser darüber! Das Ergebnis war schon fast perfekt. Das Prinzip moderner Kaffeezubereitung war erfunden!

Nun folgt aber noch die alles entscheidende Tatsache: Melitta Bentz hätte sich für den Rest ihres Hausfrauendaseins damit begnügen können, ihrer Familie und ihren Freundinnen mit dieser einfachen Vorrichtung einen besonders schmackhaften Kaffee aufzugießen! Aber was tat sie? Sie zeigte Unternehmergeist und gründete zusammen mit ihrem Mann eine Firma! Und fortan widmete sie sich voll und ganz der technischen Verbesserung dieses einfachen

Grundkonzeptes! Dafür erhielt sie am 8. Juli 1908 das Kaiserliche Patent. Sie hat damit nicht nur aus der Stadt Mindern, wo sich der Konzern bis heute befindet, „die deutsche Kaffeestadt" gemacht. Sie hat das Aufbrühen des Kaffees weltweit revolutioniert!

Wir waren unsere eigene Putzkolonne!

Ich habe auf meinen Reisen für einen Schweizer Weltkonzern sehr deutlich vor mir gesehen, dass mein eigenes Unternehmen einmal Niederlassungen in den USA und in Japan eröffnen und weltweit Handel treiben wird – zu einer Zeit, als drei Leute in einer Dreizimmerwohnung ums bloße Überleben kämpften! Als wir noch selbst am Küchentisch die Ware einpackten, sie höchstpersönlich zur Post brachten oder selbst auslieferten. Zudem waren wir unsere eigene Putzkolonne und unser eigener Hausmeister. Aber selbst Staubsaugen, Fensterputzen und gelegentlich die Wände malen, gaben uns ein tiefes Gefühl der Befriedigung und des Erfolgs. Ich war immer ein gläubiger Realist und bin es bis heute geblieben! Ich glaube an die Existenz von Dingen, bevor ich sie sehen, greifen oder anderswie beweisen kann. Ich glaube an die Kraft der Vision! Auch wenn ich sie damals wohlweislich für mich behielt! Ich wollte nämlich nicht, dass meine Vision mit Bemerkungen kommentiert wurde wie: „Jetzt besitzt er nicht einmal mehr ein Auto und träumt von einem Weltunternehmen!" Ich wollte mich einfach nicht negativ beeinflussen lassen! Aber eines Tages existierte der Beweis, dass meine Vision nicht „verrückt" war, auf allen Kontinenten, in insgesamt 54 Ländern durch Geschäftspartner vernetzt, von Argentinien bis Vietnam, von Norwegen bis Südafrika, von Malaysia bis Australien und Neuseeland.

Tausend Meilen Schritt für Schritt!

Wie wurde dieses Erfolgsrezept meines Chipbroker-Unternehmens möglich? Einerseits auf der Basis von Erfahrung, Engagement, Begeisterung für ständige Innovation und vor allem Arbeit, Arbeit und noch einmal Arbeit! Aber Arbeit allein, ohne zukunftsweisende Vorstellung ist eine Tretmühle, mit der man sich nur im Kreis bewegt. Die Kraft, die aus der Faszination eines großen Zieles genährt wird, hat mich über die wenig rosige Realität der Anfangszeit hinweggetragen. Aus dieser „unrealistischen" Vorstellung von einer erfolgreichen und glücklichen Zukunft habe ich die Begeisterung und die notwendige Ausdauer geschöpft!

Ich hoffe, Sie verstehen, warum ich den folgenden Punkt immer wieder anspreche: „Auch große Ziele verlangen bescheidene Anfänge." Ohne diese Bescheidenheit, ja Demut, können keine großen Erfolge wachsen! Das Verwandeln auch der größten Vision bedeutet zähes Ringen um jeden Auftrag, Hunderte kleiner Ideen und Tausende überzeugender Telefonate. Man muss seine Ziele Schritt für Schritt angehen. Das gilt besonders für Menschen, die sich mit der Gründung eines kleinen Betriebes den Weg aus der Arbeitslosigkeit erkämpfen wollen. Beherzigen Sie deshalb meinen Rat: Bescheidenheit und Demut ist der Anfang aller Vernunft und die Basis für große Erfolge! Ich gebe Ihnen diesen Rat ganz bewusst, ehe Sie eine der größten Erfolgsstorys dieses Jahrhunderts lesen!

Das Erfolgsrezept:
Nimm's einfach doppelt!

Es gibt in Amerika Tausende von Buden, in denen Hamburger verkauft werden. Ihre Besitzer kommen alle gerade so über die Runden. Ray Krock beobachtete in San Bernardino, Illinois, wie es den Brüdern Mac und Dick McDonald um die Mittagszeit gelang, zahlreichen Autofahrern schnelle und preiswerte Mahlzeiten anzubieten. Daraus entstand bei ihm die Idee, eine Kette von Schnellimbissrestaurants aufzubauen. Dafür kaufte er den Brüdern Mac und Dick McDonald ihren Firmennamen ab! Was glauben Sie, hätten seine Freunde gesagt, wenn er anschließend verkündet hätte: „Eines Tages wird es meine Hamburger-Restaurants rund um den Erdball geben. Egal wie großartig die einheimische Küche ist, Italiener, Franzosen, Schweizer, Österreicher und Deutsche, ja, auch Russen, Chinesen, Japaner und Indonesier werden in meinen ‚Fast-Food-Läden‘ für einen ‚Big Mac‘ Schlange stehen, und der Preis für diesen Big Mac wird zu einer international anerkannten Leitwährung!“ – Unmöglich! Verrückt! – Aber ja! Genau das ist die heutige Wirklichkeit!

Ein Pionier weltweiter Kommunikation

Sicher erinnern Sie sich an den Rat, den ich Ihnen gab, über Ihre großen Pläne Stillschweigen zu bewahren, für den Fall, dass Sie noch in ganz bescheidenen Verhältnissen leben. Bis aus einer großartigen Idee und einer Vision nämlich greifbare Wirklichkeit geworden ist, kann vieles passieren, was Ihren Erfolg zumindest verzögern könnte! Ich möchte Ihnen dazu eine einmalige Erfolgsgeschichte vorstellen.

Wir haben uns in Windeseile daran gewöhnt, per Handy fast überall auf diesem Planeten erreichbar zu sein. In der gleichen Weise können wir von überall her zu anderen Menschen Kontakt aufnehmen. Da fällt es wahrscheinlich schwer, sich eine Welt vorzustellen, in der die Nachrichtenübermittlung, trotz der Erfindung der Telegrafie durch Werner von Siemens noch überwiegend von der Geschwindigkeit von Pferdekutschen und Windjammern abhing.

Das wollte der italienische Erfinder Guglielmo Marconi
entscheidend verbessern! Er hatte dazu bereits in jungen
Jahren eine grandiose Idee. Er wollte die Menschen sogar
vom Telegrafendraht unabhängig machen. Schon während
der Schulzeit hatte er versucht, die „drahtlose" Telegrafie zu entwickeln. Damals standen Sender und Empfänger
noch in ein und demselben Zimmer der väterlichen Villa
bei Bologna. Zu diesem Zeitpunkt fanden seine Freunde die
Versuche auch noch ganz amüsant.

Das Glück in der Holzbaracke

Als Marconi jedoch erklärte, dass es möglich sein muss,
mit demselben System Nachrichten um den ganzen Erdball
zu senden, erklärten sie ihn kurzerhand für verrückt – und
ließen ihn, in der besten Absicht, vorübergehend sogar ins
Irrenhaus bringen. Wieso das? Marconi war zu dem Zeitpunkt eben noch nicht der große Erfinder Marconi! Das än-
derte sich erst, als die englische Flotte mit seinen Geräten
ausgerüstet wurde, die ersten Nachrichten für die Presse
mit seiner Erfindung übermittelt und die ersten Schiffbrü-
chigen durch Funksprüche gerettet wurden! Noch keine 30
Jahre alt, gehörte Marconi bereits zu den gefeiertsten Menschen der Welt. Er hatte mit allen bedeutenden Präsidenten
und Monarchen dieser Erde Gespräche geführt. Natürlich
auch drahtlos, via seiner Erfindung!

Dabei stand sein größter Triumph noch aus. Können Sie
sein Glücksgefühl nachempfinden, als er am 12. Dezem-
ber 1901 vor Kälte zitternd in einer kleinen Holzbaracke
in der Nähe von St. Johns, Neufundland, das erste drahtlose Funksignal empfing, das über den Atlantik gesendet
wurde? 1909 erhielt er für seine „verrückte" Idee den No-
belpreis!

Die vier Stationen des Visionärs

Lassen Sie sich auf dem Weg zur Verwirklichung Ihres Traumes nicht von sogenannten guten Freunden abhalten, die Ihre Träume mit Ihrer derzeitigen Lage vergleichen und Sie für verrückt erklären. Vielleicht sind diese Freunde einfach nur neidisch und wollen nicht zulassen, dass Sie auf einen Erfolg zugehen, der Sie von ihnen abhebt. Ich habe auf meinem Weg zum Erfolg viele sogenannte Freunde an den Neid und an die Missgunst verloren. Auch meine Vision eines weltweit tätigen Chipbroking-Unternehmens wurde zunächst von Neidern für verrückt erklärt – bis sie überzeugende Realität geworden war.

Sie kennen doch die vier Stationen eines Visionärs. Zuerst wird er für verrückt erklärt. Dann wird er bekämpft. Wenn sich sein erster Erfolg abzeichnet, wird er bestaunt. Und hat er sich gegen alle Widerstände durchgesetzt und den großen Erfolg errungen, wird er bejubelt!

Sie schufen sich ihre Karrieren selbst!

Sie sagen nun vielleicht: „Was haben Werner von Siemens, Dr. August Oetker, Guglielmo Marconi, mit den Gründern von MacDonald's, und Microsoft gemeinsam?" Eine ganze Menge! Es kommt nämlich letzten Endes nicht darauf an, welche Unternehmensgröße man erreicht.

Die große Gemeinsamkeit liegt in ganz anderen Kategorien. Alle haben Neuland betreten. Alle wollten Verantwortung übernehmen, ihr selbst gesetztes Ziel verwirklichen und damit Arbeit und Gutes für sich und für andere schaffen. Sie warteten nicht darauf, dass sich ihre Lebensumstände durch Veränderungen in der Gesellschaft verbessern. Sie haben diese Änderungen selbst herbeigeführt – auch um den Preis des Scheiterns. Sie alle leben oder lebten nach dem Grundsatz: „Du bist der Schöpfer deiner eigenen Welt!"

Lebe deine Träume!

Über alle Widrigkeiten hinweg bewahren diese Menschen ihre Visionen. Denn sie haben die unumstößliche Erfahrung gemacht: dass sich Wünsche nur dann erfüllen, wenn man ernsthaft daran glaubt und mit allen seinen Kräften nach ihrer Verwirklichung strebt! Sie wissen, dass es niemals leicht ist, Neuland zu betreten oder in unbekannte Gebiete vorzustoßen.

Ihre Karrieren gleichen sich in einem ganz entscheidenden Punkt – während die meisten Menschen eine mehr oder weniger geregelte Stufenleiter hochsteigen, müssen sich diese ungewöhnlich erfolgreichen Menschen ihre Karriere selbst erfinden. Es gab keine Flugzeugbauer vor den Gebrüdern Wright, keine Radiologen vor Konrad Roentgen, und bei Siemens konnten Abertausende erst Karriere machen, nachdem der Gründer Werner von Siemens die Elektrotechnik revolutioniert und eines der ersten global operierenden Unternehmen gegründet hatte. Deshalb sind die meisten großen Erfolge beispiellos. Die Visionen, die dahinter stehen, haben nicht den finanziellen Reichtum zum Ziel, sondern die Verwirklichung von Träumen! Deshalb lautet meine Botschaft für Sie am Ende dieses Kapitels: „Lebe deine Träume!"

Leitsätze, Gedanken und Anregungen

Bedenken Sie bitte immer: „Lebe deine Träume" ist das Gegenteil von „Verträume dein Leben!" Wenn Sie diesen Unterschied ganz klar sehen und Ihre Träume, Utopien und Visionen daran prüfen, wird Ihr Erfolg unvermeidlich!

1. Stellen Sie sich als erstes die Frage, ob die Tätigkeit, mit der Sie Ihren Lebensunterhalt verdienen, Sie innerlich befriedigt und ausfüllt. Wenn nicht, müssen Sie Ihrem Leben eine neue Perspektive geben!

2. Wenn Sie noch kein Ziel haben, geben Sie Ihrem Unterbewusstsein den Auftrag, Ihre Anlagen, Ihre Fähigkeiten und Ihre Taten nach brauchbaren Zielen auszuloten. Diesen Auftrag wiederholen Sie so lange, bis Sie Ihr Ziel gefunden haben.

3. Ihre Visionen, Träume und Wünsche haben die Tendenz, sich nur dann zu erfüllen, wenn Sie mit ganzem Einsatz danach streben.

4. Zur richtigen Zeit am richtigen Ort zu sein, ist zweifellos wichtig, wenn man Erfolg haben will. Aber nur wenn man ein klares Ziel vor Augen hat, kann man eine besonders günstige Schnittstelle von Raum und Zeit auch erkennen.

5. Machen Sie sich frei von Zielen, für die Sie sich nicht begeistern können. Sie führen niemals zum Erfolg, schon gar nicht, wenn sie Ihnen von anderen Menschen vorgegeben wurden.

6. Prüfen Sie Ihre Visionen, Träume und Wünsche an dem Satz von Erich Kästner: „Das Wichtigste im Leben ist das Wissen, was echt und was falsch ist. Und das Wissen, was gut und was böse ist!" Ehrlichkeit und Wahrhaftigkeit sind die wichtigsten Voraussetzungen für den Erfolg.

7. Das Gros der Menschheit hält neue Ideen meist für verrückte Fantastereien. Lassen Sie sich davon nicht abhalten, Ziele, von denen Sie überzeugt sind, zu Ihrem Lebensziel zu machen und in Ihre Wirklichkeit zu verwandeln. Buchstabieren Sie Ihr Leben neu!

8. Einfache Ideen in Verbindung mit großen Träumen haben die besten Aussichten auf Verwirklichung. Denken Sie an die Geschichte von Peter Dussmann: Halten Sie immer 5 Mark bereit! Damit können Sie einen Weltkonzern gründen! Und Sie wissen ja bereits, was sonst noch dazugehört!

9. Es gibt keine Altersgrenze für die Erfüllung eines Lebenstraums. Es kommt nur darauf an, sich eine große

Portion Neugier, Staunen und Begeisterung zu erhalten.

10. Ziele erreicht man nicht zum Nulltarif. Sie müssen Ihre Persönlichkeit umstrukturieren, wenn Sie die Ziele erreichen wollen, die Sie ins Auge gefasst haben. Aber machen Sie sich darauf gefasst, dass diese Ziele Ihre Persönlichkeit nachhaltig verändern werden.

Das kürzeste philosophische Konzept für ein glückliches Leben besteht aus vier Wörtern:

„Ja! Ich will es!"

Vom richtigen Träumen und dem Umgang mit der Realität

Der erste Schritt zum Erfolg

Haben Sie Ihr Lebensziel schon gefunden? – Wenn ja, herzlichen Glückwunsch! Denn das Leben bietet nur drei Möglichkeiten: Fortschritt, Stillstand oder Rückschritt! Andere Wahlmöglichkeiten gibt es nicht. Fangen Sie also an, sich auszumalen, was Sie mit diesem Ziel gewinnen wollen. Die notwendige Begeisterung und auch den Antrieb bekommen Sie über konkrete Bilder, aber nicht durch abstrakte Befehle. Es hilft nämlich wenig, wenn Sie sich vorsagen: „Ich will reich werden!" Nur ganz konkrete bildliche Vorstellungen der Ziele und der Unternehmungen, die Sie dorthin bringen werden – und deren ständige Wiederholung, schaffen Wirklichkeit. Sie müssen Ihr Ziel Tag für Tag lebendig vor Augen haben, und vor allem den Weg dorthin!

Nehmen Sie ein ganz konkretes Beispiel! Es genügt nicht, wenn Sie mehr oder weniger abstrakt feststellen: „Eigentlich würde ich ganz gerne mal auf dem Kilimandscharo stehen!" An diesem „eigentlich" scheitern alle Ziele des Lebens. Streichen Sie diese Erfolgsvertilger aus Ihrem Wortschatz. Beschließen Sie: „Ich gehe auf den Kilimandscharo!" Dann stellen Sie sich ganz konkret vor, wie Sie dort hinfahren und wie Sie Meter für Meter hinaufsteigen. Das bedeutet, dass Sie sich intensiv mit diesem Vorhaben beschäftigen, sich möglichst viele Informationen besorgen und dass Sie einen ganz konkreten Zeitpunkt für Ihre Reise dorthin festlegen. Schreiben Sie diesen Termin in Ihren Kalender, buchen Sie gedanklich schon Ihren Flug und beginnen Sie mit dem Konditionstraining. Von diesem festen Termin geht eine unglaubliche Suggestionskraft aus!

Sie wissen sicher aus dutzendfacher Erfahrung – was mit Träumen und Wünschen passiert, deren Verwirklichung man nicht ganz konkret plant und mit deren Umsetzung man nicht sofort beginnt. Sie bleiben nichts anderes als Träume und Wünsche. Steigen Sie gedanklich auf den Kilimandscharo Ihres Lebens!

„Geht nicht! gibt's nicht!“

Wie viele Ideen, wie viele Vorhaben und Pläne haben Sie in den vergangenen Jahren nach kurzer Zeit einfach in den großen Ablagekorb des Vergessens gelegt und mit Ausreden zugedeckt? Finden Sie das nicht so schlimm? Dann sollten Sie wissen – von unerfüllten Träumen, Wünschen und Zielen, die man ohne zwingenden Grund aufgibt, geht eine gefährliche, negative Strahlung aus. Man gewöhnt sich an die Einstellung, dass Träume Träume sind und mit Wirklichkeit nichts zu tun haben.

Die Zauberformel, mit der sich jedes Vorhaben sofort wieder in Luft auflösen lässt, lautet „Eigentlich schade ...!“ Dieses „eigentlich schade, aber geht leider nicht!“ häuft sich in Ihrem Unterbewusstsein als ein kleiner Berg an Restmüll der Frustration an. Sie sollten es unbedingt ersetzen durch den ganz einfachen Satz „Geht nicht! gibt's nicht!“ Denn was Sie brauchen ist ein Gebirge an positiven Erfahrungen, auf dessen Plateau ein großes Schild steht: „Ich schaffe es! Ich werde reich werden, reich an Erfolg und an Lebensglück!“ Denken Sie an den Zuspruch meiner Frau Irène! Ohne ihr immer wiederholtes: „Erich, du schaffst es!“ hätte ich es sehr viel schwerer gehabt, die Kraft für einen Neuanfang zu finden!

Die Überzeugung, dass Sie Erfolg haben wollen und Erfolg haben werden, muss Ihr ganzes Denken, Ihr Bewusstsein und Ihr Unterbewusstsein durchdringen. Sie fragen, wie Sie das am besten erreichen? – Ganz einfach! Indem Sie viele kleine Erfolge anhäufen. Ihr großer Erfolg wird sich erst einstellen, wenn Ihr Erfolgsbewusstsein so sehr zur Grundlage Ihrer Lebenseinstellung geworden ist, dass es Ihre geistige Haltung, Ihre Körpersprache und Ihren Umgang mit anderen Menschen beeinflusst. Träume, Wünsche und Vorsätze verlieren nämlich schnell ihre Strahlkraft, wenn man sie nicht durch ständige Wiederholung in seinem Unterbewusstsein verankert. Das ist das Geheimnis des täglichen Gebetes. Das natürlich auch die tibetanischen Mönche kennen. Sie wiederholen ihr „O mani padme hum" bei jedem Schritt ihrer Pilgerreise nach Lhasa. Und das ist auch das Geheimnis erfolgsgewohnter Menschen, von denen diejenigen, die es nicht kennen, neidvoll anmerken, dass die „einfach immer Glück haben!" Was ist Ihr „O mani padme hum"? Ich hoffe, es lautet: „Ich schaffe es!" Sagen Sie es sich jeden Morgen, ehe Sie sich an die Arbeit begeben! Sie schaffen es!

So stärken Sie Ihr Erfolgsbewusstsein!

Ich weiß, dass dieses Erfolgsbewusstsein niemandem in die Wiege gelegt wird. Aber jeder muss sich früher oder später für den Erfolg entscheiden – oder kennen Sie jemanden, der sich dagegen entscheidet? Sie müssen sich einfach die Frage stellen: „Will ich aus ganzem Herzen zu den Gewinnern gehören?" Und dann sollten Sie dafür sorgen, dass diese Entschlossenheit immer ein wenig stärker ist, als alle Gründe, die dagegen sprechen könnten. Das ist wie bei einem Lastkahn, der flussaufwärts fährt. Seine Antriebskraft muss auch immer etwas stärker sein, als die Strömung, die dagegen drückt! In dem Moment, wo diese Kraft nachlässt, verliert er an Fahrt!

Haben Sie zu diesem Gewinnerbild in Ihnen entschlossen Ja! gesagt? – Nein? – Dann fangen Sie am besten sofort damit an, Ihr Erfolgsbewusstsein an kleinen Zielen auszuprobieren. Es funktioniert. Sie werden staunen. Ja! Schulen Sie Ihr Erfolgsbewusstsein auch an kleinen Begebenheiten und Begegnungen! Sie motivieren sich damit und werden hungrig nach großen Erfolgen. Haben Sie also keine Angst vor kleinen Wünschen und großen Träumen. Der Erfolg wird Ihnen mehr Freiheit, mehr Reichtum, mehr Anerkennung bringen, als Sie sich jetzt vorstellen können. Winken Sie nicht ab, wenn ich Sie immer wieder mit einer Erfahrung konfrontiere. Nicht nur ich, sondern Tausende anderer erfolgreicher Menschen können diese Erfahrung bestätigen.

Wie reich war Onassis wirklich?

Glauben Sie mir, es gibt noch viel größere Träume, die wahr werden – wenn man nur zielstrebig und mit unermüdlicher Ausdauer an ihrer Verwirklichung arbeitet. Der völlig mittellose, junge Aristoteles Onassis befand sich auf dem Weg von Athen nach Buenos Aires. Zusammen mit Hunderten von griechischen und italienischen Auswanderern auf einem verwahrlosten Passagierschiff fuhr er an Monte Carlo vorbei. Er nahm das Bild dieser Oase von Glanz, Glitzer, Glamour und Reichtum in sich auf und schwor sich: „Hierher werde ich eines Tages zurückkehren und mir ein Haus kaufen!"

Ein absurder Wunsch, wenn man seine damalige Lebenssituation betrachtet! Aber tatsächlich kaufte Onassis dreißig Jahre später in Monte Carlo einen ganzen Gebäudekomplex! Mit Casino, Jachtclub und dem „Hotel de Paris". Er war mittlerweile einer der reichsten Männer der Welt geworden. Seine Stationen des Erfolgs: ein Job als Elektriker in Buenos Aires, eine erfolgreiche Karriere als Tabakimporteur und Zigarettenfabrikant und dann ein beispielloser Aufstieg zum größten Reeder der Welt!

Dass auch bedeutende Politiker wie Winston Churchill und John F. Kennedy, Künstler, Filmstars, ja fast alle Berühmtheiten seiner Zeit auf seiner Luxusyacht im Hafen von Monte Carlo verkehrten – schien den meisten Menschen ganz selbstverständlich. Der Name Onassis war zum Inbegriff von Erfolg und Reichtum geworden. Aber leider kannte Onassis nur die eine Hälfte des Geheimnisses, nämlich wie man erfolgreich Geschäfte tätigt! Wie man ein erfolgreiches Leben führt, schien er erst sehr spät erkannt zu haben!

Deshalb musste er in fast tragischer Weise erfahren, dass materieller Reichtum allein alles andere als glücklich macht! Am Ende seines aufregenden Lebens, in dem er mehr erreicht hatte, als sich die meisten Menschen überhaupt in ihren kühnsten Träumen vorstellen können, fühlte er sich leer und ausgebrannt. Denn er wusste nur, wie man Reichtum anhäuft, aber nicht, wie man glücklich wird. Er benutzte menschliche Beziehungen ausschließlich als Mittel für seinen Erfolg. Das galt für seine Ehe mit der blutjungen Tochter des damals größten griechischen Reeders genauso wie für seine Beziehung zur berühmtesten Primadonna seiner Zeit, der Sängerin Maria Callas. Auch seine Ehe mit der amerikanischen Präsidentenwitwe Jacqueline Kennedy hatte wohl keinen anderen Zweck als seine Person mit dem Glanz eines großen Namens zu schmücken!

Ist es da ein Wunder, dass er gegen Ende seines Lebens enttäuscht feststellen musste: „Millionen addieren sich nicht immer zu dem, was ein Mensch vom Leben erwartet!" Vergessen Sie nie diese späte Einsicht eines der reichsten Menschen des 20. Jahrhunderts. Deshalb auch mein Rat an Sie, wenn Sie Erfolg anstreben: „Suchen Sie immer den Erfolg, der Sie menschlich befriedigt, erfüllt und ausfüllt! Denn Sie wissen sicher so gut wie ich: Geld regiert die Welt, aber nicht das Herz und schon gar nicht die echte Liebe!"

Die schönste Seite des Erfolges – Freude schenken!

Für mich bedeutet Erfolg: das intensive Gefühl, jeden Tag als ein Geschenk zu erleben! Ja, in freudiger Erwartung interessanter Gespräche, spannender Verhandlungen und überraschender Herausforderungen voller Tatendrang ins Büro zu fahren. Selbstverständlich macht mir am Erfolg auch Spaß, Dinge kaufen zu können, die ich mir wünsche! Ohne eine Bank um einen Anschaffungskredit fragen zu müssen! Es macht mir einfach Spaß, jemandem aus einem spontanen Gefühl heraus und ohne besonderen Anlass eine Freude bereiten zu können: Ich liebe es zum Beispiel, jemandem, den ich schätze, einen Blumenstrauß zu schicken und ihm damit ein schönes Wochenende zu wünschen. Oder in einer Buchhandlung auf eine Neuerscheinung zu stoßen, von der ich mir sicher bin, dass sie einen Freund oder Geschäftspartner ganz besonders freuen könnte. Weil ich weiß, dass es die kleinen Aufmerksamkeiten sind, die Herzen öffnen und die Menschen zu einander führen! Dennoch halte ich für mich persönlich immer die Balance zwischen der Erfüllung eines Wunsches und dem wohltuenden Gefühl des Verzichtens. Ich glaube nämlich an den Spruch des großen George Bernard Shaw: „Jeder erfüllte Wunsch macht uns um eine Vorfreude ärmer!"

Wo bleibt Ihre Erfolgsgeschichte?

Meine größte Erwartung an Sie ist, dass Sie dynamische Kraft aus **Lebe ehrlich – werde reich!** empfangen. Dass Sie Seite um Seite lesen und sich durch wiederholtes Lesen und stufenweises Aufgreifen der Grundsätze des Erfolges Ihre Persönlichkeit immer mehr zum Positiven wandelt! Und dass Sie ab sofort mit Ihrem Leben in eine positive Richtung aufbrechen. Ich liebe nämlich Erfolgsgeschichten! Und es gibt wenig, was mir mehr Freude bereitet, als von den Erfolgen anderer Menschen zu lesen. Ich freue mich darauf, wenn Sie mir eines Tages Ihre Erfolgsgeschichte mitteilen! Und ich bin überzeugt, Sie werden Erfolg haben!

Deshalb ist es mir wirklich ein großes Anliegen, Sie richtig zu mobilisieren – mit der Begeisterung für das Ziel, einmal zu den erfolgreichen und unabhängigen Menschen zu gehören! Sie stehen vor einer Aufgabe, die Ihnen leichter fallen wird, als Sie glauben – wenn Sie sich nur auf Ihre Stärken konzentrieren. Nutzen Sie Ihren enormen Einfallsreichtum, Ihre Vorstellungskraft und die schier unerschöpfliche Kraft Ihres Unterbewusstseins, um an dieses große Ziel zu gelangen. Oder sind Sie der Meinung, dass das auf Sie nicht zutrifft? Wenn das der Fall sein sollte, machen Sie bitte einen Sprung in das letzte Kapitel „Begeisterung – die Fanfare Ihres Lebens!" Dort können Sie erfahren, wozu der menschliche Geist fähig ist, wenn man ihn mit Begeisterung aktiviert! Begeisterung ist die höchste Stufe der Motivation. Begeisterung verleiht der menschlichen Seele die Kraft, ihre besten und größten Anstrengungen für ein Leben in Freude und Glück zu unternehmen!

Leitsätze, Gedanken und Anregungen

1. Welche Träume, Wünsche und Ziele sind Ihnen so wichtig, dass Sie davon unter keinen Umständen abzubringen sind? Halten Sie diese Träume, Wünsche und Ziele schriftlich fest und schreiben Sie gleichzeitig auf, in welchen Lebensumständen Sie in einem Jahr leben möchten? Setzen Sie sich für die Verwirklichung Ihrer Ziele ein festes Datum!

2. Sie wissen sicher aus eigener Erfahrung, was mit Träumen und Wünschen passiert, deren Verwirklichung man nicht ganz konkret plant und mit deren Umsetzung man nicht sofort beginnt! Sie bleiben nichts ande-

res als Träume und Wünsche. Beginnen Sie deshalb sofort, konkrete Pläne für die Umsetzung Ihrer Träume und Wünsche zu entwerfen!

3. Das richtige Erfolgsbewusstsein wird niemandem in die Wiege gelegt. Deshalb müssen Sie sich bewusst für Ihren Erfolg entscheiden – oder kennen Sie einen erfolgreichen Menschen, der gegen seinen Willen erfolgreich wurde? Ihr Programm für den Erfolg lautet ganz einfach: „Ich will aus ganzem Herzen zu den Gewinnern gehören!" Ab sofort bedeutet das für Sie, dass diese Entschlossenheit für Ihren persönlichen Erfolg immer ein wenig stärker ist, als alle Gründe, die dagegen sprechen könnten.

4. Dieses Bewusstsein, dass Sie Erfolg haben wollen und Erfolg haben werden, muss Ihr ganzes Denken, Ihr Bewusstsein und Ihr Unterbewusstsein durchströmen. Geben Sie deshalb Ihre Träume von Erfolg und Reichtum täglich als konkrete Bilder an Ihr Unterbewusstsein weiter. Trennen Sie ganz sauber Zukunftsträume von Illusionen und bedenken Sie, dass Illusionen oft wirklicher erscheinen als Träume. Träume können Sie niemals durch Träumen verwirklichen! Deren Verwirklichung kosten Mühe, Kraft, Ausdauer und vor allem Ideen und harte Arbeit!

5. Das größte Geheimnis eines erfolgreichen Menschen ist sein unerschütterliches Erfolgsbewusstsein! Geben Sie deshalb auch kleine Ziele nicht auf, ehe Sie nicht alles in Gang gesetzt haben, um sie zu erreichen. Sagen Sie sich bei allem, was zunächst ein Misserfolg zu werden droht: „Geht nicht! gibt's nicht!"

6. Geben Sie Ihren Träumen die Chance sich zu verwirklichen! Das heißt vor allem, setzen Sie nie auf Erfolgskonzepte, die sich scheinbar über Nacht verwirklichen lassen. Sie erweisen sich meist als unrealistisch. Setzen Sie auf Ausdauer und auf den unbesiegbaren Willen, sich von keinen Rückschlägen entmutigen zu las-

sen! Wer niemals aufgibt, erzielt letzten Endes immer einen Erfolg. Kämpfen Sie auch um kleine Zwischensiege! Denn auch kleine Erfolge verleihen die wunderbare Kraft der Ausdauer!

7. Prüfen Sie alle Ihre Unternehmungen an den unbestechlichen Aussagen Ihres Gewissens! Denn nur ein ehrlicher Weg für zu einem dauerhaften Erfolg! Glauben Sie an die Kraft der Wahrheit und Ehrlichkeit! Ehrlichkeit ist ein Juwel, den man nur mit Ehrlichkeit erringen kann!

8. Streben Sie nie einen ausschließlich materiellen Erfolg an. Die tiefe Befriedigung, die eine erfolgreiche Tätigkeit in sich trägt, ist ihr eigentlicher Lohn! Die Größe des materiellen Erfolges ist dabei gar nicht das Ausschlaggebende. Wer nur nach materiellem Erfolg strebt, verliert meist seine eigentliche Bestimmung aus den Augen! Und das führt nie zu einem wahren und dauerhaften Erfolg! Bleiben Sie deshalb nie bei Umwegen stehen, die Ihren Interessen, Ihrer Ausbildung und Ihrer Persönlichkeit zuwiderlaufen!

9. Falls Ihnen unerwarteter Reichtum zufließt, ist es ein Gebot der Klugheit, ihn sofort abzusichern! Die Versuchung mag groß sein, wenn man sich plötzlich teure Reisen und teure Hobbys finanzieren kann. Dafür sollten Sie jedoch nie an die Substanz Ihrer Mittel gehen. Verwenden Sie Geldmittel, die Ihnen zukommen, immer in einem lebendigen Kreislauf von Geben und Nehmen!

10. Behalten Sie vor allem immer eventuelle Schwierigkeiten und Gegner im Auge! Und vergessen Sie nie: Gegen Krisen und Angstzustände gibt es nur ein einziges hilfreiches Mittel, nämlich selbst die Verantwortung übernehmen und ganz rational und nüchtern der Gefahr ins Auge sehen! Analysieren Sie die Situation nach dem einfachen Grundsatz: „Was kann schlimmstenfalls passieren und welche Auswege aus der Gefahr gibt es?"

Stecken Sie nie Kopf in den Sand. Gefahren kann man nur meistern, wenn man den Kopf oben behält! Schalten Sie niemals den Anrufbeantworter zwischen sich und Ihre Probleme! Sie können sonst auch von guten Nachrichten nicht erreicht werden. Und die brauchen Sie gerade jetzt dringender als je zuvor!

Das Vermächtnis des Sokrates: Erkenne dich selbst!

Sein Name steht für Philosophie

„Erkenne dich selbst!" Das ist die Maxime für Ihr neues Leben! Diese Aufforderung zu einer lebenslangen Erforschung des eigenen Wesens und Daseins ist der Kern jeder persönlichen Wahrheit, jeder Lebensweisheit, jeder Philosophie, jedes Wandels zum Positiven und letztlich jedes wahren Erfolges.

Diese drei Wörter sind das Zentrum der Philosophie des Sokrates, des größten Philosophen des Abendlandes! Er selbst hat keine einzige geschriebene Zeile hinterlassen. Aber wir wissen über ihn durch die Schriften seines Schülers Platon besser Bescheid, als über irgendeinen anderen Menschen seiner Zeit. Sokrates war der erste freie Mensch der abendländischen Geistesgeschichte! – Warum? – Weil er ohne jede ideologische Verengung die ungeheuer beunruhigende Aufforderung, die über dem Orakel von Delphi steht, „Erkenne dich selbst!" zunächst mit aller Konsequenz an sich selbst stellte! Ganz im Gegensatz zu den vielen Weltverbesserern, die immer nur die anderen verbessern wollen, um von ihren eigenen Defiziten abzulenken!

Sokrates war, wie alle Großen der Geschichte, ein in sich äußerst widersprüchlicher Mensch. Unter all den schön gelockten Griechen mit den klassischen Leibern war er ein Glatzkopf, mit aufgeworfenen Lippen, eingedrückter Stülpnase und stieren Glotzaugen. Dazu war er untersetzt, mit breiten Schultern und einem Hängebauch. Nach Aussagen seiner Zeitgenossen war er unmenschlich hässlich. Sie beschreiben ihn als einen Faun, dem nur die Bocksfüße fehlten. Trotzdem wirkte er geradezu dämonisch anziehend auf die schönen Jünglinge Athens – er hatte trotz seiner Hässlichkeit eine faszinierende Ausstrahlung! Diese jungen Männer waren begeistert von dem Geist, der aus diesem hässlichen Körper leuchtete! Und sie waren fasziniert von seiner Suche nach Wahrheit, denn junge Menschen hungern mehr als andere nach den Tugenden der Wahrheit, der Ehrlichkeit, des Mutes und der Selbstdisziplin!

Die abgeklärten und vermeintlich Gebildeten fühlten sich von Sokrates mit seinen vermeintlich simplen Fragen vor den Kopf gestoßen! Er zerstörte ihre geistigen Kartenhäuser, die sie sich aus Lebenslügen mühsam zusammengebastelt hatten! Mit seinen direkten Fragen zwang er sie zum einen zu der Erkenntnis, dass sie in Wahrheit nichts wussten, sondern nur glaubten etwas zu wissen. Und zum anderen, dass sie aus diesem Unwissen heraus unmoralisch handelten.

Denen, die berufsmäßig den Glauben verwalteten und die ihn letzten Endes wegen Gotteslästerung zum Tod verurteilten, stellte er Fragen, die jede Unehrlichkeit und religiöse Heuchelei bloßstellten. Ihnen machte er deutlich, dass ihr Glaube aus Vorurteilen bestand und vom Nichtwissen geprägt war!

Ratlosigkeit verschwindet, wenn man die richtigen Fragen stellt!

Dabei war Sokrates ebenso bescheiden wie selbstbewusst. Er lebte äußerst maßvoll und war gleichzeitig trinkfester als jeder andere. Kein Athener konnte ihn im Trinken je besiegen. Platon beschreibt das Ende eines solchen unmäßigen Trinkgelages. Keiner von den Mittrinkern war mehr in der Lage, mit Sokrates zu diskutieren. Die einzigen Antworten, die er auf seine brennenden Fragen bekam, waren Lallen und Schnarchen!

Da stand er auf und suchte sich seine Gesprächspartner auf den Straßen und Plätzen. Er war ein überaus vernünftiger Fantast, der erkannt hatte, dass aus anfänglicher Ratlosigkeit Einsicht entsteht – wenn man nur die richtigen Fragen stellt! Und er stellte die Fragen, die für die Suche nach Wahrheit gestellt werden mussten!

Sokrates konnte aber auch bis zur Unhöflichkeit schweigsam sein, obwohl das wichtigste in seinem Leben das Gespräch war. Er diskutierte nicht nur mit sogenannten Intellektuellen! Er sprach auch mit Handwerkern, Politikern, Künstlern, Sophisten, ja und gerne auch mit den Hetären, diesen hoch gebildeten Liebesdienerinnen seiner Zeit! Mit seiner Besessenheit, andere Menschen ins Gespräch zu verwickeln, war er ein typischer Athener! Die Athener waren ein geschwätziges Volk, aber das Gespräch des Sokrates brachte ihnen etwas völlig Neues. „Es war ein die Seele im Innersten erregendes, beunruhigendes, bezwingendes Gespräch.", wie der große deutsche Philosoph Karl Jaspers es beschreibt.

Selbsterkenntnis –
der wichtigste Schritt zur Veränderung!

Alle diese Gespräche des Sokrates zielten auf Wahrheit und Selbsterkenntnis, bei sich und bei anderen. Durch sein Denken und Fragen machte er die Menschen zu „Betroffenen". Die meisten vermieden es jedoch andere, ja bessere Menschen zu werden! Sie nahmen ihm seine Fragen nach dem Wahrheitsgehalt ihrer Ansichten übel! Nach meiner Erfahrung hat sich an der Art dieser Reaktion nichts geändert!

Er nannte diese Art zu fragen, „bei der mit Gottes Hilfe das Wahre durch eigene Einsicht zum Vorschein kommt", in Anlehnung an den Beruf seiner Mutter, seine „Hebammenkunst". Er wollte mit dieser „Hebammenkunst" sich und seinen Mitmenschen zu einem neuen Menschsein verhelfen!

Für Sokrates war die Voraussetzung jeder Besserung des menschlichen Daseins dieses „sich selbst Erkennen"! An dessen Anfang steht für ihn die bescheidene Einsicht „Ich weiß, dass ich nichts weiß!". Deshalb suchte er die verborgene Substanz des Menschen. Für ihn bedeutete Selbsterkenntnis auch „Erkenne deine Gefühle!", also dein inneres Handeln! Dieses Handeln war für ihn gleichbedeutend mit den Tugenden der Wahrheitsliebe, der Gerechtigkeit, des Mutes, der Disziplin und der Ehrlichkeit. Sein tiefgehender Sinn für Humor beruhte auf der Kenntnis zwiespältiger und widerstrebender Gefühle in sich und in anderen. Er kannte den Widerstreit zwischen Tugend und Begehren und die davon ausgehenden Verstrickungen des menschlichen Daseins! Ihm war nichts Menschliches fremd!

Er suchte ehrliche Menschen!

Eines helllichten Tages ging er mit einer brennenden Laterne über den Marktplatz von Athen. Gefragt, was er damit bezwecke, sagte er: „Ich suche Menschen!" Was sollte das bedeuten? Dieser große Philosoph und Kenner menschlicher Schwächen suchte Menschen, die seiner Vorstellung von den Tugenden der Ehrlichkeit, der Wahrheit und Mitmenschlichkeit entsprachen! Aber fand er sie?

Es konnte nicht ausbleiben, dass ein Mensch, der die Wahrheit suchte, angefeindet wurde. Und er bekannte noch dazu öffentlich, dass er sie kaum irgendwo finden konnte. Kein Berufsstand oder sozialer Status war vor ihm und seinen bohrenden Fragen nach Wahrheit und Ehrlichkeit sicher! Deshalb wurde ihm unter fadenscheinigen Anschuldigungen wegen seiner Suche nach der Wahrheit der Prozess gemacht! Sokrates wurde mit Hilfe bestochener Zeugen zum Tode verurteilt!

Wie wir aus der Schilderung seines großen Schülers Platon wissen, nahm er nach seiner Verurteilung mit heiterer Gelassenheit den Schierlingsbecher – die zu seiner Zeit übliche Art der Hinrichtung. Die Möglichkeit, sich diesem Justizmord durch Flucht zu entziehen, wies er zurück. Bis zu dieser letzten Konsequenz lebte er nach dem Grundsatz: „Unrecht leiden ist besser als Unrecht tun!" Obwohl er sich selbst nach seinen eigenen strengen Maßstäben keiner Schuld bewusst war! Sein einziges Vergehen war die Suche nach der Wahrheit, die keiner Partei gehört und über alle Denkschablonen etablierter Glaubensverwalter hinausreicht!

Niemand ist im Besitz
der endgültigen Wahrheit!

Er reizte die religiösen Fundamentalisten, die aufgehört hatten, Gott zu suchen, weil sie überzeugt waren, ihn schon zu besitzen! Sie fühlten sich von ihm bloßgestellt! Sokrates hatte ihnen gezeigt, dass sie die menschenverachtende Durchsetzung von kleinlichen Vorschriften und Verboten mit einem lebendigen Glauben verwechseln! In einer Zeit des wachsenden Fundamentalismus auf allen Seiten sollten wir nicht aufhören, seine Fragen wieder und wieder zu stellen! Dann zeigt sich nämlich sehr schnell, wie hohl und leer viele Götzenbilder sind, gerade auch die Götzenbilder unserer Zeit. Kein Wunder, dass die Fundamentalisten solche Fragen immer und zu allen Zeiten als todeswürdiges Verbrechen betrachten!

Während das Gift schon wirkte, philosophierte Sokrates noch mit seinen Schülern, die sich um sein Sterbelager versammelt hatten. Was glauben Sie, worüber er mit aller Gelassenheit mit ihnen diskutierte? Über den Tod! Seine weise Einstellung zum Tod lautete: „Wer den Tod fürchtet, bildet sich ein zu wissen, was man nicht weiß. Menschen, die den Tod fürchten, glauben zu wissen, dass er das größte Übel sei. Vielleicht ist er aber das größte Glück!" Und das war kein hohles Gerede, denn er äußerte diese Überzeugung, als er die Wirkung des Schierlingsbechers bereits in seinem Körper spürte!

Ein Revolutionär der Moral

Sokrates war aber nicht nur Philosoph! Er war ein sittlicher Revolutionär und Prophet. Vierhundert Jahre vor Christus schuf er eine Denkschule der Ehrlichkeit und der Wahrheitssuche. Jahrhunderte später war sie die Grundlage der Aussöhnung des Christentums mit der griechischen Philosophie! Und seine Forderung nach Ehrlichkeit bleibt bestehen, solange es Menschen gibt!

Sokrates war auch der Schöpfer eines Ethos der Selbstbeherrschung und Selbstbefreiung. Aber schon kurz nach seinem Tod wurde ihm von Ideologen, die in ihrer Beschränktheit so gerne für andere denken, vorgeworfen: „Du regst an, aber du zeigst nicht, was man tun soll!"

Wenigstens in diesem letzten Punkt, möchte ich es dem großen Denker gleichtun! Weil ich aus eigener Erfahrung weiß, dass jeder die Tür seiner Verwandlung zum Guten, zu seiner Wahrheit und zu seinem ganz persönlichen Erfolg selbst aufschließen muss! Mit aller Offenheit und Ehrlichkeit! Der Schlüssel dazu sind die drei Worte, die über der unermesslich großen Leistung des Sokrates stehen: **Erkenne dich selbst!** Sie stehen für Wahrheitssuche und Ehrlichkeit im Denken und Handeln. Sokrates selbst war und ist dafür eines der leuchtendsten Vorbilder der Menschheit!

Wo lassen Sie denken?

„Erkenne dich selbst!" Ist das eine Aufforderung, die Sie anspricht? Das ist nämlich kein Auftrag, dessen Lösung man sich für einen Tag vornimmt und ihn dann ein für allemal abhakt. Schätzen Sie die Bedeutung dessen, was Sie nun vor sich haben, nicht gering. Es ist eine lebenslange Aufgabe! Die Fragen: „Wer bin ich? Was weiß ich? Was kann ich? Wohin führt mich mein Denken?" müssen Sie sich jeden Tag neu stellen und Sie müssen sich jeden Tag der Antwort stellen, die Ihnen Ihr Gewissen darauf gibt! Daran führt kein Weg vorbei!

Fangen Sie mit ganz einfachen Wahrheiten und Fragen an. Stimmt es, wenn Sie sagen: „Ich bin der Meinung ..." oder „Meiner Meinung nach ..." Ist es wirklich Ihre Meinung, die Sie von sich geben? Oder reproduzieren Sie eine Meinung, von der Sie sicher sein können, dass sie in Ihrer Gesellschaftsschicht, in Ihrem geistigen Umfeld, in Ihrem Bekannten- und Kollegenkreis gut ankommt?

Unsere Meinungen sind in starkem Maße von unserer Herkunft und unserer Erziehung abhängig. Wir werden durch unsere Herkunft, durch unser Elternhaus, durch die Schule und durch den Beruf auf eine gewisse Stromlinienförmigkeit des Denkens hin erzogen! Obwohl es jedem, der über die Entwicklung der Gesellschaft nachdenkt, klar sein muss, dass nicht die Jasager den Fortschritt bringen, sondern die Querdenker! Querdenken hat übrigens nichts mit Widerspruch um jeden Preis zu tun. Denn auch Widerspruch allein ist noch lange kein untrügliches Zeichen für eigenständiges Denken. Solange man seinen Widerspruch ständig an der Meinung der anderen orientiert, ist er nichts anderes als der Negativfilm von der Meinung der anderen!

Sich eine wirklich eigene Meinung zu bilden, erfordert große Mühe. Wer sich eine eigene Meinung über einen vieldiskutierten Bestseller bilden will, muss sich leider der Mühe unterziehen, ihn selbst zu lesen. Der darf nicht auszugsweise die Ansichten eines Fernseh-Literaturpapstes wiedergeben oder sich mit der Meinung eines Artikels aus dem Feuilleton seiner Tageszeitung zufriedengeben. Mit den „eigenen" Meinungen über die unterschiedlichen Parteien und die Personen, die sie repräsentieren, ist es nicht anders.

Haben Sie sich schon einmal der Mühe unterzogen, das Programm der Partei zu lesen, die Sie wählen? Oder genügt Ihnen die allgemein anerkannte Auffassung, dass ein Unternehmer konservativ, ein Arbeitnehmer sozialdemokratisch, ein Selbstständiger liberal und ein Lehrer ökologisch wählt? Ich halte diesen Punkt deshalb für so wichtig, weil ich aus eigener Erfahrung weiß, dass nur eigenständiges Denken zum Erfolg führen kann! Werden Sie deshalb ein Querdenker, aber bitte ja kein Querkopf!

Wir brauchen unsere Niederlagen!

Die nie ganz zu beantwortende Frage „Wer bin ich?" bedeutet vor allem auch „Wer könnte ich sein?" Um diese Frage wirklich sauber zu klären, müssen Sie als erstes Ihre Probleme identifizieren! Erst dann können Sie darangehen, das „Wer bin ich?" zu lösen und in neue Bereiche vorstoßen.

Wer wir sind, nicht sind oder noch nicht sind, zeigt sich zuallererst in unseren Krisen und Niederlagen! Das ist der eigentliche Sinn der Niederlagen in unserem Leben! Das ist der tiefe Sinn, den jede Erfolgsphilosophie den Niederlagen in unserem Leben zuschreibt! Deshalb betone auch ich – mit Blick auf mein eigenes Leben – dass großen Erfolgen meistens große Niederlagen vorausgehen – wenn man dabei nicht stehen bleibt!

Wir dürfen uns nicht nur Fragen zum Istzustand stellen, sondern wir müssen uns immer wieder selbst in Frage stellen. Echte Niederlagen fordern von uns das Ende des Durchlavierens und den Aufbruch in die Ehrlichkeit. Dieser Neuanfang führt zu Glück, Reichtum und innerer Harmonie, wenn wir ihn im vollen Bewusstsein unserer positiven Seiten beginnen. Deshalb zielt die Frage: „Wer bin ich?" nicht nur auf die Seiten in Ihrem Wesen, die Sie noch verbessern sollten, sondern vor allem auf die Seiten, auf die Sie mit Recht stolz sein können! Denn Ihre guten Seiten und Ihre positiven Fähigkeiten werden es sein, die die Basis für einen echten Neuanfang bilden!

Bleiben Sie nicht bei der negativen Kritik an sich selbst stehen!

Sie müssen zweifellos erkennen, wo Sie persönlich Probleme haben und in wie weit Sie selbst, Ihr Denken, Ihr Verhalten gegenüber anderen, das Problem sind. Die meisten Menschen sind aber leider von ihrer Erziehung her am Negativen orientiert. Im Elternhaus wie in der Schule wurden wir meistens daran gewöhnt, nur Negativbilanzen als ehrlich und aufrichtig zu betrachten. „Warum hast du das nicht gelernt? Warum beherrschst du diesen Stoff immer noch nicht? Warum benimmst du dich immer daneben? Warum willst du nicht endlich annehmen, was wir dir täglich predigen?" Diese Art von Erziehung ist der Beginn aller Ausreden!

Bei diesen negativen Fragen an Ihr Leben dürfen Sie niemals stehen bleiben! Stellen Sie sich zur Abwechslung mal wieder die Frage: „Worauf kann ich bauen? Wo liegen meine Stärken? Was habe ich bisher in meinem Leben Gutes geschaffen?" Vielleicht können Sie allein schon darauf stolz sein, dass Sie trotz aller Niederlagen, die Sie bisher durchstehen mussten, die Hoffnung auf ein besseres Leben niemals aufgegeben haben. Dieses Ausharren in der Krise, in dem sicheren Wissen, dass das Blatt sich wieder wenden wird, wenn wir uns anstrengen, verleiht Ihnen eine ungeheure Kraft! Aber Sie müssen dabei immer ehrlich Ihre Defizite sehen!

Meine Antwort auf die Frage meines Schweizer Chefs nach meinen Fremdsprachenkenntnissen war in ihrer Ehrlichkeit so unglaubhaft, dass sie offensichtlich als übergroße Bescheidenheit eingestuft wurde. Aber in mir steckte das Potenzial, innerhalb kurzer Zeit soviel Englisch zu lernen, dass ich mich damit auf Reisen begeben und Verhandlungen führen konnte. Dieser kleine Erfolg machte mir Mut weiterzulernen. Er stärkte mein Selbstvertrauen. Auch das gab mir einen Teil der Kraft wieder, die ich für den Neuanfang so dringend brauchte! Deshalb bleibe ich dabei: Positives Denken, Begeisterung, Freude an der Arbeit und die Bereitschaft ständig zu lernen sind die stärksten Antriebskräfte in unserem Leben!

Jetzt geht's los!

Die Frage, der Sie sich dabei als erstes stellen müssen, ist: „Wie denke ich über mich? Wie denke ich über meine Zukunft? Wie denke ich über meine Mitmenschen? Welches Gefühl durchzieht meinen Körper, wenn ich an mich selbst denke? Ist es Unbehagen oder freudige Spannung?" Glauben Sie mir, es bedeutet einen Riesenunterschied für Ihren Tagesablauf, ob Sie mit missmutigem Gesicht, hängenden Schultern und flachem Atem aus dem Bett steigen oder ob Sie die Arme ausbreiten, tief einatmen und mit froher Erwartung auf diesen Tag zugehen!

Dazu muss ich Ihnen unbedingt von einer Begegnung erzählen, die ich vor einiger Zeit beim Frühstück im Münchner Hotel „Vier Jahreszeiten" hatte! Sie kennen wahrscheinlich die Atmosphäre, die normalerweise in diesen Frühstücksräumen herrscht. Jeder ist mit sich selbst beschäftigt. Geschäftsleute haben neben ihrer Kaffeetasse den Terminplaner liegen, in den sie eifrig Notizen für diesen Tag eintragen. Die Ober schleichen müde, lustlos und einsilbig an den Tischen entlang. Auch wo mehrere Menschen an einem Tisch beisammensitzen, herrscht oft verschlossenes Schweigen. Man hat einfach noch nicht zu sich selbst und zu diesem neuen Tag gefunden! Und zu einem Gespräch schon gar nicht! Nicht einmal mit dem Handy!

Aber dieser Morgen begann ganz anders! Mit einem Feuerwerk der guten Laune und der mitreißenden Motivation! Ich werde ihn so schnell nicht vergessen! Es war 6 Uhr 30. Der Frühstücksraum war gerade geöffnet worden, und schon lief hier ein freudestrahlender Frühstückskellner mit federnden Schritten durch die Tischreihen! Ja, dieser Hüne von einem Mann flog fast durch den Raum! Bei ihm gab es keine Sekunde Stillstand! Er schien ein Dutzend Arme und Hände zu haben, so schnell bediente er jeden der wartenden Gäste. Aus seinem schwarzen Gesicht blitzten seine weißen Zähne, wenn er die Neuankommenden mit seinem breiten Lachen förmlich anleuchtete und sie nach ihren Wünschen fragte. Seine sonore Stimme und seine umwerfend gute Stimmung erfüllten den ganzen Raum mit einer Heiterkeit, die alle in den Zauberbann seines frohen Herzens zog! An seiner strahlenden Lebensfreude schmolz die „Nachtstarre" der Frühstückenden einfach dahin! Selbst die griesgrämigsten Morgenmuffel überwanden sich zu einem Anflug von Lächeln, wenn ihnen dieser energiegeladene Ballettmeister des Service mit Schwung den Kaffee servierte! Er schwebte fast vor grenzenloser Dynamik! Und alle fünf Minuten kam er vorbei und fragte: „You wonna have more coffee, Sir?"

Als er an meinen Tisch trat, hatte ich urplötzlich das Verlangen, zu erfahren, was ihn so froh machte. Ich sagte zu ihm ganz erwartungsvoll: „Darf ich Sie mal was fragen? Wie kommt es, dass Sie um diese Tageszeit schon so gut aufgelegt sind? Und dass Sie soviel lachen?" – „Oh yes, Sir!" antwortete er mir, „Ich liebe die Arbeit! Ich durfte heute Morgen wieder aufstehen! Ich habe wieder einen wunderschönen Tag mit Arbeit vor mir!" Und dabei vermischte er sein herrlich

weiches Südstaaten-Amerikanisch mit einem ziemlich guten
Deutsch. „Ja", fuhr er fort, „ich bin immer gut drauf! Ich
spring' um fünf Uhr aus meinem Bett!" Und dann machte er
eine kurze Pause und strahlte mich mit seinen großen, fröhlichen Augen an: „And now I want to tell you my secret! – Jeden Morgen, wenn ich aufstehe, sage ich ‚Danke' für diesen
Tag! Und dann streck' ich die Arme aus – so!, und sage ganz
laut zu mir **‚Jetzt geht's los!'**" Dabei breitete dieser Meister
der Begeisterung seine Arme aus, als wollte er nicht nur alle Menschen in diesem Frühstücksraum, sondern die ganze
Welt umarmen!

Und wie es losging, wenn dieser Mann mit seiner ganzen
Fröhlichkeit seine Arbeit anpackte! Das war keine Arbeit,
das war reines Vergnügen, für ihn und für alle, die ihm
dabei zusahen! Er war der beste Botschafter für positive
Motivation in diesem Hotel! Sie dürfen sicher sein, dass er
für den Erfolg dieses Hauses viel mehr bedeutete als tausend Hochglanzprospekte! Allein ich habe schon mehrere
Freunde dorthin zum Frühstück eingeladen, um sie mit diesem Wunder an Lebensfreude und Begeisterung bekannt zu
machen! Alle waren begeistert! Begeistern auch Sie sich für
einen Start in einen neuen Tag. Stehen Sie auf und sagen Sie
laut und voller Freude: „Jetzt geht's los!"

Körpergefühle!

Was denken Sie, wie Ihr Tag aussehen wird, wenn Sie mit
einem frohen „Jetzt geht's los!" aus dem Bett springen. Das
ist ein anderes Körpergefühl, als wenn man unwillig ein
Bein nach dem anderen auf den Boden stellt, müde gähnend
den Kopf schüttelt und vor sich hinbrummt: „Mein Gott,
schon wieder ist die Nacht rum!"

„Wann und wie stehen Sie auf?" Welches Gefühl haben
Sie im Körper? Bleierne Müdigkeit, Abneigung gegen jede Bewegung, selbst die zwei Gesichtsmuskeln, die man zu

einem Lächeln braucht? Oder umarmen Sie freudestrahlend diesen neuen Tag, wie der Frühstückskellner im Hotel „Vier Jahreszeiten"? Und was spüren Sie dabei in Ihrem Körper? Ich frage nicht ohne Grund nach dem Körpergefühl, das die gegensätzlichen Denkweisen und Stimmungen in Ihnen auslöst. Denn in der gleichen Weise, wie negatives Denken negative und hemmende Spannungen im Körper erzeugt, macht sich auch positives Denken in Ihrem Körper bemerkbar! Und beflügelt ihn!

Deshalb sollten Sie sich einfach selbst die Frage beantworten: „Wann habe ich zuletzt dieses wunderbare Gefühl gespürt ‚Ich könnte vor Freude und Begeisterung zerspringen! Ich könnte Bäume ausreißen! Ja, ich könnte die ganze Welt umarmen!'" Es kann doch nicht sein, dass Sie der unsinnigen Behauptung Glauben schenken, dass positives Denken krank macht!

Oder wo sonst sehen Sie den Unterschied zwischen der Siegermannschaft, die freudestrahlend die Arme hochreißt und sich jubelnd umarmt! Und den Verlierern, die mit gesenkten Köpfen jeder für sich vom Platz treten? So dürfen Sie nie durchs Leben gehen! Behalten Sie auch in Niederlagen immer den Kopf oben! Dann kommt der Erfolg umso schneller zu Ihnen!

Eines ist allerdings richtig: Der Begriff „Positives Denken" ist zu einem gedankenlos gebrauchten, ja missbrauchten Schlagwort geworden. Wenn Sie die wahre Bedeutung des positiven Denkens erleben wollen, müssen Sie die richtige Art positiv zu denken erst wieder mit Ihren ureigensten Empfindungen verknüpfen. – Was heißt das? – Ich bin einfach davon überzeugt, ja, ich weiß, dass wir tief in unserem Innersten wissen, wann wir falsche Entscheidungen treffen und falschen Hoffnungen nachhängen! Das sagt uns unsere Intuition und unser Gewissen! Und auch der nüchterne Verstand! Befreien Sie sich von den vagen Hoffnungen, dass sich die Dinge von selbst zum Guten wenden werden! Dieses ziellose Hoffen würde Sie auf

Dauer um Ihren Erfolg bringen! Hören Sie genau in sich hinein! Und es wird nicht ausbleiben, dass Sie zur Wahrheit Ihres Lebens finden!

Das positive Denken ist keine rosa Brille!

Das positive Denken ist der Katalysator, der alle in uns wohnenden Kräfte freisetzt. Positiv denken heißt, auch in schwierigsten Situationen noch an einen Ausweg glauben. Dieser feste Glaube weckt in uns die Bereitschaft, alle zur Verfügung stehenden Kräfte für diesen positiven Ausgang zu mobilisieren. Stellen Sie sich vor, was mit Ihnen rein körperlich geschieht, wenn Sie in eine schwierige Verhandlung mit dem Gefühl gehen: „Ich schaffe es!" Sie atmen viel freier durch. Ihr Rückgrat richtet sich auf. Sie heben das Kinn und Ihr Gesichtsausdruck signalisiert dem Gesprächspartner von vornherein den Eindruck, dass er einen Menschen vor sich hat, der nicht aufgibt! Egal, welche Schwierigkeiten auch auftauchen werden! Und Sie wissen sicher, diese Ausstrahlung ist der halbe Sieg!

Das Gegenteil passiert, wenn Sie mit hängenden Schultern und bekümmertem Gesichtsausdruck Ihrer Umwelt mitteilen: „Ich weiß ja, dass ich verlieren werde!" Auch das können Sie bei jedem Fußball- oder Tennismatch beobachten. In dem Moment, wo sich einer der beiden Spieler innerlich geschlagen gibt, ist das Spiel praktisch zu Ende! Kein Torschuss gelingt mehr, kein Ass beim Aufschlag! Und das weiß jeder, der zweite Aufschlag ist immer der schwächere und bringt selten den Punkt! Manchmal sogar einen Doppelfehler! Seien Sie also immer bereit für den Sieg bringenden ersten Aufschlag!

Die tödliche Macht der Enttäuschung

Vielleicht haben Sie schon einmal die Geschichte von dem dramatischen Wettlauf zum Südpol zwischen dem Norweger Roald Amundsen und dem Engländer Robert Falcon Scott gelesen. Der Norweger hatte sich allein auf seine erprobten Hundeschlitten verlassen, während Scott mit Motorschlitten, Pferden und Hunden loszog. Als er nach einer Reihe von Pannen zum Südpol gelangte, fand er dort die norwegische Fahne vor! Amundsen hatte sie vier Wochen vor ihm dort aufgepflanzt!

Versetzen Sie sich nun in den Gemütszustand eines Menschen, der nach Jahren der Vorbereitung und Monaten des Kampfes gegen Hunger und unmenschliche Kälte feststellen muss, dass sein Erzrivale ihm zuvorgekommen ist. Diese Enttäuschung saugt jeden Mut, jede Energie aus dem Körper. Und so war es auch bei dem tragischen Helden dieses Wettlaufs! Robert Falcon Scott und seine gesamte Mannschaft kamen auf dem Rückweg durch die Eiswüste ums Leben. Die Experten sind sich darin einig, dass Scott und seine Leute vom Sieg Amundsens einfach so demoralisiert waren, dass sie nicht mehr die geistige Stärke aufbrachten, die letzten Reserven zu mobilisieren und den Weg bis zu ihrem rettenden Stützpunkt durchzuhalten. Obwohl er nur noch wenige Tagemärsche entfernt lag!

Lassen Sie sich deshalb nie von Niederlagen die letzte Kraft rauben! Denn aus dem Glauben an den Sieg und aus dem positiven Denken, dass Niederlagen immer ein vorübergehender Zustand sind, erwächst Ihnen die Kraft, Krisen in Siege zu verwandeln!

Wenn nur noch der Glaube hilft

Die intuitive Erkenntnis der psychischen Vorgänge in uns drückt sich allein in dem Wort „niedergeschlagen" aus!

Man fühlt sich von Niederlagen tatsächlich wie von einem Gegner „niedergeschlagen"! Dieses tiefe Wissen um die Macht der psychischen Einstellung ist mittlerweile sogar durch die Hormonforschung bewiesen. Ja, es besteht ein direkter Zusammenhang zwischen unseren Emotionen und der Hormonausschüttung, die von der Hirnanhangdrüse gesteuert wird! Allerdings darf man nie vergessen – auch negative Emotionen verursachen eine Wirkung im komplizierten System Ihres Körpers! Und zwar eine negative!

Positiv denken dagegen heißt, mit Hilfe der Autosuggestion die Wunderkraft der Hormone und Endorphine freizusetzen und für den Sieg einzusetzen. Warum, glauben Sie, versuchen Ärzte schwerkranken Patienten Hoffnung zu geben? Nicht um ihnen ihren tatsächlichen Zustand zu verschleiern! Sondern weil sie wissen, dass ein Patient, der an seine Heilung glaubt, diese letzten Kräfte mobilisieren kann! Und die kann in kritischen Situationen den Unterschied zwischen Leben und Tod bedeuten!

Es ist mittlerweile auch nachgewiesen, dass positives Denken die Abwehrkräfte des Immunsystems verbessert! Und dass negatives Denken ebenfalls entscheidenden Einfluss auf organische Veränderungen hat. Wie könnte sonst jemand an „gebrochenem Herzen" sterben? Oder ein anderer Mensch schwerste organische Schädigungen mit einem unglaublichen Kampfesmut „wie durch ein Wunder" überleben. Entgegen allen ärztlichen Prognosen!

Die Zauberkraft des positiven Denkens

Im ganz normalen, gesunden, alltäglichen Leben ist es nicht anders. Was passiert denn, wenn Sie Ihrem Unterbewusstsein in einem Zustand von Angst, Niedergeschlagenheit und Mutlosigkeit suggerieren, dass alles verloren ist? Werden sich denn dann Ihr logisches Denken und Ihre Intuition noch weiter um mögliche Lösungen bemühen? Nein, nur das positive Denken gibt uns die Kraft zum Überleben! Diese Erkenntnis stammt nicht von Dale Carnegie, nicht von Napoleon Hill, und auch nicht von mir! Man kann diese uralte Erkenntnis nachlesen in den großartigsten Zeugnissen des menschlichen Geistes, im indischen Mythos des Ramayana, in der Odyssee des Homer und in der Bibel. Wenn Sie je daran zweifeln sollten, lesen Sie das Buch Hiob im Alten Testament! Was musste dieser biblische Hiob nicht alles an Hiobsbotschaften durchstehen, bis es ihm endlich wieder besser ging. Besser als je zuvor! Auch der größte Held der griechischen Sage, Odysseus, überlebt im Gegensatz zu seinen Gefährten Stürme, Schiffbruch, den Zorn der Götter und rohe Gewalt! – Warum? – Weil er nie aufgibt und auch in den ausweglosesten Situationen noch einen Plan entwirft, wie er sich retten kann.

Positiv denken – aber richtig!

Positiv denken heißt nicht, Probleme nicht zur Kenntnis zu nehmen oder Niederlagen zu verdrängen, ganz im Gegenteil! Positiv, beziehungsweise konstruktiv, zukunftsweisend und erfolgsorientiert denken heißt nichts anderes, als Probleme klar erkennen und daran glauben, dass es im Bewusstsein der eigenen Fähigkeiten eine Lösung dafür gibt! Deshalb ist die Voraussetzung für dieses positive Denken die von Sokrates geforderte Selbsterkenntnis. Erst wenn ich meine wahre Berufung, meine wahren Talente erkannt habe, kann ich mich mit Mut, Kraft und Selbstvertrauen in die richtige Richtung bewegen.

Ich kenne eine ganze Reihe von Menschen, die ab einem bestimmten Punkt immer tiefer in Schwierigkeiten gerieten. Nicht etwa, weil sich die Umstände gegen sie verschworen hatten, sondern weil sie das positive Denken falsch verstanden haben! Es genügt eben nicht, sich eine sehr konkrete Vorstellung von dem zu bilden, was man an materiellem Erfolg erreichen will! Der Weg, den man wählt, muss der eigenen Berufung und den eigenen Talenten entsprechen! Suchen Sie deshalb den Ausweg nicht mit den falschen Zielen und den falschen Partnern. Es wäre dann immer noch besser, neben der Arbeit an Ihrer eigentlichen Berufung zu jobben. Möglichkeiten dazu finden sich immer! Und sie bringen einen auch nicht vom Weg ab, wenn man sein Ziel im Auge behält!

Vom Studenten zum Beleuchter

Sie kennen die Geschichte „des fremden Reporters". Er war entgegen allen seinen Fähigkeiten und Neigungen ins Immobiliengeschäft eingestiegen. Weil er sich mit völlig falschen Argumenten überzeugen ließ, dass er mit den dortigen Verdienstmöglichkeiten alle seine Schwierigkeiten lösen könnte. Wissen Sie, was dabei herauskam? Eine Jahr frustrierender Arbeit, an dessen Ende die Schwierigkeiten noch größer waren als je zuvor! Deshalb mein guter Rat: Arbeiten Sie nie gegen Ihre Berufung! Was immer auch an Rückschlägen auf Sie zukommen mag!

Ähnliche Fälle kennen Sie sicher auch aus Ihrem Bekanntenkreis. Und manche „Karrieren" sind noch sehr viel krasser. Da gibt es Studenten, die beim Fernsehen aushilfsweise als Beleuchter jobben und irgendwann ihre schwachen Absichten und Aussichten auf einen Studienabschluss an den Nagel hängen und für den Rest ihrer „Laufbahn" ihr Auskommen als Beleuchter finden.

Vom Kabelträger
zum erfolgreichsten Filmregisseur aller Zeiten!

Noch ein Stückchen weiter unten in der Hierarchie der Filmproduktion begann ein gewisser Steven Spielberg. Er arbeitete in Hollywood als Kabelträger! Das heißt, er schleppte tagaus, tagein das schwere Elektrokabel hinter jeder Bewegung der Kamera her. Aber er blieb bei diesem „Job" nicht stehen! Er arbeitete sich in Windeseile hoch! Er wurde Kameraassistent, wenig später Regieassistent, und er wurde bereits in jungen Jahren einer der gefeiertsten Filmregisseure unserer Zeit. Er hatte den eisernen Willen, alle diese Aushilfsjobs bei Film und Fernsehen durchzustehen und dabei nie sein eigentliches Ziel aus den Augen zu verlieren! Schon als Kabelträger sah er sich dort, wo er heute steht! Er wollte seine eigenen großen Kinofilme drehen! Das war sein Traum, das war seine Vision! Und die hat er mit großer Zielstrebigkeit anvisiert!

Er behielt sogar den Mut, die Ausdauer und den unüberwindlichen Glauben an seinen Erfolg, als ihm bereits fünf der größten Filmgesellschaften eine Absage für sein Drehbuch zu E.T erteilt hatten. Aber er schaffte es dennoch, dafür einen Produzenten zu finden! Als dieser Film endlich in die Kinos kam, wurde die anrührende Geschichte eines Außerirdischen auf unserem Planeten der bis dahin größte Kassenschlager aller Zeiten! Dieser Film bedeutete Spielbergs endgültigen Durchbruch an die Spitze! Ab da folgte ein Kinohit nach dem anderen. Bis hin zu dem großen und wirklich unvergänglichen Film „Schindler's Liste", für den sich Spielberg zunächst gegen Vorwürfe aus vielen Richtungen wehren musste.

Dieses unvorstellbare Drama drehte Spielberg in einer Zeit des Farbfilms und der Mega-Computer-Tricks in klassischer Schwarz-Weiß-Manier – weil das die richtige Technik für dieses überaus schwierige Thema war! Ich kenne keinen Menschen, der diesen Film nicht mit großer Erschütterung und mit ehrlichen Tränen in den Augen gesehen hat! Spielberg brachte mit diesem unvergänglichen Film auch in unserem Land viele Menschen dazu, sich endlich mit der unauslöschlichen Tragik des Holocaust auseinanderzusetzen!

Der eiserne Wille
zum perfekten Detail

Gehen Sie einmal der Frage nach, warum ein Steven Spielberg so unglaublich erfolgreich ist! Holen Sie sich seine Biografie aus dem Internet oder lesen Sie die Entstehungsgeschichte seines Films „Jurassic Park". Dann werden Sie erkennen, dieser Mann hat große Visionen! Und diese Visionen setzt er um, indem er monatelang, und wenn es sein muss jahrelang, an den winzigsten Details feilt – bis sie voll und ganz seinen Vorstellungen entsprechen! Mit dieser totalen Besessenheit, das absolut bestmögliche Ergebnis zu erzielen, war Steven Spielberg natürlich nicht allein.

Er hatte für diesen Film ein Team von Experten aus allen Sparten der Filmbranche zusammengestellt! Dazu gehörten Computerspezialisten, die bereit waren Neuland zu betreten und alles nur Denkbare aus ihren Spezialcomputern herauszuholen. Und die damit ebenfalls Filmgeschichte schrieben! Zu dieser Gruppe gehörten die besten „Puppen"-Animateure. Sie arbeiteten monatelang allein daran, dass der mächtige Schuppenschwanz des T-Rex alle notwendigen Bewegungen völlig geschmeidig und scheinbar echt ausführen konnte! Beraten wurden diese „Firstclass people" von einem Expertenteam für Dinosaurierforschung. Sie verfügten über das gesamte Wissen, das man zu diesem Thema haben konnte! Diese Experten gaben ihre Erkenntnisse und Ratschläge zunächst an die besten Produktionsdesigner und Illustratoren weiter. Die wiederum arbeiteten eng mit den besten Leuten vom Art Departement und den besten Landschaftsarchitekten zusammen! Und so weiter und so fort. Ist es noch vorstellbar, dass Steven Spielberg während dieser Entwicklungsphase einen weiteren Welthit drehte, nämlich „Hook"? Erfolg kennt offenbar keine Grenzen! Auf jeden Fall schenkt er grenzenlose Energie!

Arbeiten im Team der Besten

Bedenken Sie, mit welchen Menschen Steven Spielberg heute zusammenarbeiten kann! Nur mit den besten aus allen Sparten der Filmbranche! Was für ein Unterschied zu Menschen, die sich einfach lustlos treiben lassen und letzten Endes in einem ganzen Umfeld von Lustlosigkeit gefangen sind! Bei einem Steven Spielberg wäre selbst ein lustloser Beleuchter wahrscheinlich nur einen halben Tag am Set. Denn bei ihm muss jeder im Team seinen „Job" bestmöglich ausüben! Das heißt, er muss über sein Können hinaus mit Begeisterung bei der Sache sein!

Dabei habe ich noch nicht einmal von einer der wichtigsten Personen erzählt, denen dieses bahnbrechende Filmereignis zu verdanken ist: von Michael Crichton, einem der erfolgreichsten Drehbuchautoren der Filmgeschichte. Crichton hatte sich über zehn Jahre intensiv mit dem Dinosaurier-Stoff beschäftigt! Ein fast fertiges Drehbuch hatte er aber beiseite gelegt, „... weil damals in unserem Land gerade eine Dinosauriermanie herrschte und ich nicht auf einem Trend mitschwimmen wollte!" Dennoch war er fast besessen von Dinosauriern und von dem aktuellen Thema der Gentechnik! Er schrieb sein ursprüngliches Drehbuch in einen Roman um. „Dino Park" wurde ein Bestseller! Und nun begann ein großer Kampf um die Filmrechte! Die größten Studios mit den bekanntesten Regisseuren kämpften um die Verfilmung. Und Michael Crichton entschied sich für Steven Spielberg, mit der Begründung „... weil ich ihm eine wirklich großartige Realisierung am ehesten zutraute!"

Aber erst als er dieses Team von Experten um Steven Spielberg kennengelernt hatte, war er von der Filmidee wirklich begeistert! Und ließ sich dazu überreden, für 500 000 Dollar das Drehbuch zu schreiben! Obwohl er zu der Zeit bereits an einer der erfolgreichsten Fernsehserien dieses Jahrzehnts arbeitete – an „Emergency Room"!

„Erkenne dich selbst!" bedeutet eben auch „Erkenne dich in den Menschen, mit denen du zusammenarbeitest!" Erfolgreiche Menschen suchen sich immer andere erfolgreiche und von höchster Leistung besessene Menschen, mit denen sie zusammenarbeiten wollen!

„Der Glaube ohne die Werke ist tot!"

Positiv denken à la Schlaraffenland funktioniert nur, wenn man auf eine Erbschaft hoffen kann! Wer sich dagegen so wie ich von einer niederschmetternden Ausgangslage hocharbeiten musste, der weiß, dass positiv denken in erster Linie heißt: Mit Selbstvertrauen, Mut, Ideen, und vor allem mit unermüdlichem Arbeitseinsatz für seinen Aufstieg kämpfen! Sich hinsetzen und darauf warten, dass einem die gebratenen Tauben in den Mund fliegen, kann niemals zum Erfolg führen! Das wäre nicht positiv gedacht, sondern schlicht dumm gehandelt!

Man darf das positive Denken deshalb nicht für seine falsche Auslegung verantwortlich machen! Diese Art von Kritik am positiven Denken ist vollkommen absurd. Sie kommt von Menschen, die in falscher Weise an Wunder, aber nicht an eigene Verantwortung glauben. Sie stellen dann enttäuscht fest: „Jetzt denke ich schon seit zwei Jahren positiv und bin noch immer nicht Millionär!" Wer so denkt, ist wirklich besser dran, wenn er auf die sechs Richtigen im Lotto hofft. Aber ich nehme an, Sie wissen, dass die sechs Richtigen des Lebens – Fantasie, Kreativität, Mut, Disziplin, Ausdauer und Ehrlichkeit – größeren Gewinn versprechen!

Leitsätze, Gedanken und Aufgaben

1. „Erkenne dich selbst!" ist die Aufgabe, der Sie sich jeden Tag aufs Neue stellen müssen. „Erkenne dich selbst!" ist kein Auftrag, dessen Lösung man sich für einen Tag vornimmt und ihn dann ein für allemal abhakt. „Erkenne dich selbst!" ist die Maxime für Ihr neues Leben!

2. „Erkenne dich selbst!" ist eine Aufgabe, die man mit aller Konsequenz nur an sich selbst stellen darf! Wer diese Aufgabe zuerst an andere stellt, würde damit nur erreichen, dass man ihm seine eigenen Fehler vorhält. Das wollen Sie doch sicher nicht! Am besten verändert man andere Menschen durch gutes Beispiel!

3. Identifizieren Sie Ihre Probleme in allen Einzelheiten! Erst dann können Sie darangehen, sie wirklich zu lösen. Beantworten Sie alle Fragen, die dieses Kapitel an Sie stellt, für sich persönlich! Ziehen Sie diese Bilanz in einer Umgebung, die Sie anspornt, gleichzeitig eine positive Lösung zu finden.

4. Sehen Sie Fehler, die Sie an sich erkannt haben, mit Humor, nicht mit Niedergeschlagenheit! Das ist die bessere Ausgangsposition, um sie Schritt für Schritt zu verbessern! Nur wer seine eigenen Unzulänglichkeiten mit Humor sieht, kann auch den Unzulänglichkeiten seiner Mitmenschen mit Humor und Verständnis begegnen!

5. Bleiben Sie nie bei der negativen Kritik an sich selbst stehen! Das würde Sie daran hindern, die positive Kraft für eine Veränderung zu entwickeln! Sie wollen doch besser werden – auf allen Gebieten! Schauen Sie deshalb immer auf Ihre guten Seiten, auf Ihre Talente und Fähigkeiten! Fangen sie dort an, sich weiterzuentwickeln!

6. Stellen Sie sich immer wieder die Frage: „Was ist meine wahre Berufung?" Sobald Sie Ihre wahre Berufung, Ihre wahren Talente erkannt haben, können Sie sich mit Mut, Kraft und Selbstvertrauen in die richtige Rich-

tung bewegen. Geben Sie diese Richtung nie zugunsten scheinbar einfacher Lösungen auf! Stehen Sie zu Ihren Träumen, Visionen und Zielen! Das wird Ihnen den wahren Erfolg bringen!

7. Lassen Sie sich nie von Niederlagen die letzte Kraft rauben! Denn aus dem Glauben an den Sieg und aus dem positiven Denken, dass Niederlagen immer ein vorübergehender Zustand sind, erwächst Ihnen die Kraft, Krisen in Siege zu verwandeln!

8. Stellen Sie sich immer wieder die Frage: „Worauf kann ich bauen? Wo liegen meine Stärken? Was habe ich bisher in meinem Leben Gutes geschaffen?" Vielleicht können Sie allein schon darauf stolz sein, dass Sie trotz aller Niederlagen, die Sie bisher durchstehen mussten, die Hoffnung auf ein besseres Leben niemals aufgegeben haben. Diese neue Einstellung zu sich selbst verleiht Ihnen eine ungeheure Kraft für Ihren ganz persönlichen Fortschritt!

9. Überprüfen Sie Ihre Meinungen! Stellen Sie fest, ob Ihre Ansichten und Einstellungen wirklich Ihre eigenen sind und ob sie noch zu Ihnen passen! Werden Sie ein Querdenker und stehen Sie mit Mut zu Ihren eigenen Erkenntnissen. Aber werden Sie bitte nicht ungeduldig mit den Menschen, die Ihr neues Denken, Ihre neuen Ansichten und Einstellungen nicht sofort akzeptieren können!

10. Denken Sie positiv von sich und von anderen! Dazu gehört auch die Erkenntnis, dass man erst geben muss, bevor man nehmen kann. Diese Grundeinstellung wird Ihnen automatisch die Unterstützung für Ihre eigenen Ziele sichern! Der Erfolg der anderen, wird dadurch zu Ihrem eigenen Erfolg!

Der Wendepunkt in Ihrem Leben – Finde dich selbst!

Das Wunder des positiven Denkens

Positives Denken wird auch Sie zum Erfolg führen, wenn Sie nach intensiver Anwendung des „Erkenne dich selbst!" die Wirklichkeit gefunden haben, die Sie mit ihrer ganzen Person, mit allen Ihren Fähigkeiten ausfüllt. Im Vertrauen auf das positive Denken ist diese innere Führung, diese traumwandlerische Sicherheit vorhanden, die Sie wie von selbst – über alle Schwierigkeiten hinweg – ans Ziel tragen wird. Plötzlich spüren Sie den Energiestrom in sich, der in wunderbarer Weise alle Kräfte mobilisiert und auf ein Ziel konzentriert. Das ist das Wunder des positiven Denkens, auf das Sie hoffen können!

Ihre Suche nach Glück, Erfolg und Reichtum setzt voraus, dass Sie vorher die ehrliche Suche nach Ihrem wahren Ich antreten! Sobald Sie vor einem Spiegel stehen und erkennen: „Ja, das bin ich!", wird Ihr Erfolg größer werden als Sie es sich je erträumt hatten. Sie werden diesen Wendepunkt in Ihrem Leben früher oder später erreichen! Aber nur Sie selbst können ihn finden! Diese Suche nach seinem eigenen, wahren Ich kann lange dauern, manchmal sogar ein ganzes Leben. Auch ich habe mein ganzes bisheriges Leben gebraucht, um der zu werden, der ich heute bin. „Das lasse ich mir nie mehr nehmen! Von niemand!" Diesen Rat möchte ich an Sie weitergeben. Lassen Sie sich nie nehmen, die Persönlichkeit zu sein, die Sie sind! Damit es Ihnen nicht ergeht wie Abraham Mendelssohn, dem Vater des großen

Komponisten Felix Mendelssohn-Bartholdy. Er war ein angesehener Bankier, erst in Hamburg, später in Berlin und er war der Sohn des großen Philosophen Moses Mendelssohn, der mit seinen Schriften die Emanzipation des Judentums in Deutschland eingeleitet hatte. Als er einmal über seine Stellung in dieser Familie von Berühmtheiten gefragt wurde, antwortete er scherzhaft: „Erst war ich der Sohn eines berühmten Vaters, und jetzt bin ich der Vater eines berühmten Sohnes!"

Finden Sie zu sich in Ihren Niederlagen!

Wie Sie die Suche nach Ihrem ganz persönlichen Ziel durchführen und die Lösung der Probleme in Angriff nehmen, sagt alles über die Entschlossenheit, mit der Sie Ihr einmal gefasstes Lebensziel angehen. Gerade durch ehrliche Fragen und Antworten auf unsere Niederlagen machen wir lebenswichtige Erfahrungen! Sie sind es, die wir für unser geistiges Wachstum notwendig brauchen. Glauben Sie mir, das ist der tiefe Sinn unserer Niederlagen. Ich sage bewusst „unsere" Niederlagen, denn jeder Mensch durchleidet genau die Niederlagen, die aus seinem Denken und Handeln entspringen. Sie tragen gleichsam den Fingerabdruck unseres Denkens!

Wer die falschen Ziele wählt, wer den Weg der Ehrlichkeit verlässt oder wer sich mit den falschen Menschen umgibt, erlebt genau die Niederlagen, die zu diesen Fehlentscheidungen passen. Die Wahl der richtigen Partner, im Privatleben wie im Beruf ist von ausschlaggebender Bedeutung. Ein jüdisches Sprichwort sagt: „Wer sich zu Hunden ins Bett legt, braucht sich nicht zu wundern, wenn er mit Flöhen aufwacht!" So erkennen wir auch in unseren falschen oder richtigen Partnern unser Denken wieder!

Deshalb verlangt die Frage „Was tun, wenn wir in eine Krise geraten sind und ganz auf uns selbst reduziert sind?" eine ehrliche Antwort! Spätestens in der Phase, in der wir in einem tiefen schwarzen Loch sitzen und uns unsere Fantasie keine Fata Morgana mehr vorgaukeln kann, muss das positive Denken einsetzen! – Unser eigenes und das unserer Partner! Mich hat meine Frau Irène immer wieder ermuntert: „Erich, du schaffst es!" Ihr positives Denken war für unseren gemeinsamen Erfolg genauso wichtig wie mein eigenes. Je mehr Gefahren wir durchgestanden haben, je mehr Niederlagen wir überwunden haben, umso näher kamen wir unserem Erfolg und uns selbst! Und umso besser erkannten wir unsere Stärken!

Das ist der Grund, warum viele große und unglaubliche Karrieren nach einer niederschmetternden persönlichen Katastrophe begannen. An diesem Tiefpunkt kommt nämlich sehr häufig aus dem von positivem Denken genährten Unterbewusstsein der eine richtige Gedanke, der den Aufstieg zu sagenhaftem Erfolg bringt! Finden Sie deshalb zu einer neuen, positiven Perspektive für Ihre Niederlagen!

Nutzen Sie die Chance, die in einer Krise verborgen ist!

Der negativ gepolte Mensch stellt nach einer Niederlage resigniert fest: „Es nützt nichts. Ich habe einfach kein Glück. Alles hat sich gegen mich verschworen. Alles in meinem Leben geht schief. Ich bin ein Versager!" Der positive gestimmte Mensch dagegen nutzt dieselbe Niederlage zu wegweisenden Fragen: „Hatte ich das richtige Ziel? Was muss ich an meinen Plänen oder an meinem Verhalten noch verbessern? Was muss ich noch lernen, um das nächste Mal besser gerüstet zu sein? Wie kann ich andere Menschen dazu motivieren, meine Pläne und Ziele zu unterstützen?" Oder er sagt zu sich: „Ich weiß, dass mein Ziel richtig ist, ich habe nur noch nicht den richtigen Weg gefunden!"

Eines der besten und überzeugendsten Beispiele für einen positiv denkenden Menschen ist für mich immer wieder Thomas Alva Edison, der Zauberer von Menlo Park, wie er von seinen Zeitgenossen genannt wurde. Er hat sich von neuntausendneunhundertneunundneunzig fehlgeschlagenen Versuchen nicht entmutigen lassen. Er kannte sein Ziel. Und er wusste, dass es einen richtigen Weg geben muss, um dorthin zu gelangen. Er gab nicht auf, bis er endlich die Glühbirne erfunden hatte! Und bei seinen anderen über tausend Erfindungen, die unsere Welt grundlegend veränderten, handelte er nicht anders.

Erfolg duldet keine Resignation!

Viele Menschen werden deshalb zu Verlierern, weil sie spätestens nach dem dritten Versuch aufgeben und enttäuscht feststellen: „Geht nicht!" Sie erfahren auf diese Weise nie, dass ein Erfolg immer weitere Erfolge mit sich bringt. Weil Erfolg nicht aus Zufall entsteht, sondern aus dem richtigen Denken! Lesen Sie immer wieder den großartigen Satz von Mark Aurel, der mein Buch **Lebe ehrlich – werde reich!** eröffnet! Erfolg stellt sich nur ein, wenn man sein Denken in eine Erfolg versprechende Richtung bringt und wenn man niemals aufgibt! Die Größe unseres Denkens bestimmt die Größe unseres Erfolges! Erfolg duldet nun mal keine anhaltende Resignation! Erfolge erzielt man nur durch Rückschläge, die man überwunden hat!

Diese Erkenntnis steckt auch in dem Satz von Albert Einstein: „Man kann Probleme niemals mit derselben Denkweise lösen, durch die sie entstanden sind!" Das heißt, verabschieden Sie sich von halbherzigen Entschlüssen, in die Irre führenden Absichten und negativen Denkweisen! Sobald Sie Ihre Geisteshaltung positiv verändern, wird sich auch Ihr Leben ändern!

Das ist der tiefe Sinn Ihrer Rückschläge, Niederlagen und Enttäuschungen. Sie sagen Ihnen deutlicher als alles andere: „Finde zu dir selbst!" Wenn Sie ganz ehrlich beant-

worten können, wo Ihre Verantwortung für die Niederlage
liegt, haben Sie die Gewähr, beim nächsten Mal nicht wieder denselben Weg gehen zu müssen! Oder wie der Sisyphus
der griechischen Sage, der immer wieder denselben Stein
auf den Gipfel des Berges wälzen muss!

Ich kann Ihnen versichern: Das Wichtigste, was ich auf
meinem Weg zum Erfolg gelernt habe, ist, dass man jeden
Rückschlag genau analysieren muss. Das mache ich auch
heute noch. Ich höre damit nicht auf, bevor ich nicht exakt
herausgefunden habe, was diesen Rückschlag verursacht
hat und bis ich diese Fehlerquelle beseitigt habe. Sie liegt
häufig in falschen Entscheidungen, in Fehleinschätzungen,
in Empfindungen, die ich bewusst oder unbewusst manipu-
liert habe. Deshalb mein wirklich ernst gemeinter Rat, den
ich auch mir selbst immer wieder vorhalte: „Handle nie gegen deine Intuiton!“

Ziehen Sie los! Ziehen Sie Bilanz!

Nehmen Sie genügend Papier und ein Schreibgerät mit, das
Ihnen gut in der Hand liegt! Und ziehen Sie los, ins schöns-
te Café am Platze oder in die Halle eines Hotels, wo die Er-
folgreichen Ihrer Stadt verkehren! – Auch wenn Ihr Geld
nur noch für eine Tasse Kaffee reicht. Das hat nichts mit
Leichtsinn zu tun – Sie brauchen eine positive Atmosphäre!
Oder gehen Sie in die Natur, wenn das Ihren Geist befreit.
Oder suchen Sie die Stille einer Kirche auf!

Das wichtigste dabei ist, dass Sie Ihre Gedanken nicht in
die Richtung des Negativen davongaloppieren lassen. Das
macht jeden Neuanfang so schwierig. Sagen Sie niemals:
„Das kann ich nicht! Dort habe ich Fehler gemacht! Das
lerne ich nie! Das überlasse ich besser den anderen! Dafür
bin ich nicht begabt genug!“ Auch wenn Sie im Moment
noch glauben, dass Ihr Leben ein Blatt mit lauter Fehlanzei-
gen ist, dann bleibt nur eins: Ändern Sie die Perspektive!

Wissen Sie überhaupt,
wie gut Sie sind?

Hören Sie auf, immer nur Ihr Problembewusstsein zu schärfen! Schärfen Sie Ihr Bewusstsein für alles, was Sie haben, können, besitzen! Oder wissen Sie noch gar nicht, wie gut Sie sind? Dann wird es höchste Zeit, auf die Habenseite Ihres Lebens zu sehen!

Das stärkt Ihren Willen für die Lösung der Probleme. „They never come back!" stimmt für die meisten Boxer. Aber denken Sie an einen der größten deutschen Boxer des 20. Jahrhunderts, Max Schmeling. Er kam nach seiner Niederlage im Ring wieder – als großer Geschäftsmann! Seine große Zeit als Boxer war vorbei! Aber je älter er wurde, umso mehr wurde er zur Legende!

Oder denken Sie an den großartigen Muhammad Ali, ehemals Cassius Clay, den größten Boxer aller Zeiten! Er hat erreicht, was wenigen Menschen seiner Herkunft vergönnt ist! Heute bewundert man nicht mehr nur seine Größe als Sportler. Die ganze Welt bewundert seine Größe als Mensch!

Warum wollen Sie bei einer Lebenskrise stehen bleiben? Wechseln Sie die Perspektive auf Ihr Leben! Verändern Sie die Einstellung zu sich selbst! Machen Sie sich Ihre positiven Eigenschaften bewusst. Denken Sie einmal ganz bewusst nicht nur an Ihre Niederlagen. Bekennen Sie sich zum Wandel für Ehrlichkeit, für den Erfolg, für Ihr Glück, für Ihren Reichtum. Nur daraus entsteht eine aussichtsreiche Zukunft. Alles andere ist selbstzerstörerische Gedankenspielerei. Zu dieser Suche gehört auch die Gelassenheit, dass man lernt, Dinge, die unabänderlich geworden sind, zu akzeptieren. Wie Muhammad Ali, der lernen musste, seine Krankheit zu akzeptieren!

Erkenne dein Glück!

Sagen Sie nun nicht: „Für einen Muhammad Ali war das leicht! Er hat schließlich Millionen verdient, von denen er jetzt leben kann!" Nein, für ihn war es ganz besonders schwer, zu dieser Größe zu finden! Denn die Medien lieben nicht nur Erfolgsgeschichten. Sie stürzen sich nur allzu gerne auf die Abstürze erfolgreicher Menschen! Um sie in demselben Rampenlicht am Boden liegen zu sehen, in dem sie vorher noch ihre großartigen Siege hochgejubelt haben! Dieses Lauern auf seine endgültige Niederlage hat der große Muhammad Ali besiegt. – Und wissen Sie wie? – Indem er die tiefe Verzweiflung über seine Krankheit überwunden hat! Einzig und allein dieser Sieg macht seine wahre Größe aus!

Finden Sie eine neue Perspektive für Ihr Leben!

Suchen Sie für Ihr Denken einen neuen Standpunkt und konzentrieren Sie sich zuallererst auf die Fragen: „Was ist mir trotz aller Niederlagen geblieben?" – Gut, vielleicht sind Sie arbeitslos. Aber Sie sind hoffentlich gesund, Sie sind frei, Sie haben die Möglichkeit Ihre Ideen und Pläne zu verwirklichen! Das sind doch schon 80 Prozent des Potenzials für den Neuanfang! Das allein gibt Ihrem Leben doch schon eine bessere Perspektive!

An dieser Stelle möchte ich Ihnen einen guten Rat geben. Wenn Sie demnächst wieder einmal an einem Krankenhaus vorbeifahren, denken Sie ehrlich über das wunderbare Geschenk Ihrer Gesundheit nach! Wie viele Menschen, die hinter diesen Mauern in ihren Betten liegen, würden gerne mit Ihnen tauschen! Ja, ich denke dabei auch ganz intensiv an meine Mutter, die ihre letzten Jahre in einem Altersheim verbrachte. Sie musste ihr geliebtes Zuhause aufgeben, weil es für sie zu schwer geworden war, für sich selbst zu sorgen.

Wir haben durch diese Veränderung in Ihrem Leben wieder zueinander gefunden. Ich besuchte sie, so oft es ging. Wir führten lange Gespräche, und sie sagte mir einmal, dies sei die glücklichste Zeit in ihrem Leben gewesen. Auch sie hat zu einer ganz neuen Perspektive ihres Lebens gefunden. Sie akzeptierte ihre Krankheit und ihre neue Umgebung. Sie wurde im wahrsten Sinn des Wortes im Altersheim wieder jung! **Lebe ehrlich – werde reich!** heißt auch, dankbar zu sein für den Reichtum der Gesundheit!

Haben Sie das richtige Geldbewusstsein?

Ein ganz wichtiger Bereich in Ihrer Lebensbilanz, in dem sich Erfolg und Misserfolg entscheiden, ist die Art und Weise, wie Sie mit Geld umgehen. Fragen Sie sich, welche Einstellung Sie zu Geld haben. Ich möchte in dieser Phase der Feststellung Ihres Istzustandes nur soviel sagen: Schwierigkeiten, Engpässe, Finanzprobleme und Verbindlichkeiten sind immer das Resultat einer mangelhaften Einstellung zum Geld. „Erkenne dich selbst!" bedeutet auch, dass Sie sich darüber klar werden müssen, welche Einstellung Sie zu Geld haben. Ist Geld etwas, das Ihnen Freude bereitet, zu dem Sie eine gute Beziehung haben? Oder verachten Sie es und würden am liebsten nichts damit zu tun haben? Das wäre eine ganz gefährliche Einstellung, wenn Sie erfolgreich werden wollen.

Geld ist eine Form der Energie!

Wir kaufen uns eine Wohnung in der besten Gegend der Stadt, ein Haus mit Garten, ein komfortables Auto, leisten uns ein Fest mit Freunden, einen Urlaub auf einer paradiesischen Insel, alles, was unser Herz begehrt. Ob es uns aber gelingt, Erfolg durch das Zahlungsmittel Geld in Freude,

Glück und Zufriedenheit zu verwandeln, hängt einzig und allein von unserer Einstellung ab.

Die lapidare Feststellung: „Geld allein macht nicht glücklich!" ist sicher richtig. Leider nehmen viele Menschen diese Weisheit als Entschuldigung für mangelnden Einsatz! Sie wollen um ihren Erfolg nicht kämpfen. Deshalb trösten sie sich mit diesem Satz darüber hinweg! Aber sie übersehen dabei, dass kein Geld zu haben, auch nicht glücklich macht. Der Unterschied zwischen Haben und Nicht-Haben, zwischen Erfolg und Misserfolg ist im Wesentlichen eine Frage der Einstellung.

Geld zu erwirtschaften und es auszugeben, kann riesigen Spaß machen. – Warum? – Weil Geld nichts anderes ist als eine Form von Energie, die uns aus unserem Erfolg zuströmt! Genauso wie man die Kraft eines Flusses oder eines Gezeitenkraftwerkes in elektrische Energie verwandeln und damit ganze Städte zum Leuchten bringen kann, kann man die Kraft seiner Arbeit, seiner Gedanken, seiner Fantasie, seiner Kreativität und seines Mutes in die Energie Geld verwandeln! Und damit sein Leben wieder zum Leuchten bringen!

Vom Reichtum, den man geschenkt bekommt

Wer es sich so einfach macht zu sagen: „Geld hat man oder hat man nicht!" ist einfach zu bequem, um an seinem Zustand etwas zu ändern! Natürlich kommt es immer wieder vor, dass Menschen ohne Energieeinsatz zu Geld kommen. – Sie wurden in eine vermögende Familie geboren, haben eine Erbschaft gemacht, einen reichen Partner geheiratet oder auch im Lotto gewonnen. Oder sie hatten wirklich unglaublich viel Glück und verdienten mehr, als ihnen eigentlich zustand!

Aber gerade an diesem energielos erzielten Reichtum zeigt sich häufig, dass er genauso energie- und geistlos wieder in einen energielosen Zustand verwandelt wird! – Warum das so ist? – Weil er nicht mit dem richtigen Augenmaß verbunden ist, das notwendig war, um ihn zu erwirtschaften!

Die wenigsten Menschen finden ein lebendiges Verhältnis zu dieser Art von Reichtum. „Hans im Glück" lässt grüßen. Er verwandelte einen Klumpen Gold auf dem Nachhauseweg in ein Nichts, weil er weder ein Verhältnis zum Wert des Goldes noch zu all den anderen Dingen hatte, die er nacheinander dafür eintauschte und die immer weniger wert waren, als er dafür gab! Lesen Sie dieses „Märchen" wieder und Sie werden auf einmal erkennen, dass es sich täglich wiederholt!

Nichts trennt so sehr wie Verbindlichkeiten!

Der Vergleich zwischen Soll und Haben drückt sich nicht nur in Zahlen aus. An Ihrem mehr oder minder starken Herzklopfen spüren Sie auch, wo Ihre Geschäftsbeziehungen durch Verbindlichkeiten empfindlich gestört sind! Wo Sie einen Freund oder Verwandten nicht mehr einfach anrufen können, wenn Sie seinen Rat brauchen! – Warum? – Weil Sie dort vielleicht noch mit einem kleinen Betrag im Minus sind.

Ehrlichkeit auch in diesem Bereich bringt Sie in einen lebendigen Fluss von Geben und Nehmen. Verbindlichkeiten dagegen sind in vielerlei Hinsicht große Erfolgsverhinderer! Vor allem sind sie immer ein Vorgriff auf die Zukunft. Denn der Fluss von Geben und Nehmen wird durch Rückstände und nicht ausgeglichene Rechnungen oft abrupt gestoppt. Von einem Lieferanten, bei dem eine Rechnung offen ist, bekommt man keine Ware mehr. Das Auto kann man nicht in eine Werkstatt bringen, bei der man noch eine Rechnung offen hat – auch wenn die Reparatur noch so dringend wäre! Man ist also unter Umständen wegen eines kleinen Rückstands nicht mehr mobil und kann deshalb vielleicht nicht zu einer wichtigen Besprechung zu einem neuen Auftraggeber fahren! Der Kontakt zur Außenwelt ist empfindlich gestört, wenn man die Telefonrechnung nicht rechtzeitig beglichen hat! Verbindlichkeiten sind außerdem ziemlich teuer. Sie kosten die höchsten Zinsen. Und oft das ganze Vertrauen!

Viele Menschen kommen nicht mehr auf die Energieseite, weil sie es nicht schaffen, Maß zu halten und einmal vorübergehend mit Weniger auszukommen. Sie ergreifen, ohne weiter darüber nachzudenken, jede sich bietende Gelegenheit, sich Wünsche „in bequemen Teilzahlungen" zu erfüllen. Ratenkäufe und Ratenkredite sind aber wie viele kleine Wellen, die sich langsam, aber sicher zu einer großen Welle aufschaukeln und das Boot verschlingen, das sich ihnen anvertraut hat. Schulden machen unfrei. Und nichts trennt mehr als Verbindlichkeiten. Eine Abhängigkeit zieht die andere nach sich. Schulden sind wie Treibsand. Man gerät immer tiefer in den Sog nach unten.

Denken Sie immer noch, dass Armut oder finanzielle Schwierigkeiten und alle damit verbundenen Unannehmlichkeiten ein Schicksal sind, dem man nicht entrinnen kann? Dann müssen Sie jetzt sofort damit beginnen, zu einem neuen Bewusstsein zu finden! Sie haben die Wahl, ob Sie weiterhin Ihr Konto im Vertrauen auf die Zukunft überziehen, oder ob Sie sich entschließen, Ihr Denken und Handeln von dem brennenden Verlangen nach finanzieller Unabhängigkeit leiten zu lassen. Sie haben es in der Hand! Andauernder Geldmangel ist keine Frage eines ungerechten Schicksals, widriger Umstände oder sozialer Ungerechtigkeit. Geldmangel ist meistens ein Signal, dass man sein Denken und seine Einstellung zu sich selbst verändern muss!

Der Unterschied zwischen arm und reich – ein Denkproblem?

Es besteht kein grundsätzlicher Unterschied zwischen einem Menschen, der in kärglichen Verhältnissen lebt und einem erfolgreichen Menschen, der sein Leben nach eigenem Gutdünken leben kann. Beide können ganz ähnliche Ansichten vertreten. Beide können sich für dieselben Wissensgebiete interessieren, sich für dieselben Dinge begeistern und dieselbe Freude empfinden.

Es ist nur dieser winzig kleine, aber für die Lebensumstände entscheidende Bereich des Geld- und Erfolgsbewusstseins, der den Unterschied ausmacht. Mancher, der in äußerster Bescheidenheit lebt, könnte aufgrund seiner Anlagen, seiner Ideen und auch seiner Einsatzbereitschaft ein ausgesprochen wohlhabender Mann sein. Wenn er seine Fähigkeiten mit dem richtigen Geldbewusstsein in Verbindung bringen würde. Es ist dieser einzige kleine Unterschied, der für den Mangel in vielen anderen Bereichen verantwortlich ist. Glück, Liebe, Freundschaft und persönliche Freiheit werden nicht selten von diesem Mangel an Geldbewusstsein in Mitleidenschaft gezogen. Das muss nicht sein!

Welches Bild haben Sie von sich selbst?

Es ist ganz und gar nicht unwichtig, was Sie von sich selbst halten! Denn das Bild, das Sie von sich haben, bestimmt Ihr Denken und Ihre Ziele. Es bestimmt Ihre gesamte Handlungsweise und den Umgang mit anderen Menschen. Wenn Sie davon überzeugt sind, ein Versager zu sein, vom Schicksal zum ewigen Verlierer gestempelt zu sein, werden Sie kaum in der Lage sein, mit einem fröhlichen Lächeln auf andere Menschen zuzugehen und sie um einen Gefallen zu bitten.

Wenn Sie aber von Ihrer Einzigartigkeit, von Ihrer Kreativität, von Ihrem Erfolg überzeugt sind, dann wirkt das ansteckend. Die Art und Weise wie Sie zu sich selbst stehen, ruft die entsprechenden Reaktionen bei Ihren Mitmenschen hervor. Eine simple Erkenntnis? – Richtig! – aber sie bestimmt nicht nur unseren zwischenmenschlichen, sondern letzten Endes auch unseren und wirtschaftlichen Erfolg. Zeichnen Sie ein positives Bild von sich selbst – und arbeiten Sie daran, dass Sie diesem Bild möglichst ähnlich werden!

Ein uraltes Gesetz:
Wie im Großen, so im Kleinen!

Selbstbewusste Menschen sind in ihren Reaktionen unangreifbar! Wenn Sie erfolgreich sein wollen, können Sie sich keine negativen Gedanken gegenüber Ihren Mitmenschen leisten. Weder im Großen, noch im Kleinen! Beantworten Sie sich deshalb die Frage: „Wie reagiere ich in Konfliktsituationen? In der Familie, im Büro, in Gesellschaft?"

Wie lautet Ihre Antwort? Poltern Sie los? Wollen Sie unter allen Umständen Recht behalten? Oder gestehen Sie Ihrem Kontrahenten das Recht auf einen eigenen Standpunkt zu? Haben Sie schon einmal versucht, Konflikte dadurch zu lösen, dass Sie alle Argumente sammeln, die für die Position Ihres Gegners sprechen? Der Umgang mit Konflikten sagt sehr viel über die Fairness, die man von Ihnen erwarten kann. Das beste Ergebnis, das Sie in einem Konflikt erzielen können, ist, wenn Ihr Gegner sagt, Sie haben fair gekämpft.

Meine Devise bei Auseinandersetzungen lautet deshalb: Wenn nötig hart diskutieren, aber niemals nachtragen! Nehmen Sie Kritik von guten Freunden dankbar an. Und bedenken Sie – ehrliche Kritik tut gut! Ehrliche Kritik ist eine Hauptantriebskraft für unsere Veränderungen zum Guten! Besonders wenn sie von guten Freunden kommt!

Was ich von meinem Vater
noch gelernt habe!

Eine ganz wichtige Frage ist: „Wie gehen Sie mit Fehlern um, die Sie selbst gemacht haben? Können Sie Fehler ehrlich zugeben – vor sich selbst und gegenüber anderen?" Ich weiß, Fehler ärgern einen! Auch ich ärgere mich grässlich über Fehler, die ich gemacht habe. Seit ich jedoch versuche, mir meine Fehler ehrlich einzugestehen, mache ich weniger. Ich gebe gleichzeitig zu, dass es mir auch nicht gerade leicht fällt, mich offen zu Fehlern zu bekennen, die mir unterlaufen sind. Aber aus Fehlern lernen und nach Lösungen suchen, ist eine der wichtigsten Schaltstellen für Erfolg im Leben. Der größte Fehler, den man machen kann, ist vor Fehlern zu fliehen. Denn Fehler machen ist ein ganz wichtiger Teil im Lernprozess unseres Lebens!

Mein Vater sagte immer zu mir: „Erich, mach Fehler, aber bitte nicht zweimal dieselben." Ich finde, das war eine erstaunliche Einstellung, die mir auch heute noch ganz stark in Erinnerung ist! Mit dieser Art von positivem Lernen aus Fehlern ist es leider in dem Moment vorbei, wo die Kinder in unsere „fehlerfeindliche" Schule kommen. Dort ist Lernen immer noch nicht auf Begeisterung für den Lernstoff, sondern auf Bestrafung von Fehlern durch schlechte Noten aufgebaut! Daraus entsteht zwangsläufig als erstes eine Abneigung gegen das Lernen. Und zweitens die Furcht vor Kritik, bis hin zur Prüfungspanik, die einen selbst das vergessen lässt, was man tatsächlich beherrscht!

Übernehmen Sie die Verantwortung für Fehler!

Ein Mangel an Entschlusskraft kommt häufig aus dieser Furcht vor Kritik. Die Flut der Aktennotizen in Behörden oder größeren Firmen wird aus dieser Furcht vor Kritik geboren. Man sichert sich von vornherein gegen jede mögliche

Form von Kritik ab. Schreiben Sie also keine Aktennotizen mehr, sondern übernehmen Sie die volle Verantwortung, auch für Fehler, die Sie gemacht haben und sicherlich noch machen werden! Denn Sie wissen auch, Furcht vor Kritik verrät in erster Linie einen Mangel an Mut!

Wer die Führung übernehmen will, muss in erster Linie Mut zeigen! Mut beginnt damit, die Furcht vor dem Fehlermachen und damit die Angst vor Kritik zu überwinden. Wer Angst hat vor dem Fehlermachen drückt sich davor, Verantwortung zu übernehmen. Steigen Sie deshalb aus dem Karussell der lähmenden Fehlervertuschungsstrategien aus. Sie machen in hierarchisch strukturierten Firmen bis zu achtzig Prozent des Arbeitsaufwandes der Führungsriege aus! Und in der mittleren Etage wahrscheinlich noch mehr! Die Unfähigkeit zu delegieren kommt aus der Furcht vor den Fehlern der anderen. Stöße von Aktennotizen und drei Dutzend Unterschriften unter jedem Auszahlungsbeleg signalisieren nur die Angst vor den eigenen Fehlern! Verantwortung übernehmen spart Zeit und Geld!

Vorgesetzte, die Mitarbeiter wegen Fehlern hart maßregeln, zeigen damit nur, dass sie selbst eine panische Angst vor dem Fehlermachen haben. Sonst könnten sie diesen Mitarbeiter auf seinen Fehler ganz ruhig und sachlich hinweisen. Angst vor dem Fehlermachen und Furcht vor Kritik sind die schlimmsten Energiefresser, Motivationstöter und Innovationsbremser in unserem Wirtschaftsystem!

Fehler zugeben befreit und spornt an!

Denken Sie daran, wenn Ihnen heute ein kleiner Fehler unterlaufen sollte. Stehen Sie dazu! Das ist die Gelegenheit Mut zu beweisen. Gestehen Sie ihn als erstes sich selbst ein. Lassen Sie dann Kritik von anderen zu und benutzen Sie diesen Fehler als wichtiges Hinweisschild auf dem Weg zu richtigen Entscheidungen in der Zukunft. Bringen Sie den

Zeit und Energie sparenden Mut auf, einen Fehler einfach zuzugeben. Diese Ehrlichkeit spornt Ihre Mitarbeiter dazu an, selber weniger Fehler zu machen. Und wenn Sie Vorgesetzte über sich haben? – Die sind voraussichtlich völlig überrascht von Ihrem Mut! Denn sie lernen dadurch ein mutiges Denken kennen, das ihnen selbst vielleicht noch abgeht. Bei beiden ist die verblüffte Reaktion zu erwarten: „Wie kann man nur so ehrlich sein?" Befreien Sie sich also von Ihren Fehlern durch Ehrlichkeit! Schreiben Sie auf Ihren Spiegel: „Finde zu dir selbst in deinen Fehlern und in deinem Umgang mit ihnen!"

Reinigen Sie Ihre Sprache! – Das reinigt Ihr Denken!

„Erkenne dich selbst in deiner Sprache" bedeutet für mich deshalb, dass man Maß nimmt an dem biblischen Gebot: „Deine Rede sei Ja, Ja! Nein, Nein!" Diese Messlatte muss man zuallererst bei sich selbst anlegen. Sobald man seine eigene Sprache aufmerksam und ehrlich gereinigt hat, erkennt man, welche Geisteshaltung hinter all diesen aufschiebenden „vielleicht, eigentlich, aber und wobei" steht! Sie sind die verräterischen Signale für Unentschlossenheit, für Mutlosigkeit, ja für die Scheu vor Verantwortung!

Wie häufig benutzen Sie Sätze wie: „Das geht nicht!" – „Das kann ich nicht!", „Das klappt bei mir nie!" oder „Im Prinzip haben Sie ja recht, aber ich bin halt ein Mensch, der ...!" – „Eigentlich wollte ich schon lange meine Bewerbungsunterlagen zusammenstellen, aber leider habe ich immer noch kein geeignetes Foto!" – „Eigentlich wollte ich heute keinen Alkohol trinken, aber vielleicht nehme ich jetzt doch ein kleines Gläschen!" Warum endet dieses „vielleicht" dann „eigentlich" doch fast immer bei einer ganzen Flasche? Eigentlich schade, oder vielleicht nicht?

Wie man seinen Ausreden den Boden entzieht!

Streichen Sie deshalb diese „eigentlich, aber und vielleicht" aus Ihrem Wortschatz. Dann werden Sie plötzlich erkennen, dass Ihren Ausreden und Entschuldigungen die Grundlage entzogen ist. Diese Weichspüler verhindern jeden ernsthaften Entschluss, ein wirkliches Ziel zu erreichen! Sie kommen aus einer Geisteshaltung, die ehrliche Konsequenzen scheut! Sie müssen aber für Ihren Weg zum Erfolg einen Mut entwickeln, aus dem Sätze entspringen wie: „Das klappt bestimmt!" – „Ich schaffe es!" – „Ich gebe nicht auf, bevor ich mein Ziel erreicht habe!" – „Diesen Auftrag werde ich unter allen Umständen bekommen!". Ich denke, Sie sehen den Unterschied?

In dieser sauberen Sprache liegt sehr viel unbewusste Autosuggestion zum Erfolg! Hinter den Weichmachern übrigens auch! Allerdings zum Misserfolg! Und bedenken Sie noch eines: Ihre Stimme verrät den Wahrheitsgehalt Ihrer Sprache! Erst wenn Sie wirklich von Ihrem Erfolg überzeugt sind, können Sie auch andere von Ihrer Entschlossenheit überzeugen!

Entschlossenheit für Gold!

Dieses Kämpfen und Üben gilt für alle Bereiche in gleicher Weise. Das konnte ich erfahren, als ich einmal Gelegenheit hatte, Boris Becker und Michael Stich beim Training zu beobachten. Die beiden bereiteten sich auf die Olympiade in Barcelona vor. Becker und Stich kämpften wie besessen! Nach geraumer Zeit rief Michael über den Platz: „Boris, mir reicht es jetzt!" Aber Boris wollte noch lange nicht aufhören! Er setzte seine Bälle nur noch entschlossener! Obwohl auch er sicher schon am Ende seiner Kräfte war!

Als die beiden das Training endlich abbrachen, fragte ich Boris Becker nach dem Geheimnis seiner Disziplin und seines nicht nachlassenden Kampfeswillens. Da antwortete er mir: „Wenn ich merke, dass ich nachlasse, verordne ich mir drei Trainingseinheiten mehr! Denn mein Geheimnis der Disziplin ist – Kämpfen bis zum Umfallen und nie aufgeben!"

Das ist nach meiner Überzeugung ein wichtiges Trainingskonzept für jeden Erfolg. Kämpfen Sie immer mit der ganzen Entschlossenheit für Gold! So wie einer der größten Tennisspieler aller Zeiten – Boris Becker!

Selbstdisziplin – und was man an geputzten Schuhen erkennt!

Wie beurteilen Sie Ihre Selbstdisziplin und Ihre Selbstbeherrschung? Wie groß ist Ihre Disziplin in sogenannten Äußerlichkeiten? Drehen Sie sich nach dem Läuten des Weckers lieber noch dreimal um und verzichten Sie für diese gewonnenen zehn Minuten lieber auf Ihr Frühstück? Um es während Ihrer Arbeitszeit im Büro nachzuholen? Oder haben Sie die Disziplin, sofort aus dem Bett zu springen?

Gehen Sie immer mit sauber geputzten Schuhen aus dem Haus oder reiben Sie gelegentlich die Schuhe noch schnell am Hosenbein, ehe Sie zu einer wichtigen Besprechung gehen? Überlegen Sie sich, wie Sie unter allen Umständen pünktlich erscheinen können? Oder denken Sie lieber über eine Reihe gut klingender Ausreden nach? Und Sie wissen sicher so gut wie ich – je mehr Ausreden man bringt, umso fadenscheiniger ist der wirkliche Grund! Führen Sie Ihren Terminkalender genau oder nehmen Sie schon mal in Kauf, dass Sie einen Termin vergessen oder zu zwei Terminen gleichzeitig gehen müssten?

Wohlgemerkt, wir befinden uns immer noch im Bereich der Äußerlichkeiten. Denn die wichtigste Frage zu diesem Thema lautet: „Wie steht es mit meiner Disziplin im Denken?" Bauen Sie darauf, dass Ihnen während einer Besprechung schon genügend Argumente einfallen werden oder bereiten Sie sich gezielt auf alle möglichen Wendungen des Gespräches vor? Ist Ihnen jedes Argument recht oder überprüfen Sie wie ein Schachspieler, welche Erwiderungen darauf kommen könnten? Haben Sie die Disziplin, die Arbeit an einem Gedankengang wieder von vorne zu beginnen, wenn Sie das Ergebnis nicht befriedigt? Oder hoffen Sie lieber darauf, dass Ihr Gesprächspartner die Schwachstellen Ihrer Argumentation nicht entdecken wird?

Genie ist Fleiß!

Denken Sie daran: Die Genialität eines Pianisten oder eines Sängers kommt nur durch die Disziplin beim Üben der scheinbar langweiligen Etüden zum Vorschein! Der große Johann Sebastian Bach, in dem sich die Musikalität einer ganzen großen Musikerfamilie vereinigt hatte, formulierte es nicht anders: „Genie ist 90 Prozent Fleiß!" – Dasselbe gilt auch für Ihre Entwicklung zu einem erfolgreichen Menschen! Sobald Sie zu dieser strengen Disziplin finden, wird es Ihnen gelingen, vorhandene Talente konsequent und mit Ausdauer weiterzuentwickeln! Ohne innere und äußere Disziplin kann niemand zum Erfolg kommen! Das bedeutet: Sie müssen alle negativen Eigenschaften Schritt für Schritt ablegen und Ihre Talente täglich anwenden. Ihre Fähigkeiten brauchen diese „Etüden", wenn sie nicht verkümmern sollen! Disziplin ist außerdem der unerlässliche Schutzschild gegen die Ausreden, die uns unsere Trägheit vorgibt!

Disziplin und Selbstbeherrschung spielen in alle Bereiche unseres Lebens hinein. Wer sich selbst nicht beherrschen kann, wird niemals andere lenken können. Wer große Anforderungen an seinen Lebensstil stellt, kommt ohne Disziplin und Ordnung nicht aus. Nur ein Genie wie Ludwig van Beethoven konnte aus seiner Wut über den verlorenen Groschen eine großartige Klavierkomposition ableiten. Uns weniger genialen Menschen bleibt meistens nur die Wut über die eigene Schlamperei. Wenn Sie zum Beispiel in eine Besprechung gehen und feststellen müssen, dass Sie ausgerechnet die wichtigste Unterlage vergessen haben. Dabei wäre es so leicht, mit ein wenig Disziplin Ordnung in sein tägliches Leben zu bringen!

Was bedeutet Verlässlichkeit!

Eine der wichtigsten Voraussetzungen für ein harmonisches und produktives Zusammenleben, privat wie beruflich, ist die Verlässlichkeit. Sie ist ohne Disziplin nicht denkbar. Manche Menschen halten es für Disziplin, wenn sie täglich bis Punkt vier Uhr im Büro ausharren. Unter Verlässlichkeit verstehe ich aber die Disziplin, so lange dazubleiben, bis die Arbeit erledigt ist, die dem Kunden für den nächsten Tag versprochen ist!

Disziplin ist die Fähigkeit, das was man als richtig und notwendig erkannt hat, auch einzuhalten. Selbst, wenn alle möglichen Verlockungen an den guten Vorsätzen zerren – das schöne Wetter, die Einladung zu einer Spritztour an den nächsten Badesee oder die Übertragung des Finales von Wimbledon! Verlässlichkeit macht alle Ausreden überflüssig! Das ist ein wunderbares Gefühl! Es kommt dem großen Erfolgsgefühl schon sehr nahe! Diese grundlegende Verlässlichkeit können Sie auch schon üben, solange Sie noch nicht Ihr eigener Chef sind! Denn ohne Verlässlichkeit und Disziplin kann man in keiner Position große Erfolge erringen!

Wie steht es mit Ihrer Entschlusskraft?

Schieben Sie Entscheidungen vor sich her oder setzen Sie sich auch für kleine Entscheidungen einen festen Termin? Das Leben fordert von uns ständig Entscheidungen, von kleinen Entscheidungen bis hin zu denen, die über unser Leben bestimmen. Dazu braucht man Mut, Kraft, Verstand, Lebensklugheit und den ehrlichen Willen, die Dinge nicht nur hinter sich zu bringen, sondern wirklich zu erledigen! Entschlossenheit in schwierigen Situationen ist nämlich der halbe Weg zu ihrer Lösung!

Entschlossenheit schenkt uns die Kraft, gerade dort festzustehen, wo die geringste Nachgiebigkeit den ersten Schritt zum Ruin bedeutet. Unentschlossenheit hat die negativsten Auswirkungen auf den Lebenslauf eines Menschen. Man kann nicht zu jedem Problem sofort eine Entscheidung treffen, aber selbst bei den schwierigsten emotionalen Problemen, in einer Partnerschaft muss man dennoch einen Entschluss fällen. Unentschlossenheit ist die größte Folter für Körper, Geist und Seele. Sie raubt uns den Mut und letzten Endes sogar die Orientierung. Entschlusslosigkeit ist bei den meisten Menschen der Hauptgrund für ihre Erfolglosigkeit und Angst im Alltag!

Die meisten Menschen bringen es deshalb zu nichts, weil sie immer auf den richtigen Augenblick warten. Ihre Lieblingssätze sind „Ja, das müsste mal in Angriff genommen werden! – Das wollte ich eigentlich schon immer machen! – Ich habe hin und her überlegt, aber ich glaube, so wie die Sache zurzeit aussieht, wird daraus nichts!" Diese Einstellung ist ein großer Erfolgsverhinderer. Hinter diesem Warten auf den geeigneten Augenblick verstecken viele Menschen ihre Entschlusslosigkeit und alle ihre schwachen Ausreden.

Wie steht es mit Ihrer Entschlusskraft? Haben Sie schon den Entschluss gefasst, Ihrem Leben eine neue Richtung zu geben und ein auf ein neues Ziel, auf eine Glück verheißende Zukunft zuzugehen? Wenn nicht, lesen Sie am besten noch einmal das Kapitel „Nahziele, Fernziele, Visionen". Ich glaube nämlich, dass Sie die kommenden Seiten mit ganz anderen Augen lesen werden, wenn Sie bereits den festen Entschluss gefasst haben, Ihren Aufstieg zu beginnen! Aus meiner Erfahrung mit Lebensläufen, nicht nur mit dem eigenen, weiß ich, dass sie meistens dem Gordischen Knoten gleichen. Ein Ende der Verwicklungen ist nicht abzusehen. Wenn Sie diesen unerforschten Kontinent, der in Ihnen verborgen ist, wirklich beherrschen wollen, gibt es nur eins – zücken Sie Ihren Bleistift und schreiben Sie: „Jetzt!"

Wie steht es mit Ihrer Ausdauer?

„Belegt! Bitte warten!" verlangt von uns manchmal ganz schön viel Geduld, wenn wir etwas erledigen möchten. Auf dem Weg zu Ihrem Ziel werden Sie sich häufig in dieser Situation wiederfinden. Es sind viele Fähigkeiten und Tugenden nötig, um ans Ziel zu gelangen – aber wenn man sie nicht mit Fleiß, Disziplin und Ausdauer anwendet, kann kein Erfolg daraus entstehen. Viele Menschen geben nicht nur bei Niederlagen auf. Genauso Erfolg verhindernd ist es, wenn man sich nach kleineren Erfolgen mit einem halbzufriedenen „Was soll die Schufterei?" zurücklehnt. Wenn man sich auf halbem Weg zum Gipfel hinsetzt und sagt: „Von hier ist die Aussicht doch auch schon ganz schön!" Es bleibt die Unzufriedenheit, dass man nicht auf dem angestrebten Gipfel gestanden hat. Das früher einmal angestrebte Ziel entschwindet dann auf Nimmerwiedersehen!

Es gibt eine Reihe von Menschen, die in einer Kurzgeschichte oder auch in einem Roman, in einigen wenigen Musikstücken, in einer Erfindung, kurz in den unterschiedlichsten Bereichen des Lebens gezeigt haben, dass ungewöhnliche Fähigkeiten in ihnen stecken. Ein gigantisches Lebenswerk wie das von Bach, Haydn, Mozart, Beethoven, von Goethe, Schiller, Brecht oder auch Werner von Siemens kann aber nur durch eine an Besessenheit grenzende Ausdauer erreicht werden. Man muss das chinesische Sprichwort: „Auch eine Reise von tausend Meilen beginnt mit dem ersten Schritt!" einmal vom Ende dieser Reise her sehen. Wer diesen ersten Schritt nicht Stunde um Stunde, Tag für

Tag, Jahr für Jahr mit Ausdauer wiederholt, wird nicht ans Ziel kommen.

Der Erfolg, den ich mit meinem Unternehmen erreicht habe, ist nicht zuletzt in Abertausenden von Verkaufsgesprächen, in zähen Verhandlungen mit Vertragshändlern, durch ständige Motivierung der Mitarbeiter – eben durch Ausdauer entstanden. Es kann ein Mensch noch so genial sein, wenn er nicht die Ausdauer aufbringt, seine Fähigkeiten Tag für Tag aufs Neue anzuwenden, wird er es nie zu einer nennenswerten Leistung bringen.

Dazu gehört, dass man sich ständig weiterentwickelt, erreichte Zwischenziele in Frage stellt und nie in seinem Bemühen aufhört, besser zu werden! Und vor allem, dass man sich in Zeiten, die ohne konkretes Ergebnis vergehen und die Wünsche schwächer werden, immer wieder neu motiviert und beharrlich sein Ziel weiterverfolgt!

Erfolge entstehen nie ohne Wagnis!

Mit Ideen ist es wie mit dem größten Rohdiamanten, der je gefunden wurde. Der Diamantenschleifer musste ihn mit seinem ganzen Mut und Können spalten und ihm in monatelanger, mühevoller Arbeit den richtigen Schliff geben, Facette für Facette! Jeder noch so kleine Handgriff musste hundertprozentig sitzen, wenn nicht die ganze Arbeit und der ganze Diamant verdorben werden sollte. Erst durch den Einsatz des ganzen Wissens und Könnens eines großen Meister seines Faches wurde der Rohdiamant zu einem strahlenden Juwel von 106 Karat! Denken Sie daran, wenn Sie einmal die Gelegenheit haben sollten, Kohinoor, den „Stern von Afrika" im Tower von London zu besichtigen!

Erfolge entstehen nie ohne Wagnis, ohne Mut, ohne Ausdauer und zähes Ringen! Wenn ich mir die Situation vor Augen halte, in der ich seinerzeit mein Unternehmen gegründet habe: die Scheidung, der Tod meiner Großmutter, ein

Berg unabsehbarer Verpflichtungen, ein Turm voller Probleme, jede Menge Feinde, keine Arbeit – im Grunde alles, was man gegen sich haben kann! Aus dieser Situation heraus habe ich mit einer Idee ein Unternehmen gegründet, das etwas über zwanzig Jahre nach der Gründung mit einem fulminanten Erfolg an die Börse ging. Die Probleme von damals habe ich gelöst und dabei feststellen können: Probleme lösen stärkt den Charakter! Wie viele Probleme haben Sie heute schon gelöst? Packen Sie eines an, und wenn es noch so klein zu sein scheint.

Wer nicht bereit ist, sich mit aller Kraft und Ausdauer für seinen Erfolg einzusetzen, hat keine Aussicht, etwas aus sich zu machen. Ausdauer und die Tapferkeit auch eigene Phasen der Schwäche durchzustehen, sind eine wesentliche Voraussetzung für den Erfolg. Sie brauchen die Sprintstärke eines Hundertmeterläufers, aber noch wichtiger ist die geistige Einstellung, mit der man den Marathonlauf gewinnt! Lesen Sie dazu mal mein Buch **Mein Marathon des Lebens!** Darin habe ich beschrieben, welche Erfahrungen die Marathonläufe gebracht haben, an denen ich teilgenommen habe.

Sind Sie selbst Ihr größter Glücksverhinderer?

Haben Sie sich selbst so angenommen, wie Sie sind? Das ist keine Abkürzung zu den naheliegenden Entschuldigungen: „Ich bin halt so, da kann man nichts ändern!" Alles, was Sie an sich verändern und verbessern können, ist von dieser Frage ausgenommen. Aber es gibt in jedem Leben Dinge, die man nicht ändern kann, die man nur so akzeptieren kann, wie sie sind. Ich kann meine Herkunft nicht verändern. Deshalb ist es mir wichtig, dass ich den Bezug zu meinem Ursprung nicht verliere. Ich komme aus einfachen Verhältnissen. Ich habe diese Herkunft immer in mein Leben einbezogen und sie nie verleugnet. Ich habe mein Ziel nur erreicht, weil ich gelernt habe, mich so zu akzeptieren, wie ich bin. Niemand ist verantwortlich für seine Herkunft! Aber jeder ist verantwortlich für sein Denken, Fühlen, Handeln! Und für seine Zukunft! Und dafür muss man sich beizeiten auf die Suche nach seinem eigenen Ich begeben! Wissen Sie schon, wer Sie sind?

Leitsätze, Gedanken, Aufgaben

1. Positives Denken wird Sie zum Erfolg führen! Erkennen Sie nach intensiver Anwendung des „Finde zu dir selbst!" den Weg zu der Wirklichkeit, die Sie mit allen Ihren Fähigkeiten und ihrer ganzen Person ausfüllt. So bekommen Sie die innere Führung, die Sie über alle Schwierigkeiten hinweg ans Ziel tragen wird. Sie spüren den Energiestrom in sich, der in wunderbarer Weise alle Kräfte mobilisiert und Sie Ihrem Ziel näher bringt. Das ist das Wunder des positiven Denkens, auf das Sie hoffen können!

2. Nutzen Sie Rückschläge und Niederlagen zu den erfolgsentscheidenden Fragen: Habe ich das richtige Ziel? Was muss ich an meinen Plänen oder an meinem Verhalten noch verbessern? Was muss ich noch lernen, um das nächste Mal besser gerüstet zu sein? Wie kann ich andere Menschen dazu motivieren, meine Pläne und Ziele zu unterstützen? Suchen Sie den richtigen Weg zu einem richtigen Ziel!

3. Bleiben Sie nie bei den Negativbilanzen Ihres Lebens stehen. Finden Sie zurück zum Stolz auf Ihre Talente und Fähigkeiten. Entdecken Sie sich und alles, was Sie werden können! Finden Sie zum Glauben an sich selbst!

4. Bedenken Sie: Schwierigkeiten, Engpässe und Finanzprobleme sind immer das Resultat einer mangelhaften Einstellung zum Geld. „Finde zu dir selbst!" bedeutet,

dass Sie sich darüber klar werden müssen, welche Einstellung Sie zu Geld haben. Wenn Geld etwas sein soll, das Ihnen Freude bereitet, müssen Sie dazu eine gute Beziehung aufbauen!

5. Bekämpfen Sie Ihre Probleme entschlossen! So wird es Ihnen gelingen, den Weg zu verlassen, der immer weiter nach unten führt. Das Wichtigste, was Sie dafür als Voraussetzung entwickeln können, ist ein tiefes Verlangen, Ihre Sorgen und Nöte wirklich loszuwerden.

6. Entwickeln Sie ein Bewusstsein dafür, dass Geld nichts anderes ist als die Umwandlung Ihrer Leistung in Energie. Sie werden Ihre finanziellen Probleme sehr schnell lösen können, wenn Sie dieses Bewusstsein in Ihr Denken integrieren.

7. Prägen Sie sich den Satz von Albert Einstein ein: „Man kann Probleme niemals mit derselben Denkweise lösen, durch die sie entstanden sind!" Verändern Sie Ihr Denken und Ihre Einstellung, damit Sie Ihre Probleme dauerhaft lösen können.

8. Erwarten Sie von **Lebe ehrlich – werde reich** keine Patentrezepte. Ihr Ziel und Ihren Weg können nur Sie allein finden. Alles wozu ich Sie anregen kann, ist, dass Sie sich auf die Suche nach Ihrer eigenen Persönlichkeit begeben! Das bedeutet ein lebenslanges sich in Frage stellen und lebenslanges Lernen.

9. Überlegen Sie ganz ehrlich, was Sie in Ihrem Leben als unabänderlich akzeptieren müssen. Diese Liste ist meist sehr kurz. Mangelhafte Schulbildung, bisherige Erfolglosigkeit und Armut gehören nicht dazu! Konzentrieren Sie sich auf alles, was Sie an sich verändern können. Die Grundtugenden Mut, Tapferkeit, Entschlossenheit, Disziplin, Wahrhaftigkeit, Ehrlichkeit und der große Bereich der Kenntnisse gehören dazu! Das sind Ihre Betätigungsfelder der Zukunft.

10. Notieren Sie täglich Ihre Fortschritte und freuen Sie sich darüber!

Wie man sich seiner
Entscheidungen bewusst wird

Klare Entscheidungen –
die Bausteine des Erfolges

Sie haben eine wichtige Entscheidung getroffen – Sie haben sich zum Ziel gesetzt: „Ich werde meinem Leben eine neue Richtung geben – ich werde erfolgreich!" Zwischen Ihnen und Ihrem Ziel, das Sie klar definiert haben, liegt aber noch eine Wegstrecke von möglicherweise mehreren Jahren und ungeahnten Hindernissen. Das bedeutet, diese eine Entscheidung allein reicht nicht aus, um das Niemandsland zu überbrücken, das Sie noch zu durchschreiten haben. Zwischen Ihnen und Ihrem Erfolg liegen noch Hunderte, wenn nicht Tausende von kleinen alltäglichen Entscheidungen, die Sie Ihrem Ziel näher bringen müssen.

Oder lassen Sie mich ein anderes Bild gebrauchen, das den Punkt, an dem Sie gerade stehen, noch deutlicher macht. Sie haben gerade beschlossen: „Ich werde mein Traumhaus bauen!" Was ist der nächste Schritt, wenn aus diesem Vorhaben Wirklichkeit werden soll? Sie müssen in allen Einzelheiten einen Bauplan entwerfen. Sie legen die groben Umrisse fest, die ungefähre Größe, Anzahl der Zimmer, usw. Irgendwo in Ihrem Kopf schweben vielleicht schon vage Vorstellungen von einer möglichen Ausstattung herum, Bilder von einer Terrasse und einem herrlichen Garten. Und was keineswegs unwichtig ist – sie müssen festlegen, bis wann dieses Haus fertig sein soll. Menschen, die nur vage sagen: „Ich möchte irgendwann einmal ein Traumhaus!" sind Fantasten, die nur Traumgebilde schaffen, aber niemals die Realität. Eine Bauzeit von achthundert Jahren wie beim Kölner Dom können wir Menschen uns leider nicht leisten. Wir müssen unsere Träume innerhalb unserer knapp bemessenen Lebenszeit verwirklichen. Wenn Sie endlich aus dem Keller herauskommen wollen, in dem Sie sich derzeit vielleicht noch befinden, müssen Sie auch entscheiden, wann Baubeginn ist. Und da gibt es in meinen Augen nur einen richtigen Zeitpunkt: „Jetzt!"

Kaffeefahrten und Kindheitsträume

Ein Teil meines Erfolges steht auch als mein Haus sichtbar vor mir, in einer der schönsten Gegenden Deutschlands. Am Tegernsee, einem der herrlichen Alpenseen in Oberbayern. Wenn ich am Wochenende in dieses Haus fahre, weiß ich ganz genau, warum es gerade dort steht. Als ich nämlich mit meinen Eltern in der bittersten Armut lebte, bestand unser höchster Luxus darin, mit dem Omnibus gemeinsam eine Kaffeefahrt an diesen See zu machen. Wir genossen die Aussicht, die herrliche Luft. Wir genossen auch die Atmosphäre einer gediegenen Wohlhabenheit, die die Orte rund um den See ausstrahlen, auch wenn unser Geld für den Tanztee oftmals nicht mehr reichte, weil der zwei Mark Eintritt gekostet hätte. Dennoch weiß ich, dass ich damals die Idee und den Wunsch entwickelte, hier einmal ein Haus zu bauen. Nicht zuletzt deshalb, weil dieses Haus heute sichtbar, bewohnbar und begehbar vor mir steht, bin ich davon überzeugt, dass die Karrieren, die aus der Armut heraus entstehen, die wirklich fundierten sind.

Warum erzähle ich Ihnen diese Geschichte so ausführlich? – Um Sie über Ihren Traum auf den Boden der alltäglichen Realität zu führen. Ich habe mich für meinen Traum in den mehr als sieben mageren Jahren meines Lebens täglich neu entschieden. Ich habe jede auch noch so kleine Entscheidung im Hinblick auf die sichtbare und greifbare Verwirklichung meines Traumes vom Erfolg getroffen. Diese Grundhaltung müssen Sie sich im Lauf der Zeit erarbeiten, denn die Verwandlung Ihres Traumes in Realität wird Ihnen nur gelingen, wenn Sie von Ihrer Vision wirklich bis in die letzte Faser Ihres Herzens und in die letzte Gehirnwindung durchdrungen sind.

Starke Wünsche – starke Entscheidungen

Warum ist dieses totale Durchdrungensein vom Glauben an den Erfolg so notwendig? Gehen Sie doch noch einmal zurück zu Ihrer Analyse der Gründe, was bisher Ihren Erfolg verhindert haben könnte. Sie hatten zwar die vage Vorstellung, dass dieses bisherige Leben noch lange nicht alles gewesen sein kann, was Sie in Ihrem Leben erreichen können. Sie haben – wahrscheinlich wie jeder – mal diesen und mal jenen Plan verfolgt. Aber Sie waren sich nie der Tatsache bewusst, dass die Umwandlung Ihres Traumes in greifbare Münze, in erlebbare Wirklichkeit, von jeder auch noch so kleinen Entscheidung im Hinblick auf dieses Ziel abhängt. Und niemals von vagen Vorstellungen und halbherzigen Entscheidungen!

Haben Sie nicht seit Wochen einen Brief in Ihrer Schreibtischschublade liegen, den Sie dringend beantworten müssen? Wollten Sie nicht schon lange einen Freund zurückrufen, der Sie um einen Gefallen gebeten hat? Warum haben Sie es immer wieder hinausgeschoben, die Fotos vom Betriebsfest abziehen lassen, die Sie einem Kollegen versprochen haben? – Lauter unbedeutende „Entscheidungen", die Sie aber in dem Moment blockieren, wo Sie von diesen Menschen einen Rat, eine Auskunft, eine kleine Gefälligkeit bräuchten, um mit Ihrem eigentlichen Ziel vorwärts zu kommen. Lösen Sie auch kleine Versprechen ein. Sie sind die Bausteine, die eines Tages als große Hilfe beim Bau Ihres eigenen „Traumhauses" zurückkommen.

Stärken Sie Ihre Entscheidungsfreude!

Sicher, geschäftliche oder berufliche Entscheidungen hängen oft von den widersprüchlichsten Faktoren ab, die zu bedenken sind. Häufig aber dient das Zusammentragen von Entscheidungshilfen und Dutzende von ach so notwendigen Rückfragen nur der Verschleierung dieser einen Tatsache, nämlich dass wir uns vor einer Entscheidung drücken wollen. Sie müssen sich endlich entscheiden, was Sie lieber sein wollen – Entscheidungsträger oder Bedenkenträger! Sollten Sie eher „Bedenkenträger" sein, machen Sie sich einen „Gordischen Knoten" ins Taschentuch und denken Sie an die „Alexander-Lösung"! Werden Sie in jedem Fall „Entscheidungsträger"!

Machen Sie es sich zur Gewohnheit, gerade die Dinge als erstes zu erledigen, die Ihnen unangenehm sind. Erfolgreich sein zu wollen und sich permanent vor Entscheidungen zu drücken, sind zwei Dinge, die sich ausschließen. Sie können nicht gleichzeitig singen und gurgeln. Ich kenne keinen erfolgreichen Unternehmer, der nicht nach der Analyse der Fakten schnelle und klare Entscheidungen trifft – und dann auch entgegen der Meinung anderer daran festhält.

Erst wenn neue Fakten dafür sprechen, dass eine Entscheidung falsch war, ändert man seinen Entschluss. Der Mangel an Entschlusskraft, dem wir in Politik und Wirtschaft ständig begegnen, darf Ihnen nur als Ansporn für eigene Entscheidungsfreudigkeit dienen, denn wer sich nicht entscheidet, kann an seinem Betrieb bald das Schild anbringen: Für immer geschlossen! Ich habe in meinem Leben immer versucht, Probleme sofort anzupacken, sie niemals beiseite zu schieben. In meinen Unternehmen wie im privaten Bereich. Nicht immer waren meine Entscheidungen richtig, aber es war richtig, dass ich entschieden habe. Der größte Zeit- und Energiefresser ist die Nicht-Entscheidung!

Eheverträge

Unentschlossenheit im Privatleben ist die größte Folter für die Seele. Sie verbaut einem alle Wege aus der Krise. Ein falscher Entschluss kann einen Irrweg bedeuten oder sogar auf Umwegen zu einem richtigen Ergebnis, aber gar keinen Entschluss zu fassen, führt in den Sumpf. Von dem großen französischen Philosophen Voltaire wissen wir aus seinen Tagebüchern und auch aus Briefen, dass er entsetzlich unter einer Dreierbeziehung litt, denn er liebte seine Frau wirklich. Dem entgegen stand aber, wie das im Frankreich des 17. und 18. Jahrhunderts üblich war, ein Ehevertrag, der seiner Frau einen Liebhaber ausdrücklich zubilligte.

Die Prüderie des 19. Jahrhunderts verlangte das krasse Gegenteil. Man wurde nach wirtschaftlichen Gesichtspunkten verheiratet. Dennoch galt die Ehe als unauflöslich. Liebschaften und wechselnde Partnerschaften waren ein Skandal, den sich nur berühmte Künstler wie etwa Friedrich Liszt oder sein späterer Schwiegersohn Richard Wagner leisten konnten. Warum sich heute, in einer Gottseidank liberalen Zeit, Menschen oft jahrzehntelang nicht dazu entschließen können, klare Trennungen durchzuführen, ist mir unverständlich. Oder gibt es doch einen plausiblen Grund dafür? Die zu aller Überraschung tatsächlich existierende Ehefrau des weltberühmten Filmschauspielers Marcello Mastroianni nannte ihn in einem Interview: „Marcello benützte seinen Trauschein, um nicht eine seiner zahlreichen Liebschaften heiraten zu müssen!"

Nicht entscheiden oder überleben?

Auch in finanziellen Dingen kommt die schlimmste Bedrohung aus der Entschlusslosigkeit. Einschreiben von Gläubigern oder Mahnbescheide einfach nicht zur Kenntnis nehmen zu wollen, verschlimmert nur die Gefahrensituation. Wer einem hungrigen Bären begegnet, mag eine Überlebenschance haben, wenn er sich tot stellt. Gläubiger und Anwälte lassen sich aber durch Totstellen nicht aufhalten. Wer sich in schwierigen Situationen, nach finanziellen Rückschlägen oder auch dem Zusammenbruch seiner Firma nicht dafür entscheidet, vorübergehend mit weniger auszukommen, sondern versucht mit Blick auf die Nachbarn, die Freunde, die Familie, den gewohnten Lebensstandard beizubehalten – der entscheidet sich auf lange Sicht für den totalen Zusammenbruch.

Eine konsequente Veränderung unserer Gewohnheitsentscheidungen kann unser Leben nachhaltiger beeinflussen als eine der sogenannten großen Entscheidungen, denn leben heißt, sich täglich verändern, das Leben täglich neu erleben. Ich spüre deutlich: „Jeder Tag meines Lebens verändert mich. Und ich verändere mich, nicht als etwas, was mit mir geschieht, sondern etwas, das ich bewusst steuere!"

Reflexe oder bewusste Entscheidungen? –
Das ist die Frage!

Ich möchte Sie gerne zu einem kleinen Versuch anregen! Überlegen Sie einmal – wenigstens für eine Stunde – warum Sie so oder so handeln! Warum lesen Sie diese Zeitung und nicht eine andere? Warum beginnen Sie Ihre Lektüre mit dem Sport und nicht mit den Wirtschaftsnachrichten? Warum stehen Sie um Punkt zwölf Uhr von Ihrem Schreibtisch auf und gehen zum Mittagessen, obwohl es nur noch zehn Minuten dauern würde, die angefangene Arbeit abschließend zu erledigen?

Ich wette, dass es Ihnen nicht gelingt, diesen Versuch auch nur eine Stunde konsequent durchzuhalten! Sie werden schnell erkennen, dass Sie sich für die meisten Handlungen gar nicht bewusst entscheiden, sondern dass Sie überwiegend reflexartig handeln! Dennoch wird man erkennen, dass das Leben als eine ununterbrochene Kette von großen und kleinen Entscheidungen verläuft. Leben heißt für mich ständige Bewegung. Und da das Leben zeitlich begrenzt ist, bedeutet Leben, sich ständig entscheiden.

Wenn man nicht mehr entscheidet, befindet sich das Leben im Stillstand. Es ist leicht zu sterben, aber schwer zu leben. Und nur der denkende Mensch erlebt sein Leben bewusst. Am Gedankenlosen, der alle Entscheidungen vermeidet, zieht das Leben vorüber. Irgend jemand trifft für ihn die Entscheidungen. Diese entscheidungslose Zeit ist aber für ihn unwiederbringlich verloren. Man kann also die Zeit mit Denken verbringen, oder gedankenlos an sich vorüberziehen lassen. Ehe Sie sich für Ihre Stellung im Leben entscheiden oder auch nicht, sollten Sie sich ein Grundgesetz des Lebens klar vor Augen führen: Derjenige, der entscheidet, bestimmt den Gang der Handlung! Dieses einfache Gesetz können Sie von jedem noch so unbedeutenden Fernsehfilm ableiten! Deshalb gibt es für Sie im Grunde nur eine Entscheidung: zu entscheiden und damit die Handlung zu bestimmen!

Lebensentscheidungen

Für jeden Menschen gibt es noch eine weitere grundsätzliche Entscheidung: „Will ich frei und unabhängig leben oder bleibe ich in einer abhängigen Stellung!" Ein Zwischending ist bei genauer Betrachtung nicht möglich. Es ist keine Schande, für jemand anderen zu arbeiten, aber man muss sich darüber im Klaren sein, dass das Abhängigkeit bedeutet. Viele Schwierigkeiten im Zusammenleben mit Mitarbeitern erwachsen aus diesem Punkt! Viele Menschen wollen sich nicht eingestehen, dass sie gerne in beschützter Abhängigkeit leben, weil ihnen der Mut zur Freiheit fehlt! Aber dennoch wollen sie vor sich und vor allem vor anderen als unabhängige Menschen erscheinen. Aus dieser Unentschiedenheit erwächst Anmaßung und Kompetenzüberschreitung auf der einen und Unkollegialität und Überheblichkeit auf der anderen Seite. In jedem Fall leidet darunter die Motivation! Wofür haben Sie sich entschieden? Ich hoffe, in jedem Fall für die Motivation!

Veränderungen im Alltag

Im beruflichen Alltag gibt es sicher nicht weniger gewohnheitsmäßige Entscheidungen zu treffen! Denken Sie vor allem über die Arbeitsabläufe nach, die Sie völlig routinemäßig erledigen. Gerade damit verschwenden Sie unter Umständen sehr viel Zeit. Essen Sie jeden Tag mit denselben drei Abteilungsleitern zu Mittag? Höchste Zeit, sich einmal zu den Sekretärinnen oder zu den Lagerarbeitern zu setzen. Das mag Ihnen banal erscheinen, aber es schärft Ihr Bewusstsein dafür, dass routinemäßiges Leben routinemäßiges Denken – voraussetzt oder nach sich zieht.

Wenn Ihnen die bisherige Routine keinen Erfolg gebracht hat, wird es höchste Zeit, sie zu ändern. Andernfalls wird früher oder später die Entwicklung für Sie entscheiden! Für die meisten Menschen treten irgendwann in ihrem Leben von einem Tag auf den anderen Veränderungen ein, die ein völliges Umdenken erfordern! Im beruflichen Bereich oder im Privatleben. Warum sollten Sie sich nicht einmal ohne Zwang für neue Geleise Ihres Lebens entscheiden?

Ich wurde in der schwärzesten Zeit meines Lebens gezwungen, einen Entschluss zu fassen, der mich letzten Endes dorthin gebracht hat, wo ich heute stehe. Warum wollen Sie mit diesem Entschluss so lange warten, bis Ihnen das Leben die Quittung für Entschlusslosigkeit, Routine und für ein unentschlossenes Leben überreicht? Es ist immer die richtige Zeit für eine richtige Entscheidung – Tag für Tag, Stunde für Stunde, Jahr für Jahr, auch jetzt in diesem Augenblick!

Leitsätze, Gedanken und Anregungen

1. Schreiben Sie einen genauen Terminplan für die Verwirklichung Ihres Traums. Sobald Sie einen genauen Plan haben, können Sie notfalls davon abweichen, ohne die Richtung zu verlieren.
2. Arbeiten Sie an Ihrer Vielseitigkeit. Menschen, die Erfolg anstreben, brauchen ein großes Spektrum an Möglichkeiten. Sie brauchen Vorsicht und Mut zum Risiko, einen genauen Plan und schöpferische Fantasie, Teamgeist und eine gesunde Portion Egoismus, Sturheit und Flexibilität. Loten Sie Ihre Grenzen aus!
3. Prüfen Sie täglich, ob Sie noch von dem unerschütterlichen Glauben an die Verwirklichung Ihres Traums durchdrungen sind. Wenn nicht, sollten Sie sich ehrlich die Frage beantworten, ob sich Ihre Ziele geändert haben oder ob Sie Ihre Motivation wiederbeleben müssen.
4. Ziehen Sie jeden Abend Bilanz, welchen unangenehmen Entscheidungen Sie an diesem Tag aus dem Weg gegangen sind. Entwickeln Sie die Gewohnheit, unangenehme Dinge zuerst zu erledigen.
5. Setzen Sie sich einen Termin für die Klärung möglicher zwischenmenschlicher Probleme, denn persönliche Probleme nicht zu entscheiden ist wie leben im Treibsand. Man merkt erst, dass man untergeht, wenn es zu spät ist.

6. Verändern Sie bewusst Ihre tägliche Routine. Entdecken Sie Ihren Alltag völlig neu. Lesen Sie eine andere Tageszeitung, als die, die täglich in Ihrem Briefkasten liegt. Tun Sie einmal acht Tage lang jeden Tag etwas, was Sie schon lange nicht mehr oder noch nie getan haben. Gehen Sie ins Kino oder ins Fitnessstudio! Hören Sie die Heavy-Metal-CDs Ihrer Kinder, lesen Sie ein Gedicht oder stecken Sie sich eine Rose ins Knopfloch! Egal was, aber durchbrechen Sie Ihre eingefleischten Gewohnheiten!

7. Kommen Sie den täglichen, minimalen Veränderungen in Ihrem Leben auf die Spur und beeinflussen Sie sie im Hinblick auf Ihren Erfolg! Leben Sie bewusst und verändern Sie sich bewusst! Lassen Sie nichts mehr aus Routine mit sich geschehen.

8. Treffen Sie alle auch noch so kleinen Entscheidungen so schnell wie möglich und mit Entschiedenheit. Sehen Sie bei jeder Entscheidung Ihr großes Lebensziel im Hintergrund! Sobald dieser Zusammenhang in Ihr Unterbewusstsein eingedrungen ist, werden Sie automatisch die richtigen Entscheidungen treffen.

9. Prüfen Sie jede Entscheidung, die andere Menschen betrifft, an der Ehrlichkeit. Eine Entscheidung, die dieser Prüfung nicht standhält, sollten Sie so schnell wie möglich ändern, weil Sie sich sonst auf Dauer selbst schaden.

10. Erfahren Sie täglich den unschätzbaren Wert, ein entscheidungsfreudiger Mensch zu sein oder auch schrittweise zu werden! Sie werden erstaunt sein, wenn Sie feststellen, wie Entscheidungsfreude Ihr Wohlbefinden in allen Lebensbereichen steigert. Können Sie sich jetzt schon vorstellen, dass Entscheidungsfreude auch die Kreativität steigert? Glauben Sie mir, Entscheidungsfreude ist eine wichtige Voraussetzung für Ihre Kreativität!

Großes Loblied
auf eine verpönte Tugend!

Es geht nichts über Disziplin!

Erfolg haben und reich werden durch Fantasie, Kreativität, Ideenreichtum, Flexibilität, Kommunikation, positive Lebenseinstellung – dafür können sich viele Menschen begeistern. Was wäre schöner als ein „Creativ-Wochenende", an dem man losgelöst vom Alltagsstress seiner Fantasie die Sporen geben kann. „Brainstorming" war auch so ein Zauberwort aus den USA, das hier mit Begeisterung aufgegriffen wurde, versprach es doch, ungeahnte Potenziale an Lösungsmöglichkeiten aus den Tiefen des Unterbewusstseins hervorzuholen. Und das in einer Atmosphäre, die viele Menschen ohnehin für die erstrebenswerteste Arbeitsweise halten – man konnte seinen Gedanken freien Lauf lassen und reden, reden und nochmals reden! Ohne einen genauen Plan entwerfen zu müssen, wie aus den zwei oder drei brauchbaren Ideen, die bei so einem „brainstorming" zutage gefördert wurden, neue Produkte oder Organisationsstrukturen entstanden.

Aber nach dieser durchaus wichtigen Begeisterungs- und Kreativitätsphase kommt der Punkt, an dem viele Kreative scheitern, um ein Leben als verkanntes Genie zu fristen – und in dem erfolgreiche Kreative absolut vorbildlich sind: die Umsetzung einer kreativen Idee mit einem Höchstmaß an Fleiß, Ausdauer, Verlässlichkeit und Genauigkeit.

Die Demut der Disziplin

Dass man diese Disziplin oft auf Umwegen lernen muss, ist in dem historischen Roman des Schriftstellers Yoshikawa über einen der größten japanischen Schwertkämpfer, über Mijamoto Musashi, beschrieben. Der junge Musashi fand den Weg zum größten Meister der Schwertkunst seiner Zeit und bat inständig darum, sein Schüler werden zu dürfen. Er wurde angenommen – unter der Bedingung, sich dem Meister für ein Jahr bedingungslos unterzuordnen und alle Aufträge ohne Widerrede auszuführen. Und der Meister trug ihm auf, Holz zu hacken und Wasser zu schleppen.

Als fast ein Jahr vergangen war und der junge Musashi noch nicht ein einziges Mal aufgefordert worden war, sein Schwert aus der Scheide zu nehmen und Fechtübungen zu machen, durchbrach er sein Versprechen und fragte den Meister, warum er denn immer nur Wasser schleppen dürfe, wo er doch darauf brannte, in die letzten Geheimnisse des „Schwertweges" eingewiesen zu werden. Die Antwort des Meisters war: „Damit du die Demut der Disziplin lernst!"

Soviel auch zum viel gerühmten „brainstorming"! Man darf mit seinem Denken nicht einfach drauflosstürmen, man muss diesem Denken mit großer Disziplin die richtige Richtung geben. In den bisherigen Kapiteln wurde eine Vielzahl von Fähigkeiten angesprochen, die notwendig sind, wenn man sein Ziel erreichen möchte, aber alle diese Fähigkeiten verlangen danach, mit größtmöglicher Disziplin angewandt zu werden! Sonst sind sie nur in den Wind gesprochen.

Disziplin hat in Deutschland leider immer wieder eine fürchterliche Perversion erfahren – die lebens- und menschenverachtende Disziplin der Kasernenhöfe, die die penible Einhaltung von Vorschriften über jeden Ansatz von Eigenverantwortung und Menschlichkeit stellte. Disziplin und Gehorsam als willkommene Ausrede für Eigenverantwortung und Zivilcourage – diese historische Erfahrung hat

Disziplin hierzulande in Verruf gebracht. Für manche Menschen ist Disziplin nachgeradezu ein Schimpfwort aus dem Wörterbuch des Unmenschen. Falsche Interpretationen dürfen uns aber nicht davon abhalten, uns den hohen Wert dieser Tugend bewusst zu machen.

Ohne Disziplin herrscht Chaos

Disziplin ist einer der Eckpfeiler einer funktionierenden Infrastruktur. Wer einmal eineinhalb Stunden in London in der Waterloo Station in einem Vorortszug saß und auf einen Lokführer wartete, der offensichtlich seinen Dienst verschlafen hatte, weiß die notwendige Disziplin zu schätzen, mit der hierzulande täglich Tausende von disziplinierten Menschen für ein reibungsloses Ineinandergreifen der Verkehrssysteme sorgen. Leben ohne Disziplin ist wie Autofahren in Neapel oder Kairo. Disziplin ist aber wesentlich mehr als nur die pünktliche Einhaltung von Arbeitszeiten. Disziplin ist das Rückgrat jeder Art von Tätigkeit!

Disziplin und Kreativität

Auch Kreativität gedeiht am besten in einer Atmosphäre der zielgerichteten Disziplin. Von dem Literatur-Nobelpreisträger Thomas Mann ist bekannt, dass er sich Tag für Tag pünktlich um 8 Uhr an seinen Schreibtisch setzte und zu arbeiten begann. Entgegen allen Vorstellungen, wie schriftstellerische Eingebung funktioniert, zwang er sich mit großer Disziplin zu einem uhrwerkhaften Tagesablauf. Warum? Er wusste, dass Einfälle eher kommen, wenn man sie herbeischreibt, als wenn man im Wirtshaus sitzend darauf wartet, dass sie einem zufliegen. „Carpe diem!“ – „Nütze den Tag!“ Kürzer kann man die Aufforderung zu einer täglich neu geforderten Disziplin nicht fassen als in diesem lateinischen Spruch, den man in einigen alten Schulgebäuden noch über dem Eingang in Stein gehauen findet.

Disziplin heißt: Nütze jeden Tag deines Lebens!

Dieses „Nütze den Tag!" erinnert uns Menschen auch daran, dass jeder sinnlos vergeudete Tag, jede ungenutzte Stunde unwiederbringlich verloren ist – für die Entwicklung unserer Fähigkeiten, für das Erreichen unserer Ziele, für die Erweiterung unseres Wissens, für ausgefüllte Mußestunden, für unsere Annäherung an Glück, Zufriedenheit und Erfolg. Und für die Harmonie in unserem Leben!

„Nütze den Tag!" bedeutet für mich in erster Linie: „Du bist dir selbst gegenüber verantwortlich, was du aus dir, aus deinem Leben, aus deiner Arbeit machst!" Wer mich heute über meinen Lebenserfolg befragt, dem kann ich eine offene Antwort geben: „Ich habe über viele Jahre hinweg mit großer Disziplin einfach mehr gearbeitet als andere in vergleichbaren Positionen! Und ich habe nicht aufgehört zu arbeiten, auch an mir selbst, als ich längst hätte sagen können: Erich, lehn' dich zurück und verbringe deine Zeit mit angenehmem Nichtstun!"

Die Vorstellung, meinen Arbeitstag auf dem Golfplatz zu beginnen und gegen 11 Uhr in der Firma vorbeizuschauen, war für mich undenkbar. Das wäre für mich auch heute noch undenkbar, obwohl ich das von mir gegründete Unternehmen vor einigen Jahren geordnet und ordnungsgemäß an meine Nachfolger übergeben habe. Ich saß zwei Stunden eher am Schreibtisch als meine Konkurrenten und ging zwei Stunden später nach Hause. Das war über viele Jahre hinweg einfach ein um vier Stunden längerer Arbeitstag. – Disziplin? – Ja, aber getragen von der Begeisterung für meine Arbeit, für mein Ziel, getragen von der Freude über errungene Erfolge und der Vorfreude auf Erfolge, die noch kommen werden! Bedingt waren diese Arbeitszeiten natürlich auch durch unser Brokergeschäft, das schon vor 20 Jahren global war, als man diesen Ausdruck hierzulande noch gar nicht kannte. Mein Partner, meine Frau und ich haben halbe Nächte lang mit unserer Niederlassung und mit Lieferanten in den USA telefoniert, weil wir aufgrund der Zeitverschiebung zu unserer normalen Arbeitszeit in Kalifornien niemand angetroffen hätten.

Disziplin und Charakter

Tugenden wie Fleiß, Pünktlichkeit, Verlässlichkeit, Mut zählen unabdingbar zu den selbstverständlichen Voraussetzungen einer jeden Führungsperson, und sei sein Unternehmen noch so klein. Wer sich nicht selbst beherrscht, kann andere nur durch diktatorische Maßnahmen beherrschen. Wer Vorbild sein will, kommt niemals ohne Disziplin aus. Neben allen fachlichen Voraussetzungen, die man durch eine gute Schule und ein Studium mitbekommt, ist dieses Maß an Selbstdisziplin sicherlich der wichtigste Vorteil, den eine gute Ausbildung vermittelt. Das gepflegte Aussehen, ein geordnetes Büro, Pünktlichkeit und Verlässlichkeit sind nur die äußeren Merkmale einer Tugend, die man im Lauf seiner Erziehung verinnerlichen muss. Disziplin ist weit mehr als eine rein funktionale Voraussetzung für das reibungslose Zusammenspiel eines Orchesters, eines Betriebes oder der öffentlichen Verkehrsmittel. Disziplin gepaart mit Mut ist die wichtigste Voraussetzung für die Formung des Charakters.

Scheindisziplin

Da ich in jungen Jahren bei dem Chef, den ich mir wegen seiner weltmännischen Art zum Idol erkoren hatte, erlebt habe, wie eng ein Mangel an Fleiß, an persönlichem Einsatz, an Pünktlichkeit und an Zuverlässigkeit mit Lüge und Unehrlichkeit verbunden sind, glaubte ich an diese Art von Scheindisziplin. Er sagte zum Beispiel: „Ich komme morgen etwas später ins Büro, weil ich zu Hause Handwerker habe!“ Dann kam er gegen elf – mit einer vorabendlichen Alkoholfahne.

In seinem Haus musste offensichtlich ständig etwas repariert oder umgebaut werden, denn er hatte fast jede Woche die Handwerker da. Es dauerte eine geraume Weile, bis ich merkte, dass er an solchen Tagen gar nicht vor elf Uhr im Büro sein konnte, weil er vorher noch völlig unansprechbar war. Am Nachmittag hatte er dann häufig Besprechungen außer Haus – was ich so lange für bare Münze nahm, bis mir eines Tages auffiel, dass er nicht in die Richtung fuhr, wo seinen Angaben nach die Besprechung hätte stattfinden sollen.

Ich folgte meiner Intuition und fand sein Auto auf dem Parkplatz seines Tennisclubs. Er hatte nicht einmal die Disziplin, Verabredungen mit Mitarbeitern so einzuhalten, wie sie besprochen waren. Er verschob sie, wie es ihm passte. Das war ein Teil seiner gesamten Unehrlichkeit. Er sagte zum Beispiel: „Herr Lejeune, wir treffen uns morgen um acht!“ Wenn ich dann um acht zu ihm kam und er aber keine Lust zu dieser Besprechung hatte, sagte er: „Können Sie sich die Termine nicht mal so aufschreiben, wie sie vereinbart waren? Ich weiß genau, wir waren um 10 Uhr verabredet!“ Er warf seinen Mitarbeitern tatsächlich mangelnde Disziplin vor, um von seiner eigenen Disziplinlosigkeit abzulenken. Für diese Unehrlichkeit nützte er schamlos seine Stellung als Inhaber aus.

Man kann nur ehrlich bleiben, wenn man die Disziplin aufbringt, nicht jedem Gedankenimpuls, nicht jeder Versuchung zu einer einstweiligen Vergnügung nachzugeben. Und eines ist sicher: Wer wenig Disziplin hat, muss viel lügen!

Das Parkinson'sche Gesetz

Peinlich genaue Einhaltung von Vereinbarungen und Verabredungen ist für mich aufgrund meiner Erfahrungen von allergrößter Bedeutung für eine erfolgreiche Zusammenarbeit. Diese Disziplin fordere ich vor allem von mir selbst. Neben Pünktlichkeit und Verlässlichkeit bedeutet Disziplin auch erfolgsorientiertes „Time-Management" – angefangen von Telefongesprächen, die nicht in endlose Unterhaltungen ausufern dürfen. Bis hin zu Besprechungen, die nicht der Selbstdarstellung einzelner Gesprächsteilnehmer dienen, sondern auf die möglichst knappe Bewältigung eines Themas gerichtet sind. Dabei bin ich mir stets der großartigen Erkenntnis bewusst, die C. Northcote Parkinson so unnachahmlich formuliert hat: „Work expands so as to fill the time available for its completion!" Zu deutsch: „Arbeit dehnt sich in dem Maße aus als Zeit für ihre Erledigung zur Verfügung steht!"

Das Time-Management der alten Dame

Northcote Parkinson gibt dafür ein sehr einprägsames Beispiel: Eine alte Dame beschließt eines Morgens beim Aufwachen, ihrer Nichte eine Postkarte zu schicken. Nach dem Frühstück beginnt sie damit, in verschiedenen Schachteln nach einer passenden Ansichtskarte zu suchen. Diese Tätigkeit hält sie den ganzen Vormittag in Atem, da bei jedem Motiv, das ihr in die Hände fällt, zu überlegen ist, wie es den Geschmack der Nichte treffen könnte. Nach dem Mittagessen beginnt die alte Dame mit dem Schreiben der Postkarte. Am Spätnachmittag beschließt sie, die Karte unverzüglich zur Post zu bringen, da sie sich über die Höhe des Portos nicht im Klaren ist.

Nun ist zu überlegen, ob es nicht ratsam ist, bei der Art der Bewölkung einen leichten oder einen warmen Mantel anzuziehen oder vielleicht sogar einen Regenschirm mitzunehmen. Dennoch schafft sie es, kurz vor Schließung des Postamts ihre Karte frankieren und stempeln zu lassen. Auf diese Weise hat sie einen ganzen Tag mit einer Angelegenheit ausgefüllt, die einen viel beschäftigten Unternehmer ganze drei Minuten in Anspruch nimmt. Heute dauert ein solcher Vorgang mit E-Mail nicht einmal 30 Sekunden!

Denken Sie an Mr. Parkinson und seine alte Dame, wenn Sie Ihren nächsten Bericht schreiben, an einer Sitzung teilnehmen oder Ihren nächsten Workshop planen. Ist Ihnen schon einmal aufgefallen, dass Besprechungen mit mehreren Mitarbeitern, die um 10 Uhr beginnen, sich gerne bis zum Mittagessen hinziehen, wenn man sie dagegen auf 11 Uhr ansetzt, bis zum Mittagessen ebenfalls alles Wichtige besprochen ist. Zeitgewinn pro Teilnehmer eine Stunde! Das rentiert sich!

Die Disziplin des Zeitmanagements

Disziplin bedeutet keinesfalls, dass für zwischenmenschliche Kontakte, für Gespräche mit jüngeren Kollegen keine Zeit ist – ganz im Gegenteil. Diese Disziplin verschafft Ihnen Zeit, nicht Hetze, Zeit für Motivation und persönliche Kommunikation. Ein früher Arbeitsbeginn und ein sehr effektives Zeitmanagement gaben mir zum Beispiel die Möglichkeit, fast jeden Tag mit einem oder mehreren Mitarbeitern ausgiebig zu frühstücken und dabei auf persönliche Probleme einzugehen, die die meist jungen Leute gerade beschäftigten. In dieser vertrauensvollen Atmosphäre konnten wir ganz schnell auf den Punkt kommen, faire Kritik äußern, uns gegenseitig Ratschläge geben, um dann wieder frisch motiviert an die Arbeit zu gehen.

Das Ziel dieser morgendlichen Treffen war nicht die Umsatzsteigerung, sondern die Schaffung einer Atmosphäre des gegenseitigen Interesses und der lebendigen Zusammenarbeit. Da in einer derartigen Atmosphäre leistungshemmende Blockaden abgebaut und eine kreativitätsfördernde Motivation aufgebaut wird, war das Ergebnis selbstverständlich auch in den Umsatzzahlen abzulesen! Probieren Sie diese „Frühstücks-Meetings" einfach mal aus. Wenn Sie selbst nicht in einer leitenden Funktion stehen, machen Sie einfach den Vorschlag, sich vor Arbeitsbeginn zu einer Besprechung anstehender Aufgaben zu treffen. Auf die Reaktionen können Sie gespannt sein. Sie sind in jedem Fall sehr aufschlussreich!

K.A.

Dass Disziplin sehr stark mit Lebenssinn, Lebensziel und Lebensinhalt zusammenhängt, wurde mir auch an dem „fremden Reporter" klar, als wir uns die ersten Male begegneten. Er hatte durchaus seine äußere Disziplin bewahrt. Er kam immer pünktlich zur vereinbarten Zeit, meist sogar ein paar Minuten früher. Er war ordentlich gekleidet, aber als ich ihn eines Tages zu einem kleinen Imbiss mit einigen meiner Mitarbeiter einlud, trank er in kürzester Zeit eine Flasche Wein leer – und war dann einfach nicht mehr ganz er selbst. Das machte sich im Gesichtsausdruck und in der Sprache bemerkbar. Dieser regelmäßige „Über"-Konsum von Alkohol als Frustrationsausgleich schlug sich natürlich auch in seiner Figur nieder. Ein gehöriger Bauchansatz war nicht zu übersehen. Irgendwann gestand er mir, dass er mindestens 15 Kilo Übergewicht hatte.

Ich wusste, dass er sich damit nicht wohl fühlte. Er betrieb auch keinerlei Sport mehr, obwohl er im Grunde ein sehr sportlicher Typ war. Aber dann geschah ein kleines Wunder, auf das ich auch ein wenig stolz bin. Unsere Gespräche hatten ihn so aufgebaut, dass er wieder an eine Zukunft ohne Schulden glaubte, an eine Zukunft mit einem eigenen Büro, mit einer Arbeit, die ihn wirklich ausfüllte.

Und eines Tages sagte er ganz stolz zu mir: „Ich habe seit 14 Tagen keinen Tropfen Alkohol mehr getrunken und schon fünf Kilo abgenommen!" Außerdem hatte er wieder angefangen zu laufen, mühsam erst, wie er mir berichtete, aber von Mal zu Mal über längere Strecken. Er war dabei, zu seiner alten Disziplin und Form zurückzufinden. Genauso wie sich sein Körper straffte, bekam auch seine Stimme wieder Klang und straffte sich sein Geist. Er wirkte plötzlich viel positiver, zuversichtlicher.

Es entstand eine Wechselwirkung zwischen der Disziplin, diese Schwäche abzubauen, auf sein Laster zu verzichten und seinem zunehmenden Selbstvertrauen. Wenn er bei Einladungen höflich, aber bestimmt Bier und Wein ablehnte und nur Wasser trank und dann fast mitleidig gefragt wurde: „Du trinkst doch sonst so gerne! Wie hältst du das aus?", dann war er richtig stolz auf diese Leistung. Damit wuchs seine Disziplin, er dehnte die alkoholfreie Phase auf mehrere Monate aus – bis er sich stark genug fühlte, zu einem Abendessen wirklich nur ein Glas Wein zu trinken, was noch weit mehr Disziplin erfordert, als gar nichts zu trinken. Er hat heute auch wieder Freude an einem guten Schluck Mineralwasser und vor allem an seiner sportlichen Figur!

Hinzu kommt, dass man auf Dauer nur gesund bleiben kann, wenn man mit Disziplin den ständigen Verlockungen auf Suchtbefriedigung und Frustrationsausgleich widersteht – vor allem der Gesellschaftdroge Nummer eins, dem Alkohol. Es ist nichts dagegen einzuwenden, bei einer Einladung oder auch zu einem schönen Essen zu Hause ein oder zwei Gläser Wein zu trinken. Es verlangt aber von vielen sehr viel Disziplin, es dabei zu belassen. Jeder Suchtberater kann Ihnen bestätigen: „Wer tagtäglich Alkohol braucht, auch wenn es nur zwei Flaschen Bier oder eine Flasche Wein sind, befindet sich auf dem besten Weg zur Abhängigkeit!"

In der Regel besteht ein direkter Zusammenhang zwischen dem Verlust der Lebensziele und damit wachsender

Frustration und dem übermäßigen „Genuss" von Alkohol, Zigaretten und auch übermäßigem Essen. Einen Menschen, der ständig zu viel isst, trinkt und raucht, können Sie, ohne Psychologie studiert zu haben, direkt fragen: „Worüber sind Sie in Ihrem Leben unzufrieden?", „Was müssen Sie verdrängen?" oder „Was können Sie psychisch nicht mehr verkraften?" und „Warum brauchen gerade Sie diesen Ausgleich?"

Die Sprache gibt uns auch hier sehr deutlich Auskunft: „Das ist der Kummerspeck der Seele!" Kummer über Ziele, die man nicht erreicht hat, Kummer über Erfolge, die einen nicht befriedigen, Kummer über eine Partnerschaft, die nicht mehr trägt – Gründe für diese Art von Seelenbefriedigung gibt es genug, wenn man einmal angefangen hat, die Disziplin gegenüber sich selbst aufzuweichen.

Der Körper ist der Handschuh der Seele

Dieser Satz des berühmten Pantomimen und Professors für Körpersprache Samy Molcho stimmt nicht nur für Haltung, Mimik und Gestik. Unser Körper verrät tatsächlich mehr über unseren geistigen Zustand als uns manchmal lieb sein kann. Wer seinen Aufstieg plant, wer seinen Abschied von drückenden Schulden beschließt, wer seine eigene Firma gründen will und erfolgreich führen will, muss bereit sein, dafür bis an die Grenzen seiner physischen Leistungsfähigkeit zu gehen. Und dazu gehört auch, dass man ehrlich gegenüber seinem Körper werden muss – abgesehen von der Tatsache, dass diese tägliche Disziplinlosigkeit ganz schön an den Geldbeutel geht. Da sind schnell die einhundert oder zweihundert Euro für Bier, Wein oder Zigaretten ausgegeben, die dann, wenn das Monatsende kommt, anderweitig fehlen.

Wer seinen Istzustand ganz ehrlich analysiert, kommt mit Sicherheit auch zu dem Ergebnis, dass sich all die finanziellen Sorgen, der Frust im Beruf, der Ärger mit dem Freund oder der Freundin, die Angst vor einem unangenehmen Kundengespräch in seinem Körper niedergeschlagen haben, in zu vielen Pfunden, die man mit sich herumträgt, in Kurzatmigkeit, in mangelnder Spannkraft. Alkohol ist vor allem die Droge, mit der wir uns selbst belügen, mit der wir aus der Verantwortung für unser Handeln fliehen, mit der wir die Risse in unseren Beziehungen übertünchen. Wer sich angewöhnt hat, die ganzen Verkrampfungen und fühlbaren Verspannungen, mit denen unser Körper auf unseren falsch programmierten Geist reagiert, mit Alkohol, zum Teil schon am Arbeitsplatz, zu lockern, der befindet sich wirklich auf einem ganz gefährlichen Trip.

K.A. – eine wichtige Eintragung für Ihren Terminkalender

Wenn Sie bei der ehrlichen Analyse Ihres Istzustandes zugeben müssen, dass es keinen Tag in der Woche ohne den Sherry zum Beginn des Feierabends, die Flasche Wein zum Essen und den Whisky vor dem Schlafengehen gibt, wird es höchste Zeit, eine Änderung herbeizuführen. Wie zu jedem Erfolg führen auch hier die kleinen Schritte weiter. Sehen Sie in Ihren Terminkalender und nehmen Sie sich einen Tag vor, an dem Sie weder ein Geschäftsessen, eine Party noch sonst eine Veranstaltung stehen haben und notieren Sie sich für diesen Tag das Kürzel K.A. – Kein Alkohol!

Stellen Sie sich vor, wie wunderbar Ihnen ein kühles Glas Mineralwasser schmeckt, wenn Sie stundenlang in sengender Hitze gewandert sind. Nach Monaten oder vielleicht sogar Jahren des täglichen Alkoholgenusses ist der erste Tag *ohne* der schlimmste. Halten Sie durch in dem Bewusstsein, dass dieser kleine Verzicht einer der notwendigsten Schritte auf dem Weg zum Erfolg ist. Sie werden mit größter Befriedigung feststellen, welche Kraft Ihnen aus einem einzigen Tag, den Sie geschafft haben, zuwächst. Schon am darauffolgenden Tag haben Sie dieses kleine Guthaben von einem alkoholfreien Tag, das Sie nicht so ohne weiteres verschenken wollen. Sie können es auf einen Schlag verdoppeln! Und nach einer Woche werden Sie spüren, wie dieser Reflex nachlässt und wie gut andere Getränke schmecken.

Machen Sie nicht die geringste Ausnahme! Das ist von entscheidender Bedeutung! Denn selbst an der kleinsten Ausnahme können Sie die Entschuldigung für die nächste Flasche aufhängen! Die freiwillige Enthaltsamkeit hat eine ungeahnte Wirkung auf Ihr Unterbewusstsein, auf Ihr Selbstbewusstsein und auf Ihren Stolz! Dasselbe gilt für die Zigaretten, mit denen wir unsere klare Sicht auf die Dinge vernebeln. Das mögen Sie vielleicht für übertrieben halten, aber ich versichere Ihnen, unter all den erfolgreichen Menschen, die ich in den letzten zwanzig Jahren kennengelernt habe, gibt es keine Kettenraucher und im Umgang mit dem Alkohol sind die meisten äußerst diszipliniert, nicht zuletzt, weil die meisten von ihnen zum Ausgleich für ihre meist sitzende Tätigkeit intensiv Ausgleichssport betreiben. Darüber hinaus hat K.A. auch mit einer großen inneren Freiheit und Unabhängigkeit zu tun, die man nur mit Disziplin erreicht.

Leitsätze, Gedanken und Anregungen

1. Machen Sie sich als erstes klar, auf welchen Gebieten Sie große Disziplin aufbringen und überlegen Sie, was Ihnen diese Disziplin bedeutet. Was bedeutet für Sie die Selbstdisziplin, Tag für Tag pünktlich zur Arbeit zu gehen?
2. Sie wissen sicher, ohne lange nachdenken zu müssen, was Ihre größte Schwäche ist. Begegnen Sie ihr in kleinen Schritten. Setzen Sie einen Tag fest, an dem Sie ihrer Schwäche ohne die geringste Ausnahme widerstehen.

3. Teilen Sie diesen Entschluss Ihrem Lebenspartner oder Ihren Kollegen mit. Sie haben dann zumindest einen Mitstreiter, der auf Sie schaut und sich vielleicht sogar von dieser guten Idee inspirieren lässt. Sollten Sie allerdings auf ein ungläubiges Staunen treffen, nehmen Sie das als untrügliches Zeichen, dass es höchste Zeit ist, mit der Enthaltsamkeit und dem Training für Disziplin zu beginnen!

4. Wenn Sie merken, dass Ihnen K.A. (oder K.N. = kein Nikotin!) sehr schwer fällt, räumen Sie konsequent Flaschen, bzw. Schachteln aus Ihrer nächsten Umgebung! Erhöhen Sie Ihre Disziplin!

5. Belohnen Sie sich für kleine Erfolge! Rechnen Sie aus, wie viel Geld Sie z.B. für nicht gerauchte Zigaretten und nicht getrunkene Biere gespart haben. Kaufen Sie sich dafür ein schönes Buch oder irgendeine kleine Kostbarkeit, die Sie sich sonst nicht leisten würden.

6. Unterstützen Sie Ihren Kampf gegen die kleinen oder großen Abhängigkeiten, indem Sie täglich ein paar Bahnen schwimmen, wenigstens ein paar hundert Meter laufen oder auch nur eine halbe Stunde stramm spazieren gehen. Sie wissen selbst am allerbesten, was Ihnen am meisten Spaß macht!

7. Um diese Zeit freizubekommen, trainieren Sie am besten Ihr Zeitmanagement. Schreiben Sie Parkinson's Gesetz in Ihren Terminkalender: „Arbeit dehnt sich in dem Maße aus als Zeit für ihre Erledigung zur Verfügung steht." Reduzieren Sie die Zeitfresser in Ihrem Tagesablauf. Fangen Sie eine Stunde früher an zu arbeiten oder hören Sie eine Stunde später auf! Denken Sie bei Verhandlungen daran: „Uferlose Gespräche führen selten zum Erfolg!"

8. Überprüfen Sie Ihre Disziplin im Umsetzen von Ideen, Plänen oder Erledigen von unangenehmen Arbeiten! Überlegen Sie, was Sie davon schon seit geraumer Zeit vor sich herschieben. Sparen Sie Zeit, indem Sie den Mut

und die Disziplin zu einer klaren Entscheidung aufbringen! Ein klares Nein kann eine Zeitersparnis von zwanzig frustrierenden Telefongesprächen bedeuten.

9. Zeigen Sie Ihre neu gewonnene Disziplin in einem besonders gepflegten Äußeren. Das gilt für Handwerker genauso wie für Politikerinnen und Politiker. Besonders letztere zeigen ihren Willen zum Comeback häufig mit einem neuen Outfit, einer neuen Frisur, einer neuen Brille und einer deutlich gestrafften Figur! Der neue Lebensstil hängt oft eng mit dem Bedürfnis zu siegen zusammen. Ein Mensch der siegen will, läuft nicht mit ungebügelten Hosen und ungeputzten Schuhen durch die Gegend. Das hat etwas mit Selbstwertgefühl und Zuverlässigkeit zu tun.

10. Üben Sie Disziplin nicht nur im Umgang mit sich selbst, sondern vor allem im Umgang mit den anderen.

Mut – drei Buchstaben, die alles entscheiden

Eine klassische Formulierung

Der Münchner Komiker und Querdenker Karl Valentin sagte einmal: „Mögen hätten wir schon wollen, aber dürfen haben wir uns nicht getraut!" Kein Satz könnte das Mutpotenzial eines durchschnittlichen Spießbürgers treffender charakterisieren – ein Mensch voller Zweifel, voller Bedenken, ohne den Mut, sich wenigstens zu seinen Wünschen zu bekennen und sofort bereit, in vorauseilendem Gehorsam sich dem Willen eines Vorgesetzten zu unterwerfen. Das ist die Haltung der Verängstigten, der Hilflosen, der Mitläufer, die nur im uniformierten Rudel stark sind, die sich aber mit Demutsgebärden dem Imponiergehabe jedes Leitwolfs unterwerfen – und die, wenn der Spuk vorbei ist, jede persönliche Verantwortung entrüstet von sich weisen.

Mitläufer kennen keine Zivilcourage. Stark fühlen sie sich vor allem im Einverständnis mit ihrer Gruppe. Es ist sehr leicht, mutig zu sein, wenn man sich der Anerkennung seiner Clique, seiner Gesinnungsfreunde, seiner Partei oder der breiten Stammtischmehrheit sicher sein kann, vor allem wenn man sich gemeinsam „Mut antrinkt". Aber es ist schwer, eine Meinung gegen die herrschende Mehrheit mutig zu vertreten.

Nobelpreis für Mut

Am meisten zählt für mich der Mut, den man ohne alle Zustimmung, nur seinen eigenen Grundsätzen verpflichtet, aufbringt. Eines der großartigsten Beispiele dieser Art von Mut, die ich kenne, hat der polnische Kinderarzt und Pädagoge Janusz Korczak gelebt – mit der Gewissheit, dass seine Entscheidung den eigenen Tod bedeutete. Er hatte in Warschau ein Waisenhaus für jüdische Kinder gegründet und begleitete die Kinder dieses Heimes in die Gaskammern von Treblinka, obwohl ihm die SS freigestellt hatte, sein Leben zu retten. Er brachte den Mut auf, sich für seine Verantwortung gegenüber diesen schutzlosen Kindern zu entscheiden und nicht seiner Todesangst nachzugeben. Er entschied sich für den Mut und ging mit den Kindern in die Gaskammer! Was für ein unglaublicher Mensch!

Umso weniger Respekt habe ich vor Menschen, die in unserer freiheitlichen Demokratie, in der eine eigene Meinung schlimmstenfalls die Karriere kostet, nicht einmal den Mut aufbringen, einem Vorgesetzten oder einem Parteifreund die unbequeme Wahrheit zu sagen. Ja, die sich noch nicht einmal im Freundeskreis trauen, eine andere, bzw. Ihre eigene Meinung auszusprechen!

Ein Leben ohne eigene Meinung ist ein nicht gelebtes Leben. Nur ein selbstbestimmtes Leben führt zum Erfolg. Erfolg bedeutet in erster Linie, ein selbstbestimmtes Leben führen zu können.

Meine Gedanken sind mein Leben

Lernen Sie der Kritik der anderen mit Selbstvertrauen zu begegnen und Ihre eigene Meinung mit aller Selbstverständlichkeit zu behaupten. Es ist bewundernswert, wenn mehrere Personen einer Meinung sind. Ich allein bin oft schon verschiedener Meinung zu einer Sache. Aber diese

Unbequemlichkeit muss man ertragen. Führen Sie sich immer wieder ganz deutlich vor Augen: „Meine Gedanken sind mein Leben!" Ich persönlich habe nie andere für mich denken lassen. Ich habe mir zwar die Meinungen anderer angehört, aber ich habe nie zugelassen, dass sie für mich denken. Ich habe mein Leben aus wirklich mehr als bescheidenen Verhältnissen in meinen Gedanken vorgelebt und dann versucht, es in die Richtung des erhofften Erfolges zu bringen.

Als ich mein Unternehmen als Handelsgesellschaft ohne eigenes Lager gründete, wurde ich milde belächelt und insgeheim für verrückt erklärt. Auch meine Freunde waren der Meinung, dass ich nur wieder einer meiner maßlosen Fantasien nachhing. Ich habe mich dadurch nicht von meinem Weg abbringen lassen.

Wenn ich mich zurückerinnere, wie ich meine Karriere aufgebaut habe, so schaffte ich es immer wieder durch die Dinge, die ich offen gesagt und dann auch getan habe. Das heißt, ich handelte auch gegen Widerstände, gegen den Spott und gegen die Herablassung derer, die das Glück hatten, von ihren Eltern auf das Gymnasium und auf die Universität geschickt worden zu sein. Meine Karriere war ein Hürdenlauf. Gewonnen habe ich ihn durch eine eigene Meinung und eigenen Fleiß! Planen und erzielen Sie Ihren Lebenserfolg in ähnlicher Weise!

Als Double bleibt man namenlos!

Ich habe sehr bald erkannt, dass der Mikrochip etwas grundlegend anderes war als irgendein Zubehör, das man wie Schrauben dort kauft, wo es am billigsten ist. Ich erkannte die Abhängigkeit unserer Wirtschaft von diesen Siliconplättchen, die aus dem billigsten Rohstoff der Erde, aus einfachem Quarzsand, hergestellt werden, die aber die Geschichte der gesamten Menschheit nachhaltiger beeinflussen würden als Stahl und alle Maschinen, die man daraus fertigen kann.

Daraufhin habe ich ab Anfang der 80er-Jahre die Kurzsichtigkeit unserer damaligen Führungskräfte und Politiker angeprangert, die es nicht für notwendig erachteten, sich um die Forschung und Produktion dieser Schaltstelle der Zukunft zu kümmern. Sie sahen wohl hauptsächlich den Sand, aus dem die Mikrochips gefertigt waren. Als ich in Diskussionen, Vorträgen und Zeitungsinterviews sehr deutlich sagte: „Wir verspielen unsere Zukunft, denn unsere wirtschaftliche Entwicklung ist abhängig von einem daumennagelgroßen Siliconplättchen, das in einer Sekunde mehr Rechenoperationen durchführen kann als Hunderte von Mathematikern in einem Jahr!" hat mir der damalige Vorstandsvorsitzende eines Weltkonzerns fast den Mund verboten.

Aber der Mut, bei meiner richtigen Aussage zu bleiben, hat letzten Endes meinen Stand als Manager gefestigt. Meine Meinung kundzutun, war mir so selbstverständlich, dass ich nicht einmal sagen kann, ob ich dazu Mut brauchte. Ich kann Sie deshalb nur immer wieder auffordern: „Haben Sie den Mut zur eigenen Meinung, denn als Double bleiben Sie namenlos!"

Eine Frau gegen ein ganzes Militärregime

Mut wird eigenartigerweise immer als eine männliche Domäne gesehen. Dabei gibt es durch die ganze Geschichte hindurch bis in unsere heutige Zeit sehr, sehr viele Frauen, die ungewöhnlichen Mut bewiesen haben. Beeindruckt bin ich zum Beispiel vom Mut der burmesischen Friedensnobelpreisträgerin Auung San Suu Kyi, die sechs Jahre Hausarrest durchgestanden hat und bis heute den Schikanen und physischen Bedrohungen des Militärregimes ihres Landes die Stirn bietet.

Sagen Sie öfter mal Nein!

Niemand braucht sich hierzulande solchen lebensbedrohenden Herausforderungen zu stellen. Wir leben in einem Land, das alle demokratischen Freiheiten garantiert – auch wenn man manchmal darum kämpfen muss. Angesichts des Erfolges, den Sie anstreben, müsste es Ihnen leicht fallen, Ihre „persönliche Unabhängigkeitserklärung" zu unterzeichnen. Sie brauchen nur ein bisschen Mut dazu, – den aber täglich –, um Ihre Fähigkeiten und Ihr Selbstvertrauen auf dieses Ziel hin zu bündeln. Wenn Sie spüren, dass Ihr Mut noch ein wenig schwach entwickelt ist, müssen Sie zum einen überprüfen, ob Sie das für Sie richtige Ziel anpeilen. Ich persönlich bekomme zum Beispiel nie Mut für eine Entscheidung, wenn ich von einer Sache nicht wirklich überzeugt bin.

Sie können Ihren Mut aber auch in kleinen Schritten üben, mit einem der ersten Wörter, die ein kleiner Mensch lernt und dann mit Nachdruck verwendet: „Nein!" Sagen Sie öfter mal ein ehrliches Nein aus Überzeugung, auch dann, wenn alle ein schwaches Ja von Ihnen erwarten. Lassen Sie nicht mehr zu, dass Ihre Kollegialität, Hilfsbereitschaft und Mutlosigkeit ausgenützt wird.

Bieten Sie Ihrer permanenten Gängelung die Stirn, auch wenn Sie sich insgesamt noch unterlegen fühlen. Gehen Sie beherzt auf die sogenannten bellenden Hunde zu. Sie werden dann oft die Erfahrung machen, dass diese sofort vor Ihnen davonlaufen. Und auch die meisten Löwen lassen sich bändigen, wenn man ihnen fest in die Augen schaut. Lassen Sie mich dazu noch einmal den Verhaltensforscher Desmond Morris zitieren, der über den sprichwörtlichen Löwenmut schreibt: „Wenn das Beutetier aufblickt und den Löwen oder Tiger direkt anstarrt, schaut die Großkatze schüchtern beiseite, so als stehe sie plötzlich dem ganzen Jagdbetrieb völlig indifferent gegenüber. Deshalb kann jedes Beutetier, das den Mut besitzt, den jagenden Löwen einfach anzustarren, einen wichtigen Feldvorteil erringen ...!“ Ja, sogar überleben! Probieren Sie diese Erkenntnis aus der Tierwelt bei nächster Gelegenheit aus, wenn jemand versucht, Sie ungerechtfertigt zu kritisieren oder Ihnen seine Meinung aufzuzwingen. Gehen Sie auf Augenhöhe mit den Menschen, die so tun als seien sie Ihnen überlegen!

Der Gefahr ins Auge schauen!

Stellen Sie sich die Frage: „Wann habe ich das letzte Mal gekämpft?“ Hören Sie auf, beiseite zu schauen oder die Hände vors Gesicht zu schlagen, wenn Gefahr droht – von Ihrem Chef, von Gläubigern, vom Gerichtsvollzieher. Warten Sie nicht, bis der „Löwe“ hinter Ihnen herjagt. Gehen Sie auf ihn zu, schauen Sie ihm in die Augen. Machen Sie von sich aus einen Vorschlag, wie Sie sich vorstellen, dass die Gefahrensituation bereinigt werden kann. „Und erringen Sie damit einen wichtigen Feldvorteil!“ Keine Gefahr ist größer als die, vor der man die Augen verschließt. Denken Sie an die tiefe Einsicht in das Verhältnis von Körper und Geist, das in dem Satz zum Ausdruck kommt: „Er oder sie hat Haltung bewahrt!“ Wer seine Meinung nur mit schüchternem Blick zur Seite und hinter vorgehaltener Hand äußert, wird, wenn es darauf ankommt, nicht dazu stehen.

Lampenfieber

Mut wächst in dem Maße, in dem man sich bewusst Situationen aussetzt, die in einem Lampenfieber entfachen. Selbstverständlich spüre ich auch heute noch, nachdem ich Hunderte von Vorträgen, auch vor Topp-Managern, gehalten habe und die Medien kenne, ein leichtes Kribbeln in der Magengegend. Aber in dem Moment, wo ich mit Mut vor das Publikum trete, bin ich völlig ruhig, auch wenn ich einen Vortrag vor mehreren tausend Menschen halte. Einen kleinen Rest Lampenfieber braucht jeder, um wirklich voll da zu sein.

Als ich meinen Jugendfreund Franz Beckenbauer einmal fragte: „Franz, hast du eigentlich noch Lampenfieber?", sagte er lächelnd: „Ja, sonst wäre ich nicht mehr Franz Beckenbauer." Und er ist wahrhaft einer der größten Medienprofis, die ich kenne! Der Rock 'n' Roll-Legende Peter Kraus geht es ganz ähnlich. Das verriet er mir jedenfalls, als wir gemeinsam für seine Jubiläumstournee an einem Buch in Interviewform über sein Leben arbeiteten.

Diese Art von Lampenfieber ist ausgesprochen anregend. Viele Menschen, die über diese Routine im Umgang mit den Medien oder über Auftritte vor großem Publikum nicht verfügen, schnürt sich allein beim Gedanken an einen derartigen Auftritt die Kehle zu. Kennen Sie dieses Gefühl? – Glauben Sie mir, auch Sie können Ihr Lampenfieber spürbar verringern, wenn Sie sich täglich mit Mut in Situationen begeben, die Ihnen Mut abverlangen. Die großen Bergsteiger besteigen nicht nur deshalb einen Achttausender nach dem anderen, um ihr bergsteigerisches Können zu testen und zu vervollkommnen. Sie wollen damit auch immer wieder ihre Angst überwinden, um ihren Erfolg auf dem Gipfel zu erleben!

Mut gegen die eigenen Ausreden

Ich komme immer wieder darauf zurück: „Nehmen Sie den Kampf auch mit Ihrer Angst auf. Trauen Sie sich, Dinge zu tun, die über die Rolle hinausgehen, die andere Ihnen zugewiesen haben. Das ist Kampf, zunächst mit sich selbst, Kampf mit den ständigen Ausreden, die ein verängstigtes Denken wie von selbst am laufenden Band produziert."

Jeder Vertreter kennt die Situation, wenn er einen schwierigen Kunden aufsuchen soll und nicht ohne Auftrag zurückkommen darf: „Ich rufe erst gegen Mittag an. Dann sind die Besprechungen vorbei! – Sicher ist es günstiger, nach dem Mittagessen anzurufen. – Vielleicht sollte ich erst noch in meiner Firma anrufen, ob der Kunde nicht schon von sich aus bestellt hat, usw. usw ..." Ein Lügendetektor könnte Schluckauf bekommen, wenn man ihn mit diesen Ausreden füttern würde. Überlegen Sie, um wie viel besser Sie dastehen, wenn Sie Ihren Termin am Morgen vereinbaren und das Gespräch mit der Einstellung führen, dass es nicht schief gehen kann. Daraus entsteht der Mut, der Sie weiterträgt!"

Dieser Mut wird Ihnen auch helfen, die ganz alltäglichen Ängste zu überwinden: die Angst vor Armut, die Angst vor dem Bruch zwischenmenschlicher Beziehungen, die Angst vor Alter, Krankheit und Tod. Angst hat die Tendenz, gerade die Situationen anzulocken, vor denen wir uns fürchten. Diese tief in unserer Psyche sitzende Logik steckt in den ermunternden Worten, die wir jemandem auf den Weg geben: „Ich wünsch dir Hals- und Beinbruch!" Das wirkt wie ein magischer Schutz, im Gegensatz zu der gut gemeinten Mahnung: „Pass ja auf, dass du dir nichts brichst!" Damit lockt man die Pannen förmlich an. Und der andere kann noch triumphieren, wenn erwartungsgemäß etwas passiert: „Ich habe dir doch gesagt, dass du aufpassen sollst!"

Selbstvertrauen schafft Vertrauen!

Angst ist ein ganz großer Erfolgsverhinderer, im Beruf wie im Privatleben. Haben Sie schon einmal aufmerksam beobachtet, wie Menschen einen Festsaal oder einen Partyraum betreten? Die meisten drücken sich an der Wand entlang, bis sie glücklich die hinterste Ecke erreicht haben. Aber Sie wissen auch, auf wen sich das Interesse aller Partygäste konzentriert? Auf denjenigen, der sich mit Mut und Selbstvertrauen in die Mitte bewegt. Wie betreten Sie einen Festsaal oder einen Seminarraum?

Manchmal braucht man auch den Mut, ganz große Leute anzurufen. Zum Beispiel, um einen Termin zu vereinbaren und sich dem Gespräch mit einem Ministerpräsidenten oder dem Bundeskanzler zu stellen. Diesen Mut kann man schrittweise schulen. Ich kenne das. Ich hätte deshalb heute kein Problem, mit dem amerikanischen Präsidenten ein Gespräch zu führen. Dafür muss man natürlich die Inhalte parat haben, weil einen sonst der Mut verlässt, aber grundsätzlich ist nicht einzusehen, warum man vor so einem Gespräch Angst haben sollte. Ich werde darauf noch ausführlich in dem Kapitel „Wie man sich Kontakte schafft" zu sprechen kommen.

Entdecken Sie den Reiz des Fremden!

Unsere Angstblockaden lauern überall. Viele Menschen haben Angst, alleine ins Ausland zu reisen. Sie haben Angst vor fremden Menschen, vor einer Sprache, die sie nicht verstehen, vor einer Schrift, die sie nicht lesen können. Manchmal hängt aber das Sein oder Nichtsein einer Familie oder einer Firma ganz entscheidend davon ab, ob man den Mut aufbringt, diese Angst zu überwinden. Ich habe großen Respekt vor dem Mut, den ein anatolischer Bauer aufbringen muss, wenn er ohne Familie, ohne den Rückhalt seiner Dorfgemeinschaft, ohne Sprachkenntnisse aufbricht, um in einer total fremden Industriewelt wie Deutschland seinen Lebensunterhalt zu verdienen.

Ich habe durch meine Tätigkeit in der Schweiz, die mich in 60 Länder der Erde brachte, diese Angst überwinden gelernt. Ich wurde sogar so mutig, in Japan, wo ich nicht ein einziges Schriftstück lesen konnte, mit Hilfe eines Anwalts eine Firma zu gründen. Im Silicon Valley musste ich, wenn ich direkt von den Produzenten kaufen wollte, als ein Nobody zu Firmen wie AMD und Intel gehen, mein Konzept erklären und fragen, ob sie mich belieferten. Dazu gehörte Mut, aber die Antwort war meistens: „Why not!" Ich muss dazusagen, dass ich auf diese Menschen mit der fröhlichen Zuversicht zuging, meinen Liefervertrag zu bekommen. Die Vorstellung, dass ich scheitern könnte, habe ich einfach ausgeschaltet. Ich konnte sie mir auch gar nicht leisten. Das gab mir Mut und die nötige Haltung. Angst kann man „weg-muten".

Gehen Sie auf Menschen zu, von denen Sie etwas erwarten können und stellen Sie sich vor, wie die Sie freundlich anlächeln und sagen: „Warum nicht?" Erwarten Sie kein Nein, wenn Sie ein Ja so dringend benötigen. Einen Versuch wagen und dabei scheitern bringt zumindest eines – einen Gewinn an Wissen und Erfahrung. Nichts riskieren dagegen bedeutet von vorneherein, sich mit einem nicht abschätzbaren Verlust abzufinden – den Verlust des Gewinns, den das Wagnis möglicherweise eingebracht hätte.

Mut ist mehr als Wagemut!

Mut braucht man aber nicht nur nach außen, sondern auch nach innen. Ich habe mein Unternehmen immer so geführt, dass meine Mitarbeiter und ich einen sehr offenen Umgang miteinander pflegten. Offenheit ist äußerst wichtig, wenn man im Leben vorwärts kommen will. Nur wer ein reines Gewissen hat, kann anderen Menschen gegenüber offen sein. Dazu gehört auch, dass man Niederlagen nicht stillschweigend übergeht, um sie einen Mitarbeiter durch Nichtbeachtung oder andere Hinterhältigkeiten umso stärker spüren zu lassen. Ich führe unangenehme Gespräche sofort. Ich führe diese Dialoge unmissverständlich, aber fair. Gerade zur Erledigung unangenehmer Dinge braucht man viel Mut. Wer bei diesem Einsatz gewinnt, steigert automatisch seinen Mut. Dazu muss man sich aber treiben, denn Mut ist immer etwas, was auch nachlässt – wie Muskeln, die man nicht trainiert. Die Richtschnur für Mut ist die Ehrlichkeit.

Glaube macht Mut!

Wenn Sie mich fragen: „Woher nehmen Sie Ihren Mut?", kann ich Ihnen ehrlichen Herzens sagen: „Aus meinem Glauben!" Ich glaube zunächst an Selbstverständlichkeiten, zum Beispiel, dass jeden Morgen die Sonne aufgeht. Dieser Glaube an Selbstverständlichkeiten verhindert bei mir jeglichen Pessimismus. Einer der großen Politiker der Nachkriegszeit, Carlo Schmidt, erfand das herrliche Wortspiel: „Der einzige Mist, auf dem nichts wächst, ist der Pessimist!" Ich glaube an meine Fähigkeit, den Erfolg, den ich gestern hatte, auch heute zu wiederholen. Ich glaube aber vor allem an Gott. Wenn ich Kraft suche, lese ich in der Bibel. Ich kann dem amerikanischen Präsidenten Bill Clinton nachfühlen, wenn er sagt, dass auch er seine Kraft aus dem Lesen der Bibel schöpft. Sie ist das beste Buch gegen Mutlosigkeit.

Leitsätze, Gedanken und Anregungen

1. Schreiben Sie Ihre ganz persönliche Unabhängigkeitserklärung. Legen Sie für sich fest, welche Rolle Sie in Ihrer Familie, in Ihrem Freundeskreis und in Ihrer Firma einnehmen möchten und bereiten Sie sich auf Gespräche vor, die Sie Ihrer Vorstellung näher bringen.
2. Beweisen Sie Ihren Mut nicht im Bungeespringen, sondern durch unabhängige Meinungen und selbstständiges Denken. Nehmen Sie jede Gelegenheit wahr, Ihren Mut zu trainieren.
3. Verwenden Sie die Angst vor Kritik als Prüfstein für Ihren Mut.

4. Überprüfen Sie, ob die Rolle, die von Ihnen erwartet wird, mit Ihrem eigenen Rollenverständnis übereinstimmt.

5. Schauen Sie jeden Abend in den Spiegel und stellen Sie sich dabei die Frage, ob Sie an diesem Tag den Mut hatten, ganz Sie selbst zu sein. Machen Sie sich aber keine Selbstvorwürfe. Mut kann man genauso trainieren wie Laufen.

6. Stellen Sie eine Liste all der unangenehmen Dinge zusammen, zu deren Erledigung Ihnen bisher der Mut gefehlt hat.

7. Nehmen Sie sich für jeden Tag vor, einen Punkt Ihrer Aufstellung zu erledigen. Die Erleichterung, die Sie dabei verspüren, belohnt Sie für den Mut, den Sie dazu aufbringen mussten.

8. Seien Sie ehrlich und durchschauen Sie Ihre eigenen Ausweichmanöver. Haben Sie den Mut ehrlich zu sich selbst zu sein.

9. Schauen Sie hin, wo es gilt, mutig zu sein. Mischen Sie sich ein, wo Sie Zeuge von Unrecht und Ungerechtigkeit werden, wo Ihre Grundsätze und Überzeugungen auf dem Spiel stehen.

10. Gegen den Strom zu schwimmen, kostet Mut – und bringt Kraft. Probieren Sie es so oft wie möglich aus.

Angst – ein Zustand,
der jeden Erfolg verhindert

Wer seine Träume leben will,
muss seiner Angst begegnen!

Ja! Bleiben Sie ruhig an diesem Satz hängen. Sprechen Sie ihn laut vor sich hin. Schreiben Sie ihn ab. Nehmen Sie ihn in Ihr Denken auf. Ich halte ihn für einen der wichtigsten Sätze in diesem Buch, denn wahrscheinlich ist Ihnen noch nie bewusst geworden, dass nichts so sehr zwischen Ihnen und Ihrem eigentlichen Leben steht, zwischen Ihnen und Ihren Träumen und Wünschen wie Ihre Ängste. – Warum? – Weil Ihre Ängste eine negative Erwartungshaltung produzieren und Ihr Unterbewusstsein ständig mit negativen Bildern versorgen. Sie können nicht in der beklemmenden Angst vor der Armut leben und gleichzeitig das Selbstvertrauen ausstrahlen, das Sie für die Verwirklichung Ihres Traumes von Reichtum und Erfolg so dringend benötigen.

Unsere negativen Gedanken sind wie die böse dreizehnte Fee. Ihre Verwünschungen werden letzten Endes Wirklichkeit. Deshalb hängt Ihre ganze persönliche Entwicklung, die Entdeckung Ihres wahren Ichs, die Entfaltung Ihrer – noch – verborgenen Kräfte, des ganzen Potenzials Ihrer Kreativität, davon ab, dass Sie sich Ihrer Ängste nicht nur bewusst werden, sondern dass Sie sie unter Kontrolle bringen und überwinden. Auch wenn Sie sich schon so sehr an Ihre Ängste gewöhnt haben, dass Sie sich ein Leben ohne sie fast nicht mehr vorstellen könne! – Wieso? –

Angst hat viele Gesichter

Angst frisst unser Selbstvertrauen auf. Angst frisst unsere Zuneigung und Liebe auf. Angst vor der Gegenwart und Angst vor der Zukunft entzieht unserem Körper jegliche Kraft. Sie zerstört unsere Ausstrahlung und damit unsere wichtigste Verbindung zu den Mitmenschen. Sie macht uns impotent, nicht nur in sexueller Hinsicht. Sie lähmt unsere Kreativität.

Angst ist eines der schlimmsten Gifte, die unser Leben bedrohen. Sie begleitet unser ganzes Leben von frühester Kindheit – Angst vor dem Allein-gelassen-werden, Angst vor Strafe, Angst vor dem Schwarzen Mann, Angst vor der Wut der Erwachsenen, Angst vor dem Liebesentzug durch die Eltern, die uns damit am schlimmsten bestrafen können. Dann kommt die Angst vor strengen oder ungerechten Lehrern, Angst vor Mitschülern, die nur darauf lauern, einen fertig zu machen, Angst vor Schulaufgaben, vor dem Versagen oder auch Angst, dass sich die Eltern trennen.

Eine der schlimmsten Ängste, die in dieser Endphase der Industriegesellschaft die so dringend benötigte Initiative und Motivation nimmt, ist die Angst, den Arbeitsplatz zu verlieren oder keinen mehr zu bekommen. Wer einen Arbeitsplatz hat, erlebt tagtäglich die Angst vor dem Chef, vor den Kollegen, und wieder, wie schon zu Schulzeiten, die Angst vor dem Versagen. Diese Ängste sind auf keine Schicht, auf keinen Intelligenzquotienten und auf keinen Berufsstand beschränkt. Im Gegenteil, man bekommt den Eindruck, je höher der IQ, umso höher der AQ – der Angst-Quotient.

Angst ist schlimmer als echte Gefahren!

Diese Angst in der Arbeitswelt, das unwägbare Gefühl der Bedrohung, das aus einer lähmenden Ungewissheit geboren wird, ist schlimmer, als wenn man bereits sein Kündigungsschreiben bekommen hat. Leider wird in vielen Firmen diese Angst in einer schändlichen Weise ausgenützt, um Löhne zu drücken und aus den Arbeitnehmern Leistung bis an den Rand des Machbaren herauszupressen. So sagte der Geschäftsführer eines weltbekannten Unternehmens in Deutschland zu Frauen, die sich über Lohnkürzungen beschwerten, in Thailand würden Frauen für eine Schale Reis am Tag arbeiten.

Einem solchen Zynismus und psychischen Druck ist auf Dauer kein Mensch gewachsen, ohne krank zu werden. Wenn man diese Krankheiten nur an den Symptomen zu kurieren versucht, kann sich die Angstspirale munter weiterdrehen.

„Unsere" Ängste

Einen Menschen, der keine Angst hat und niemals Angst verspürt, gibt es nicht. Das Gefühl der Angst scheint mit dem menschlichen Dasein eng verbunden zu sein. Dieses Gefühl hängt eng mit unseren Wahrnehmungen zusammen. Wer keine Ängste kennt, scheint aus einer anderen Welt zu kommen. Das ist jedenfalls der Inhalt des Märchens „Von einem der auszog, das Fürchten zu lernen". Unsere Ängste gehören zu uns wie unser „genetischer Fingerabdruck". Dabei spreche ich von den alltäglichen Ängsten, nicht von den krankhaften Angstzuständen, die nur von einem erfahrenen Psychiater behandelt werden können.

Jeder Mensch schleppt seine ganz spezifische Angst mit sich herum. Das ist nicht die völlig normale Angst um Leib und Leben, die entsteht, wenn ich bei Gewitter in der Eiger Nordwand hänge, – diese Angst hat etwas durchaus Positives; sie warnt mich vor einer Situation, die unangenehm oder gefährlich werden könnte – sondern die Angst, die mich überfällt, das heißt, die ich aus mir heraus produziere, wenn ich nachts im Bett liege oder die mit einem Vertreter herumläuft, der zum zehnten Mal ein schwieriges Kundengespräch auf einen günstigeren Zeitpunkt verlegt. Für diese Art von Angst können wir auch „konditioniert" werden.

Wenn wir dreimal hintereinander erlebt haben, dass morgens um acht Uhr ein unangenehmer Anruf kommt, werden wir automatisch Herzklopfen bekommen, wenn um diese Zeit wieder das Telefon klingelt, selbst wenn es ein Freund ist, der uns zum Geburtstag gratulieren will. Wer immer wieder von seinem cholerischen Chef wegen kleinster Fehler getadelt wird, bekommt schon einen trockenen Mund, wenn er ihm nur auf dem Gang begegnet. Es sind die vielen kleinen Ängste, die sich vor unserem Erfolg zu einem unüberwindlichen Berg auftürmen. Deshalb können Sie Ihre Träume erst leben, wenn Sie Ihren Ängsten begegnet sind, sie analysiert und überwunden haben. Wenn Sie Ihre Ängste gleichsam in einen Harnisch von Mut eingehüllt haben!

Die Warnsignale des Körpers

In unserer Sprache ist sehr genau registriert, wie die Angst körperlich auf uns wirkt: „Es verschlägt uns die Stimme, wir bekommen Herzklopfen und Beklemmungen, uns bleibt die Luft weg, wir werden kreidebleich, die Knie werden weich, der kalte Schweiß bricht uns aus, uns stehen die Haare zu Berge, wir sind starr vor Angst; die Angst schlägt uns auf den Magen, sie sitzt uns im Nacken, sie geht uns unter die Haut und an die Nieren!" – Die Liste ließe sich noch beliebig verlängern. Exakt diese Symptome finden Sie auf der Liste der häufigsten psychosomatischen Erkrankungen wieder.

Kürzlich unterhielt ich mich am Rande einer Tagung mit einem Mediziner, der mir eine erschreckende Zahl nannte. Er sagte mir, dass etwa 20 Millionen Deutsche im weitesten Sinn Angstpatienten sind. Sie leiden unter den Symptomen von Angst – Bluthochdruck, Schilddrüsenüberfunktion, Magengeschwüre, Atemnot, Arthrose. Als er erkannte, dass er in seiner Praxis jahrelang immer nur an dem von der Angst am stärksten betroffenen Organ, dem Herzen, herumtherapiert hatte, ohne dem Grundübel an die Wurzel zu gehen, beendete er seine Arbeit auf der medizinischen Seite und verlegte sich auf die Psychotherapie!

Dieser Psychotherapeut machte mir auch deutlich, welche körperlichen Schäden durch unzureichende Bewältigungsversuche von Angst entstehen können – Lebererkrankungen aufgrund von Alkoholmissbrauch, Nierenversagen hervorgerufen durch Tablettensucht, und Fettleibigkeit von Menschen, die ihre Angst buchstäblich in sich hineinfressen. Noch nie war mir das dramatische Ausmaß der täglichen Angst so deutlich, wie nach diesem Gespräch.

Dabei erfuhr ich auch, dass Deutschland über ebenso viele Betten in psychosomatischen Kliniken verfügt wie alle übrigen Länder der restlichen Welt zusammen. Außerdem werden in Deutschland jährlich 5 000 Tonnen Schlaftabletten verbraucht! Ist das nicht ein trauriger Rekord? Dass sich diese unbewältigten Ängste so stark in der Statistik niederschlagen, machte mich doch sehr nachdenklich. Diese Statistik zeigt aber auch eines: Dass es unbegründet ist, wenn viele Menschen glauben, dass sie ganz allein seien mit ihrer Angst! Und dass es jedenfalls keine Schande ist, sich zu seiner Angst zu bekennen.

Nimm uns unsere tägliche Angst!

Wir sollten deshalb nicht nur beten: „Gib uns unser tägliches Brot!", sondern: „Nimm uns unsere tägliche Angst!" Und ich möchte hinzufügen: „Schenke uns wieder unsere tägliche Energie, unsere tägliche Entschlusskraft und vor allem unsere tägliche Lebensfreude. Gib uns unser tägliches Selbstvertrauen, unseren täglichen Mut, jeder Herausforderung zu begegnen, unsere Fähigkeit logisch zu denken, unseren Willen, unsere Fantasie!"

Je mehr Mut und Kraft wir in uns finden, umso geringer werden unsere Ängste. Je bewusster wir Freude in unser Leben bringen, Optimismus und positives Denken, umso schwächer werden diese irrationalen Ängste, die den Stress verursachen.

Betrachten Sie immer die helle Seite!

Wie kann man Ängste abbauen und den positiven Energiefluss, der in erster Linie im Körper ins Stocken gerät, wieder zum Fließen bringen und zu einer Begeisterung für das Leben, zur Akzeptanz von sich und anderen, kurz zu einer positiven Lebenseinstellung und zum Optimismus zurückkehren? Wie ich aus meinem Leben gelernt habe, kann man seinen Geist zum Optimismus erziehen und negative Erfahrungen und Ängste „weg-muten". Man kann lernen, die Dinge von ihrer hellen Seite zu betrachten. Aber wie lernt man das?

Wie man seinen Körper
von der Angst reinigt

Viele Menschen versuchen, ihre Ängste über den Körper abzubauen. Sie hoffen, dass die Verkrampfungen der Seele nachlassen, wenn Sie die Verkrampfungen des Körpers mit Hilfe „geistiger" Getränke oder Psychopharmaka auflösen. Das ist der negative Weg! Denn er vernebelt die klare Sicht! Dennoch ist es richtig, vom Körper her zu beginnen, die Verkrampfungen der Seele und des Geistes zu lösen, denn die körperlichen Symptome stehen in enger Verbindung mit unserem Denken und Fühlen und mit unserem Nervensystem.

Das Gefühl der Angst ist ja nicht im Büroalltag oder im Berufsstress entstanden, sondern in der Savanne, wo die Angst vor ständig drohenden Gefahren eine wichtige Überlebensstrategie des Urmenschen war und je nach Art der Gefahr und der augenblicklichen Position des „Verängstigten" zweierlei Reflexe auslösen konnte – den Fluchtreflex oder den Reflex sich tot zu stellen. Der Gefahr durch Angriff, also mit Mut zu begegnen, war aufgrund der körperlichen Unterlegenheit dieser „nackten Affen", die gerade den aufrechten Gang gelernt hatten, ein wenig Erfolg versprechendes und daher selten angewandtes Verhaltensmuster.

Mutig auf Gefahren zuzugehen, selbst wenn es sich um Drachen und andere Ungeheurer handelte, war auf die wenigen Ausnahmeerscheinungen beschränkt, die, wenn sie überlebten, erst zu Helden erklärt und dann zu Anführern gemacht wurden. Ich meine, dass das im Wesentlichen so geblieben ist. Ich bin tatsächlich der Meinung, nur wer seine Angst überwindet und in gefährlichen Situationen Mut bewiesen hat, sollte die Chance bekommen, in Führungs- und Verantwortungspositionen aufzurücken. Wer seine eigene Angst mit Mut überwunden hat und über ein gesundes Selbstvertrauen verfügt, wird gute Leistungen seiner Mitarbeiter nicht mit Argwohn betrachten. Das ist der tiefe Sinn hinter dem Satz Thomas Manns: „Niemand kann andere gut führen, wenn er sich nicht ehrlich an deren Erfolg zu freuen vermag!" Das ist die Freude, die aus dem Mut und der eigenen Sicherheit kommt.

Lösen Sie die Spannungen aus Ihrem Körper!

Dieses „Nicht-ausleben-können der Angst" führt dazu, dass die Angst sozusagen im Körper stecken bleibt – in der mildesten Form in Verkrampfungen im Nacken- und Schulterbereich – wer Angst hat, Schläge zu bekommen, zieht unwillkürlich die Schultern hoch, um den mit den empfindlichen Schlagadern sehr gefährdeten Hals zu schützen. Er zieht buchstäblich den Kopf ein! Das Herzrasen ist der Reflex, mit dem das vegetative Nervensystem den Körper auf die Flucht vorbereitet, und auch die Magenschmerzen gehören in diesen Bereich. Vom Adrenalin, das die Verengung der Blutgefäße, die Beschleunigung des Herzschlags und die Hemmungen der Darmbewegungen auslöst, aber in der Bewegungslosigkeit nicht abgebaut wird, nicht zu reden.

Aus diesem animalischen Zusammenhang heraus macht es Sinn, seinen Ängsten und ihren körperlichen Folgen nicht mit noch mehr Grübeln, sondern mit Bewegung zu begegnen.

Das Laufen scheint dafür ganz besonders geeignet zu sein – vielleicht weil es dem natürlichen Fluchtreflex in der Savanne am nächsten kommt. Außerdem ist das Denken nicht wie beim Tennisspielen auf einen Gegner und den Ball konzentriert. Man kann sich bis zu einem gewissen Grad mit seinen Problemen beschäftigen, aber man kann nicht grübeln, während man läuft!

Neben den positiven körperlichen Auswirkungen von der Normalisierung des Blutdrucks, der Verbesserung der Sauerstoffversorgung ist sogar die Stärkung des Immunsystems nachgewiesen – und von Tausenden von Joggern bestätigt. Bei vielen Stressgeplagten und auch bei ehemals Suchtkranken ist das Laufen zu ihrer neuen, sehr positiven „Sucht" geworden. Wie kommt das? – Weil durch das Laufen Verspannungen auf ganz natürlichem Wege abgebaut und in erhöhtem Maße die körpereigenen Drogen, die Endorphine, produziert und ausgeschüttet werden. Laufen Sie sich gesund!

„Dann tu's doch!"

Fangen Sie an, die Dinge, die Ihnen Angst machen, die Sie als Verspannung spüren und die sich wie eine beginnende Erkältung in körperlichem Unbehagen niederschlagen, als körperliche und geistige Herausforderung zu nehmen. Vor einiger Zeit las ich die Geschichte eines großen Abenteurers unserer Zeit, David Miln Smith. Er hat laufend halb Ostafrika durchquert, ist vom Victoriasee mit dem Kajak den Nil hinuntergepaddelt und ist alleine zu Fuß über das Atlasgebirge gegangen.

Er war genauso wenig wie Sie und ich als Abenteurer geboren worden. Seine Abenteuerlaufbahn begann damit, dass er mit seiner Freundin in San Francisco auf der Golden Gate Bridge stand und darüber jammerte, dass ihn sein Leben in keiner Weise befriedigte, obwohl es äußerlich großartig zu verlaufen schien. Er verdiente eine Menge Geld, besaß eine Superwohnung, teure Kleidung, mehrere Autos und Dutzende von Kreditkarten. Er war Mitglied in den richtigen Clubs, kurz er hatte alles, was man sich für ein angenehmes Leben wünschen kann. Aber ihm fehlte ein Lebensinhalt, der ihn befriedigte. Er hatte keine Ziele, für die es sich lohnte zu kämpfen. Auf der berühmten Brücke stehend, fügte er dieser Schilderung der Inhaltslosigkeit seines Lebens bedauernd hinzu: „Eigentlich wollte ich schon immer mal über das Golden Gate schwimmen!" Dieses „eigentlich" wischte seine Freundin mit einem fröhlichen Lachen und dem entwaffnenden Satz beiseite: „Dann tu's doch!" Dieser einfache Satz traf ihn wie ein Keulenschlag. Plötzlich wurde ihm klar, dass er sich mit diesem „eigentlich" jahrelang an Aufgaben und Zielen vorbeigemogelt hatte, die seinem Leben wirklich Sinn verliehen hätten.

Die einzige Voraussetzung, die er dafür mitbrachte, war, dass er früher mal sportlich gewesen war. Davon war aber nichts mehr zu spüren. Er betrieb eine gut gehende Bar, wo er selbst zu seinen besten Gästen zählte und jeden Abend seine Cocktails durchprobierte. Außerdem rauchte er zuviel. Aber dieses „Dann tu's doch!" hatte in ihm eine ungeheure Verwandlung bewirkt. Seine Freundin hatte ihm dieses Erfolg verhindernde „eigentlich" mit ihrem simplen „Dann tu's doch!" aus der Hand geschlagen und ins Golden

Gate gekickt.

Überwindung der Angst
verleiht neuen Mut!

Er erkannte plötzlich den entscheidenden Unterschied zwischen vagen Illusionen und ernsthaften Intentionen. Intentionen verlangen eine Entscheidung und einen Einsatz, der das ganze Leben verändern kann. Nur Intentionen, hinter denen man mit seinem ganzen Willen, mit seiner ganzen Person steht, verwandeln sich Schritt für Schritt in Wirklichkeit. Und sie verwandeln den, der diesen Unterschied begriffen hat, schlagartig in eine völlig neue Persönlichkeit. Dazu gehört auch, dass man sich durch seinen gegenwärtigen Zustand und der „realistischen" Einschätzung seiner Möglichkeiten nicht von seinen Intentionen abbringen lässt. Man muss einfach anfangen, sich in Richtung seiner Intentionen zu bewegen, und sei es nur in winzigen Schritten. Aber dieser Entschluss verwandelt das Grundmuster unseres Lebens!

Als David Miln Smith dieses Vorhaben seinen Freunden erzählte, lachten sie ihn aus. Der Blick auf seine Figur und die Ankündigung übers Golden Gate zu schwimmen war der Party-Joke des Abends! Nur seine Freundin ermutigte ihn. Von einem Tag auf den anderen gab er den Alkohol und die Zigaretten auf und fing an zu trainieren. Beim ersten Mal schaffte er ganze zwei Längen im Schwimmbad. Dann war er völlig außer Atem und ziemlich niedergeschlagen, war er doch einmal der beste Schwimmer seiner Schule gewesen. Aber er zwang sich, jeden Tag eine Länge mehr zu schwimmen. – Merken Sie sich schon jetzt dieses Rezept: „Jeden Tag eine Länge mehr!" Nach erstaunlich kurzer Zeit konnte er mit dem Training im eiskalten Wasser der Bucht von San Francisco beginnen. Um sein Vorhaben zu Ende zu führen, trat er einem Club erfahrener Golden-

Gate-Schwimmer bei – und fand dabei ganz neue Freunde, die ihn in seinem Vorhaben bestärkten. Das war ein wichtiger Schritt. Wer nämlich nur von Menschen umgeben ist, die seinen Willen zur Veränderung mit Hohn und Spott begleiten, tut sich unendlich schwer, ein neues Leben zu beginnen.

Er schwamm über das
Golden Gate!

Das ist ein wichtiger Punkt! Suchen Sie den Umgang mit Menschen, die Sie in Ihrem Mut und in Ihren positiven Unternehmungen bestärken! Meiden Sie den Umgang mit Menschen, die Ihre Ängste schüren und Sie mit ihren negativen Prognosen nicht hochkommen lassen wollen! Mit einigen von diesen neuen Freunden schwamm er an seinem 26. Geburtstag, nur fünf Monate nachdem er seinen Entschluss gefasst hatte, über das Golden Gate. Diesen Tag hatte er insgeheim von Anfang an dafür festgelegt! Und er veränderte damit sein ganzes Leben. Die Unzufriedenheit mit seinem Leben und die Angst, ziellos sein Leben zu verplempern, waren einem völlig neuen Abenteurerdrang gewichen.

Er forderte seinen Mut mit immer größeren Vorhaben heraus. So war er der erste Mensch, der über die Meerenge von Gibraltar von Afrika nach Europa schwamm. David Miln Smith fand eine fantastische Methode, die Angst, die immer noch tief in seinem Innern saß, zu überwältigen. Er ließ sich eine Nacht in der berüchtigten St. Michaelshöhle in Gibraltar einschließen, deren vollständige Tiefe bis heute nicht genau bekannt ist. Mehrere Menschen, die diese Höhle erforschen wollten, sind spurlos verschwunden. Niemand weiß, was mit ihnen passiert ist. Eine Theorie besagte, dass die äußerst aggressiven Berberaffen, die den Felsen von Gibraltar bevölkern, ihnen den Garaus gemacht haben könnten. Jedenfalls schien sich die Höhle mit undefinierbaren Geräuschen zu füllen, kurz nachdem er sich in seinem Schlafsack in einer kleineren Seitenkammer niedergelassen hatte. Ein undefinierbares Grauen schien in seiner Vorstellung die Höhle zu füllen. Aber er konnte nicht zurück, das Tor war fest verschlossen. Das hatte er so vereinbart. Die totale Finsternis tat ein Übriges. Er geriet zusehends in Panik – bis er buchstäblich starr vor Schreck war und fast vergaß zu atmen. In diesem Zustand totaler Bewegungslosigkeit blieb er über eine Stunde gefangen.

Umarmen Sie Ihre Monster!

Da geschah etwas völlig Unerwartetes: er sah plötzlich sich selbst und seinen erbärmlichen Zustand wie von außen. Aber damit kam zugleich ein ganz neues, für ihn bisher unbekanntes Gefühl, das sich wie ein schützender Panzer um seine Angst zu legen schien. Jedenfalls dachte er: „Wenn jetzt dieses Monster auftaucht, werde ich es einfach umarmen!" (So nannte er übrigens auch sein Buch „Hug the Monster!") Und dann schlief er ein. Seither spürt er in sich diese ungeheure Sicherheit: „Egal, welches Monster auf mich zukommt, ich werde es umarmen!"

Was sind die Vorhaben, die Sie „eigentlich schon immer mal durchführen wollten?" Wann fangen Sie an, auf Ihre Monster zuzugehen? Ich empfinde das als eine hervorragende bildliche Beschreibung dessen, was ich in ganz anderer Weise in meinen dunkelsten Stunden erlebt hatte. Auch ich wusste: „Egal, was auf mich zukommt, ich werde es akzeptieren und damit kämpfen oder untergehen!" Ich habe jedenfalls eines gelernt: „Der Angst und der Gefahr aus dem Weg zu gehen, bringt keinesfalls eine größere Sicherheit als wenn man direkt auf sie zugeht."

Wie real die Gefahr ist, vor der wir Angst haben, werden

wir nur erfahren, wenn wir uns dem Kampf stellen!

Öffnen Sie immer den Briefkasten!

Sich dem Kampf gegen die Angst stellen heißt in erster Linie, die Verantwortung für sein Leben selbst zu übernehmen, denn Angst kommt auch aus der Tatsache, dass man die Verantwortung für sein Leben über lange Zeit auf andere Menschen übertragen hat. Angst entsteht durch Flucht aus der Verantwortung. Je mehr ich selbst entscheiden kann, umso weniger Angst brauche ich vor falschen Entscheidungen anderer zu haben!

Angst kommt häufig auch aus der Vergangenheit, aus all den negativen Erfahrungen, die wir gemacht haben.

Ich erinnere mich zum Beispiel noch sehr genau an meine Angst vor dem Briefkasten! Angst kommt natürlich auch durch zuviel Grübeln, was die Zukunft Schlimmes bringen könnte. Glauben Sie ja nicht, dass ich frei bin von Angst, nur weil ich darüber schreiben kann. Meine frühere Angst vor dem Briefkasten stand sicherlich in Zusammenhang mit einer sehr tief sitzenden Angst – nämlich wieder so arm zu sein wie ich in meiner Kindheit war. Das ist aber nicht die irrationale Angst, die einen lähmt. Es ist, wie wenn ich mich in Kenntnis des Risikos ans Steuer meines Autos setze. Ich weiß, was ich zu tun habe, um einen Unfall zu vermeiden. Deshalb löst diese Angst in mir nicht den Reflex aus, mich tot zu stellen – im Gegenteil! Sie weckt meine totale Aufmerksamkeit und augenblickliche Reaktion! Ich habe auch keine Angst, dass ich an einer Aufgabe scheitern könnte. Je größer die Gefahr ist zu scheitern, umso mehr Gedanken mache ich mir, was ich an Wissen und Fähigkeiten noch benötige, um der Aufgabe gerecht zu werden und sie zu meistern.

Bringen Sie Ihr Denken unter Kontrolle!

Stellen Sie sich mutig Ihren Ängsten, der Angst vor der Zukunft und der Angst, die aus der Vergangenheit kommt und vor allem der Angst, einer Aufgabe nicht gewachsen zu sein! Umarmen Sie Ihre persönlichen Monster mit Mut, mit Optimismus, mit einer positiven Lebenseinstellung. Indem Sie Ihre Denkgewohnheiten ändern! Bringen Sie Ihr Denken unter Kontrolle, hören Sie auf, sich ständig die schrecklichsten Ereignisse vorzustellen, die in naher Zukunft passieren könnten. Diese optimistische Haltung erfordert umso mehr Übung, je länger man sein Denken von negativen Vorstellungen hat regieren lassen.

Durchbrechen Sie die Angstspirale mit der Überlegung: „Was kann mir schlimmstenfalls passieren?" – Wenn Sie diesen „worst case" einmal akzeptiert haben, gelangen Sie meistens zu einem Ergebnis, das wesentlich besser aussieht, als Sie befürchtet haben. Ich hätte mit meinem Unternehmen in den ersten beiden Jahren scheitern können! Das hätte mir noch lange nicht die Möglichkeit genommen, es ein zweites Mal zu versuchen. Einer meiner Freunde, der in finanzielle Schwierigkeiten geraten war, hatte sich jahrelang dagegen gewehrt, seine Eigentumswohnungen zu verlieren. Das hat ihn letztlich Hunderttausende gekostet. Hätte er von Anfang an gesagt: „Gut! Ich kann sie nicht mehr finanzieren. Ich verkaufe sie!", hätte er nicht in der ständigen Angst vor der Bank gelebt. Letzten Endes musste er doch verkaufen und war dann viel schlechter dran, als wenn er diese Lösung gleich akzeptiert hätte.

Er wollte sich mit dieser Frage: „Was kann mir schlimmstenfalls passieren?" nicht auseinandersetzen – und deshalb ist dieser schlimmste Fall tatsächlich eingetreten! Die Angst vor dem Briefkasten ist in dem Moment vorbei, wo man ihn öffnet! Erst wenn man ihn geöffnet hat, weiß man, von wem der gefürchtete Mahnbescheid kommt. Vielleicht findet man stattdessen einen Scheck, mit dem man nicht gerechnet hat oder ein paar aufmunternde Zeilen von einem Freund, den man seit Jahren nicht mehr gesehen hat.

Mut zum Risiko

Mit persönlichen Beziehungen ist es nicht anders. Wer jahrelang Angst davor hat, sein eigenes Leben zu leben, weil er oder sie sonst die Ehe oder die Partnerschaft gefährden könnte, der verliert diese Partnerschaft eben stückweise. Mit jedem faulen Kompromiss rinnt ein bisschen mehr Glück, Liebe und Selbstvertrauen durch die Sanduhr unserer Gefühle! Mut zum Risiko fordert klare Entscheidungen vom Partner! Er erkennt den Ernst der Entscheidung und kann sich seinerseits nicht mehr davor drücken! Lebenserfahrung gewinnt man nur durch die Probleme, denen man sich stellt!

Ihr Mut muss immer nur ein klein wenig größer sein als Ihre Ängste! Nehmen Sie Ihre Ängste einfach als Gradmesser für Ihren Mut, für Ihr gewachsenes Selbstvertrauen. Alle Ihre großen und kleinen Ängste stehen zwischen Ihnen und Ihrem Erfolg! Jede Angst gebiert eine neue Angst! Jede mutige Tat stärkt Ihren Mut und deshalb ist jeder noch so kleine Erfolg der Grundstein für weitere Erfolge! Es ist beim Kampf mit seinen Ängsten wie beim Stierkampf – man muss nah am Stier kämpfen, wenn man seinen Hörnern entgehen will!

Leitsätze, Gedanken und Anregungen

1. „Wer seine Träume leben will, muss seiner Angst begegnen!" – Sprechen Sie diesen Satz laut vor sich hin. Schreiben Sie ihn ab. Nehmen Sie ihn in Ihr Denken auf. Ich halte ihn für einen der wichtigsten Sätze in diesem Buch!

2. Angst frisst unser Selbstvertrauen auf. Angst frisst unsere Zuneigung und Liebe auf. Angst vor der Gegenwart und Angst vor der Zukunft entzieht unserem Körper jegliche Kraft. Überlegen Sie genau, welche Ängste an Ihnen zerren und entwickeln Sie ein Programm gegen die Angst!

3. Mit der Angst ist es wie mit Hunden. Sie beißen nur, wenn man davonläuft. Schauen Sie Ihren Ängsten ins Auge! Schreiben Sie Ihr kleines Angstregister. Jede Angst, der Sie entgegengehen – durch einen Anruf, durch einen Brief, durch ein klärendes Gespräch, dürfen Sie von diesem Angstregister streichen!

4. Erkennen Sie eine Grundregel der Angst: Menschen, die anderen Angst machen, haben in der Regel selbst Angst! Nur wer wegschaut, kann nicht erkennen, wo diese Angst sitzt! Ein Chef, der schreit, hat vielleicht Angst, nicht befördert zu werden oder mit seiner Firma Pleite zu machen. Vielleicht hat er auch nur Angst vor seiner Frau: Helfen Sie ihm mit seiner Angst fertig zu werden, indem Sie ihn anlächeln!

5. Befreien Sie Ihren Körper von den Angstsymptomen nicht durch Mittel, die ihn lähmen. Geben Sie ihm frische Luft, Bewegung und einmal täglich Schwitzen!

6. Was sind die Vorhaben, die Sie „eigentlich" schon immer mal ausführen wollten? Fassen Sie eines davon ins Auge und sagen dazu laut und deutlich „Dann tu's doch!" Fangen Sie umgehend mit der Planung an! Geben Sie diesem Vorhaben einen festen Termin! Sie werden sehen, das wirkt Wunder! Mit jedem gefassten Entschluss verschwinden kleine Ängste!

7. Beschaffen Sie sich über alles, was Ihnen Angst macht, so viele Informationen wie möglich! Schach spielen können Sie auch nur, wenn Sie alle Figuren sehen! Mit jeder Information schwindet die Angst vor der Ungewissheit.

8. Lebenserfahrung gewinnt man nur durch die Probleme,

denen man sich stellt! Je öfter Sie sich Situationen aussetzen, die Ihnen Angst machen, umso besser lernen Sie, diese zu überwinden.

9. Betrachten Sie immer die helle Seite der Lebenssituationen. Sehen Sie nicht immer in die Dunkelkammer Ihrer Seele!

10. Muten Sie sich etwas zu. Freude über vollbrachte Leistungen kann die Angst „weg-muten"!

Gedankenblitze werden Wirklichkeit

Not macht erfinderisch!

sagt der Volksmund mit großer Berechtigung. Not kann einen zum Beispiel auf die Idee bringen, einmal gebrauchte Teebeutel auf der Wäscheleine trocknen. Um damit, wie ein niederländischer Knauserpapst ausgerechnet hat, in 40 Jahren 1 000 Mark zu sparen! Derselbe Mann empfiehlt auch, im Winter direkt vom Büro ins Bett zu gehen, um die Heizung zu sparen oder nur einmal am Tag die Toilette abziehen, um kein Wasser zu verschwenden.

Der einzige, der mit diesen Spartips wirklich zu Geld kommt, ist der Mann, der sich diese Tips einfallen lässt und sie in Büchern nach dem Motto „1 000 Tips für Knauserkönige" unter die Leute bringt. Nichts gegen Sparsamkeit, wo sie ökonomisch und vor allem ökologisch sinnvoll ist, aber wenn es nur darum geht, mit mehrfach verwendeten Teebeuteln in 40 Jahren 1 000 Mark zu sparen, kann man seinen Ideenreichtum weiß Gott profitabler einsetzen.

Der Teebeutel selbst wurde aus Sparsamkeitsgründen erfunden. Ein Teeimporteur in New York, Thomas Sullivan, konnte es sich mit seinem kleinen Unternehmen nicht länger leisten, die Teeproben, wie allgemein üblich, in teuren Blechdosen zu versenden. Da kam er auf die Idee, die Teeportionen in kleine Säckchen aus chinesischer Seide abzufüllen. Das war nicht nur in der Herstellung erheblich billiger, sondern auch im Versand. Seine Kunden wiederum dachten praktisch, hängten diese Beutelchen in die Teekanne und gossen kochendes Wasser darüber. So hatte Sullivan – zusammen mit seinen nicht weniger erfinderischen Kunden – den Teebeutel erfunden. Die deutsche Firma Teekanne griff diese praktische Idee auf und ließ sich 1913 die Marke Teefix schützen – ein großer Erfolg mit einer kleinen Einschränkung: echte Teeliebhaber störten sich an dem leichten Beigeschmack von Mull mit einem Hauch Klebstoff. Es dauerte noch bis 1950, bis der absolut geschmacksneutrale „Doppelkammerteebeutel" aus feinstem Filterpapier und ohne jeden Klebstoff entwickelt war – und damit wurde die Firma **Teekanne** zu einem der größten Teehandelshäuser auf dem europäischen Kontinent.

Ein Prozent Inspiration! Und der Rest?

Warum ich Ihnen diese Geschichten so ausführlich erzähle? Weil in unseren Köpfen die Vorstellung herrscht, dass Erfindungen nur von Genies wie Leonardo da Vinci oder Thomas Alva Edison gemacht werden. Was übrigens die sächsische Hausfrau Melitta Bentz dem großen Leonardo voraus hatte – sie hat ihren Kaffeefilter tatsächlich produziert, während die meisten Erfindungen des Universalgenies, vom mechanischen Bratspieß bis zum Helikopter, selten über das Stadium der Papierskizze hinauskamen.

Von Edison, der mit seinen fast 1 100 Patenten noch heute als der Inbegriff des modernen Erfinders gilt, stammt der Satz, zu dessen ernüchternder Weisheit Sie zurückkehren können, wenn Sie selbst eine zündende Idee haben: „Eine Erfindung entsteht zu einem Prozent aus Inspiration und zu 99 Prozent aus Transpiration!" Sprich aus Idee, intensiver Arbeit und unermüdlicher Ausdauer. Er setzte seine Ideen von der Glühlampe bis zum Phonographen um, mit Hilfe einer Erfindung, die nicht patentiert wurde – er erfand das moderne Forschungslaboratorium, in dem er Spezialisten ganz genaue Aufgaben stellte. Er sagte zum Beispiel nicht:

„Es wäre schön, wenn es uns gelänge, elektrisches Licht zu erfinden!" Seine Aufgabenstellung war marktorientiert. Er sagte: „Wir müssen in Manhattan elektrisches Licht zum Preis von Gaslicht anbieten!"

Das war der kleine, aber entscheidende Unterschied zu den zwanzig anderen Erfindern, die die Erfindung der Glühlampe für sich reklamierten. Etwa dem in Hannover geborenen Mechaniker Heinrich Goebel, der schon 1854 eine elektrische Glühbirne gebaut hatte. Er hatte sich damit begnügt, mit dieser bahnbrechenden Erfindung seine eigene Werkstatt zu beleuchten. Edison dagegen hatte schon immer marktorientiert gedacht. Mit 13 Jahren war er der erste Zeitungsverkäufer der Welt, der sich auf Bahnhöfe und Eisenbahnzüge spezialisierte!

Der Küster von St. John's

Der englische Schriftsteller T. S. Eliot erzählt die spannende Geschichte eines Küsters aus einem Londoner Vorort, der nicht lesen und schreiben konnte und deshalb vom Nachfolger seines Pfarrers, mit dem er jahrzehntelang zusammengearbeitet hatte, entlassen wurde. Niedergeschlagen und verzweifelt wanderte er durch die Straßen seines Stadtviertels und verspürte zum ersten Mal in seinem Leben das Bedürfnis, eine Zigarette zu rauchen. Das Problem war – er fand nirgends einen Kiosk. Da kam ihm die Idee – wenn ich schon keine Arbeit mehr habe, kann ich an einer verkehrsreichen Straßenecke einen Kiosk betreiben. Gedacht, getan, diese Idee warf gutes Geld ab. Daraufhin setzte er einen Angestellten in seinen Kiosk und suchte nach weiteren Straßenzügen, in denen es weit und breit kein Lädchen gab.

So eröffnete er einen Kiosk nach dem anderen und wurde, gemessen an seinem bescheidenen Auskommen als Küster, sehr wohlhabend. Eines Tages kam er in seine Bank und wurde von einem neuen Angestellten – die anderen kannten alle seine Bildungslücke – gebeten, ein Schriftstück zu lesen und es dann zu unterschreiben. Da musste er dem jungen Mann erklären, dass er dazu leider nicht in der Lage war und dass er ihm dieses Schriftstück schon vorlesen müsse. Da sagte der: „Was wären Sie erst, wenn Sie lesen könnten?" Darauf antwortete der rührige Spätunternehmer bescheiden: „Dann wäre ich Küster von St. John's!"

Alle großen Erfolge entstehen aus einer Idee!

Eine Niederlage, die ihn völlig aus seiner gewohnten Lebensbahn warf, hatte seine Sinne für eine für ihn völlig neue Idee geschärft. Er sagte sich nicht: „Mein Gott, jetzt bin ich schon über Fünfzig, den Rest meines Lebens werde ich schon irgendwie rumkriegen!" Er hatte den Mut, sein Denken völlig neu zu programmieren. Er fing auf einer Talsohle seines Lebens an, seine Umgebung völlig neu zu sehen. Er plante auch nicht von vornherein eine Ladenkette, um gleich darauf die wunderbare Ausrede zu haben: „Dieses Ziel ist mir viel zu groß!" Er fing ganz praktisch mit einem Kiosk an. Alles weitere entwickelte sich aus dieser kleinen Kernzelle.

Alle großen Erfolge, die wir heute bewundern oder – je nach Mentalität – auch beneiden, entstanden aus der Verwirklichung einer ganz einfachen Idee, mit dem ersten Schritt einer Reise von 1 000 Meilen. Was war so genial an Gutenbergs Erfindung des Buchdrucks mit beweglichen Lettern? Tausende von Menschen hatten seit Jahrhunderten, ja bereits im alten Babylon, Stempel mit Monogrammen oder kleinen Bildchen benutzt, um sie zur Kennzeichnung ihres Besitzes mit Rußfarbe auf Sklaven und Vieh, in Siegellack auf Papier oder auch in Ziegelsteine und Tongefäße zu drücken.

Die Chinesen kannten bereits den Holztafeldruck, der den Nachteil hatte, dass man jeweils eine ganze Buchseite spiegelverkehrt schneiden musste. Beide Techniken zum Buchdruck mit beweglichen Lettern zusammenzuführen, war eigentlich relativ einfach. Aber diese einfache Idee in ungefähr 200 Exemplaren einer Bibel zu verwirklichen, von denen übrigens noch 40 erhalten sind, hat die Zivilisation unseres Planeten vielleicht noch stärker revolutioniert als die Erfindung des Computers. Diese Idee breitete sich in Windeseile aus. 1455 in Mainz erfunden, eröffnete bereits 1464 die erste Druckerei in Rom und 1476 in London und noch vor der Jahrhundertwende stand eine Druckerei im fernen Lima.

Kindheitserinnerungen
und der Untergang der Titanic

Sie kennen sicher die Geschichte vom Untergang der Titanic und haben den Film gesehen, der die menschlichen Tragödien in ihren letzten Stunden nachzeichnet. Vielleicht kennen Sie auch das Video, das von ihrer Wiederauffindung in 4000 Metern Tiefe von einem ferngesteuerten Kleinst-U-Boot gedreht wurde. Können Sie sich vorstellen, wie sehr diese Schiffskatastrophe die Menschen im April des Jahres 1912 aufwühlte?

Unter all diesen vielen Millionen Menschen, die sich davon erschüttern und aufwühlen ließen, gab es einen einzigen, der ganz konkret darüber nachdachte, wie in Zukunft ein derartiges Unglück vermieden werden könnte. Er hatte auf einem Spaziergang mit seiner Frau durch die Mariahilfer Straße in Wien eines der erschütternden Extrablätter gelesen – und sich in einem Gedankenblitz an ein Spiel erinnert, das er als Junge beim Baden mit seinen Spielkameraden erfunden hatte. Sie hatten unter Wasser kurze Schreie ausgestoßen und Gegenstände aufeinander geschlagen und sich jedes Mal gewundert, wie weit entfernt diese Schallwellen unter Wasser zu hören waren. Der

Mann hieß Alexander Behm. Er hatte Physik studiert und beschäftigte sich vornehmlich mit akustischen und wärmetechnischen Fragen.

Nach diesem Spaziergang machte er sich ganz gezielt daran, das Echolot zu entwickeln, mit dem man nicht nur Hindernisse erfassen, sondern auch die Meerestiefe messen konnte. Während des Zweiten Weltkriegs wurde das Prinzip des Echolots zum Radar weiterentwickelt und ist heute das wesentlichste Sicherheitsgerät der modernen Luft- und Seefahrt.

Folgenreiche Geistesblitze können also auch beim Spazierengehen aufblitzen!

Alles wurde irgendwann
einmal erfunden!

Sagen Sie nun nicht: „Es ist bereits alles erfunden, was es zu erfinden gibt!" sondern fangen Sie an, Ihre Umgebung wieder mit den staunenden Augen eines Kindes zu sehen. Wir stehen auf, schalten das Radio an, drücken auf den Lichtschalter, drehen am Wasserhahn, rasieren uns nass oder elektrisch, ziehen die verschiedenen Kleidungsstücke an, setzen die Kaffeemaschine in Gang, stecken die Brötchen in den Toaster, nehmen die Brille zur Hand und schlagen die Zeitung auf, schließen die Wohnungstür ab, steigen ins Auto oder gehen zum Bus, nehmen den Lift in unser Büro und beginnen zu telefonieren.

Ich habe allein bis zu diesem Punkt Hunderte von Gegenständen ausgelassen, die wir mit der allergrößten Selbstverständlichkeit benützen – ohne uns klarzumachen, dass vom Hemdknopf bis zum Kugelschreiber, von der Türklinke bis zur Videokamera, vom Rasierapparat bis zum Fernseher alles irgendwann einmal erfunden und weiterentwickelt wurde.

Ärger plus ein Kleber, der nicht klebt!

Vieles, was unser Leben täglich erleichtert, ist bei weitem nicht so hoch kompliziert wie das Transistorradio, der Ottomotor oder gar das Laptop mit Internetanschluss. Wir haben uns zum Beispiel bei der Büroarbeit alle daran gewöhnt, diese kleinen selbsthaftenden Zettel zu verwenden, um einem Kollegen oder einer Kollegin eine kleine Nachricht an ein Schriftstück zu heften, die sich nach dem Lesen wieder „spurlos" beseitigen lässt. Eine Erfindung von 1974, die weniger als 20 Jahre später zu den fünf meistverkauften Büroartikeln der Welt gehörte! Der Auslöser für diese millionenschwere Idee?

Art Fry aus St. Paul, Minnesota, bei der 3M Company in der Produktforschung tätig, sang gerne im Kirchenchor. Er ärgerte sich jeden Sonntag darüber, dass die Zettel, mit denen er die Lieder in seinem Gesangbuch einmerkte, beim ersten Gottesdienst herausfielen und er während des zweiten Gottesdienstes hastig herumblättern musste, um die richtigen Seiten wiederzufinden. Eines Sonntags, während er mehr oder weniger aufmerksam der Predigt lauschte, schweiften seine Gedanken ab zu diesem leidigen Zettelproblem. Da fiel ihm ein Klebstoff ein, den ein Wissenschaftler einige Jahre zuvor entwickelt hatte – und mit dem niemand etwas anzufangen wusste, weil er zwar gut haftete, aber nicht dauerhaft klebte. In einem Gedankenblitz brachte er diese beiden Dinge zusammen – die Zettel und den nicht klebenden Kleber. Die Idee für Haftnotizen war geboren.

Wie die Kletten

Die Lösung für ein anderes „Haftproblem" fiel dem Schweizer Erfinder George de Mestral 1948 bei einer Wanderung mit seinem Hund ein. Im Fell seines Hundes hatten sich Kletten verfangen, und während er diese abzupfte, erinnerte er sich an einen ärgerlichen Zwischenfall, als er kurz vor einem festlichen Essen den verklemmten Reißverschluss am Kleid seiner Frau lösen musste. Schlagartig stand ihm ein Verschluss vor Augen, bei dem sich nichts verklemmen konnte – ein Verschlussband, bei dem auf der einen Seite ein Streifen mit Häkchen und auf der anderen einer mit winzigen Stoffschlingen saß.

Es brauchte allerdings noch sechs Jahre intensiver Arbeit und technisch höchst komplizierter Versuche, bis ein Klettverschluss in Serie produziert werden konnte, der fest zusammenhielt, sich leicht lösen ließ und praktisch endlos wieder verwendbar war. Heute ist diese Erfindung unentbehrlich – an Sportschuhen, Baseballkappen, Polsterbezügen bis hin zu einem Verankerungssystem für Astronauten in der Schwerelosigkeit. Ausgangspunkt: ein Waldspaziergang!

Er erfand den Supermarkt!

Die meisten von uns gehen jede Woche mindestens einmal in einen Supermarkt und benützen dazu natürlich einen Einkaufswagen. Eine Selbstverständlichkeit? – Erfunden hat dieses nach dem Automobil am häufigsten verwendete vierrädrige Vehikel ein verzweifelter Ladenbesitzer Sylvan Goldman 1934 – während der schlimmsten Zeit der Depression in den USA. Er hatte viel Zeit, das Kaufverhalten seiner Kunden zu beobachten, denn die Läden, die er einer bankrotten Einzelhandelskette abgekauft hatte, litten nicht gerade unter einem übermäßigen Ansturm. Dabei fiel ihm eines auf: Kunden, die mit einem Tragekorb einkauften, beendeten ihre Einkäufe, sobald der Korb voll war – eine für Goldman äußerst alarmierende Erkenntnis, die ihn aber nicht entmutigte, sondern inspirierte.

Er ließ an den Beinen eines Klappstuhls vier Räder anschrauben und auf dem Stuhl zwei Körbe befestigen. Fertig war der erste Einkaufswagen. Wenig später gründete Goldman ein Unternehmen, das diese Wägen in Serie herstellte. Und dann begann er, Supermärkte mit ausgedehnten Ladenflächen zu bauen – denn diese Art des Einkaufs war mit seiner Erfindung möglich geworden. Als Goldman 1984 starb, hinterließ er ein geschätztes Vermögen von 400 Millionen Dollar.

Ich meine, er hat diesen Reichtum mehr als verdient, denn seine beiden Erfindungen – der Einkaufswagen und der Supermarkt – haben das tägliche Leben rund um den Erdball radikal verändert. Rechnen Sie nur einmal aus, wie viele Einkaufswagen allein in der Bundesrepublik durch die Regalreihen geschoben werden und wie viele Arbeitsplätze durch ihre Produktion entstanden sind. Werfen Sie bei Ihrem nächsten Einkauf im Supermarkt einen Blick auf den Herstellernamen, rufen Sie dort an und erkundigen Sie sich nach den Details. Können Sie sich denken, was Sylvan Goldman hinterlassen hätte, wenn er sich beim Anblick seiner halbleeren Läden in Mutlosigkeit und Resignation verfallen wäre? Auch Ideen brauchen den Nährboden des positiven Denkens und den Mut, sich von keiner noch so großen Finanzkrise unterkriegen zu lassen.

Nieten, die die Hose halten!

Man muss nicht alles selbst erfinden, um reich zu werden. Levi Strauss, ein in Deutschland geborener Kaufmannssohn, ist entgegen einer landläufigen Meinung nicht der Erfinder der berühmten Levi's Jeans. Er wurde von einem mittellosen Schneider namens Jacob Davis, der dieses Hosenmodell aus reißfestem Segeltuch und den unverwechselbaren Nieten erfunden hatte, gebeten, für diese Hosen ein Patent zu erwerben und sie in Vertrieb zu nehmen – weil seine Hosen schon damals widerrechtlich Nachahmer fanden. Davis wurde Produktionsleiter der Firma, die Levi Strauss für die Verwirklichung dieser Idee gründete. Die Hosen fanden reißenden Absatz, vor allem bei Minenarbeitern, und verhalfen beiden, dem Erfinder und dem Unternehmer, zu ungeahntem Reichtum. 1997 wurde eine über hundert Jahre alte echte „Levi's", die man in einem Bergwerksstollen gefunden hatte, für 40 000 Dollar versteigert.

Weltstars tragen seine Hosen

Erfolge dieser Art gibt es aber nicht nur im „Land der unbegrenzten Möglichkeiten". Nehmen Sie die „Bogner-Story". 1932 gründete der Skipionier Willy Bogner zusammen mit einem Freund in München ein Importgeschäft für Ski, Skizubehör und Strickwaren aus Norwegen, arbeitete untertags im Geschäft und trainierte abends in den Isarauen. Bei den Olympischen Winterspielen trugen er und die Olympiamannschaft zum ersten Mal eine auffallend gut geschnittene Windbluse, die Bogners Braut Maria Lux entworfen hat. Sie hatte auch die Idee für eine andere Skibekleidung, eine unglaublich fetzig geschnittene Keilhose, die von Marilyn Monroe, Jane Mansfield, Ingrid Bergmann und allen, die in Aspen, Colorado, „en vogue" sein wollten, getragen wurde und in den USA noch heute „a Bogner" heißt.

Wasserdicht!

Ein weltweit begehrtes und vielfach kopiertes Produkt stammt ebenfalls aus der Not dieser Zeit. Als ein Bombenangriff im Zweiten Weltkrieg die Kölner Kofferfabrik Morszek zerstörte, überstanden nur die Aluminiumvorräte den Brand. Leder, Stoffe und Holz sowie alle anderen Materialien, aus denen man normalerweise Koffer produziert, waren zu Asche zerfallen. Der Firmeninhaber Richard Morszek ging aber nun nicht durch die Ruinen und sagte: „Ich bin am Ende!", sondern er dachte: „Ich stehe am Anfang einer ganz neuen Art Koffer zu produzieren!" Ein Koffer aus Aluminium, der immer mehr Kunden durch seine Robustheit überzeugte. Morszek hatte nämlich herausgefunden, dass die Kofferschalen aus der Aluminium-Magnesium-Legierung wesentlich stabiler waren, wenn man sie wie bei der JU 52 mit der typischen Rillenstruktur versah. Mit seinem geringen Eigengewicht und der hohen Stabilität war das der ideale Flugkoffer, der unter dem Namen RIMOWA (für **Ri**chard **Mo**rszek **Wa**renzeichen) seinen Siegeszug antrat. Der Enkel des Firmengründers, ein begeisterter Hobbyfotograf, entwickelte daraus Mitte der 70er-Jahre, zunächst für seine eigene Ausrüstung, den einzig wasserdichten Fotokoffer der Welt.

Die wenigen Beispiele zeigen aber auch, dass gute Ideen alleine wertlos sind, wenn man nicht eine gehörige Portion beharrlicher Entwicklungsarbeit aufwendet, um sie zur Serienproduktion weiterzuentwickeln. Und dann benötigt man in der Regel Kapital und vor allem Verkaufsideen, um den Erfindungen oder auch nur Neuentwicklungen zum Durchbruch zu verhelfen. Diese Beispiele belegen aber auch sehr deutlich, dass Reichtum kein „Nullsummenspiel" ist, bei dem der Reichtum des einen die Armut des anderen bedingt, im Gegenteil: Die Verbindung von Ideenreichtum, Kapital und Arbeit kann Hunderttausende ins Brot setzen. Deshalb haben gerade in einer Zeit, in der die Arbeitsplätze in den Großindustrien immer weniger werden, Menschen mit so „einfachen" Ideen eine Chance. Auch Menschen, die kreativ und mit viel Geist Spaß an der Zukunft haben.

Ideen gegen Goldreichtum

Die jüngere Geschichte kennt das Beispiel Spaniens, in das fast der gesamte Gold- und Silberreichtum Südamerikas floss. Die bis zur Unerträglichkeit vergoldeten Kirchen Spa-

niens zeugen noch heute von diese kurzen Episode eines Eldorado! Aber dieses einseitige und geistlose Anhäufen von
sogenanntem Reichtum war ebenso tot wie ein Herz aus
Stein. Letzten Endes zählt nur der Reichtum, den einzelne,
ideenreiche und unternehmungsfreudige Menschen für sich
und für die Allgemeinheit erwirtschaften. Reichtum muss
leben! Ich sage das ganz deutlich in die Richtung der Erbengeneration unseres Landes, die sich dem natürlichen Lauf
der Menschheit entsprechend von Generation zu Generation vergrößert und damit Reichtum zerfallen lässt, der mit
Ideen und persönlichem Einsatz erwirtschaftet wurde. Wer
Reichtum nicht mit Ideen und Arbeit „anreichert“, verliert
ihn!

Verarbeiten Sie nie Saatkartoffeln zu Püree!

Ererbtes Vermögen, das nicht mit Ideenreichtum und unternehmerischen Fähigkeiten verbunden ist, ist wie ein Park,
den man zubetoniert. Das Grundstück ist noch vorhanden,
aber es lebt nicht mehr. Ein Unternehmer, der aufhört, seine Erträge in lebendige Ideen zu investieren, ist wie ein Bauer, der seine Saatkartoffeln zu Püree verarbeitet.

Ich wage zu behaupten, dass ich mit meinen letzten 5 000
Mark, die ich in die Gründung meines Unternehmens steckte, reicher war, als die Witwe eines Konzerngründers, die
jährlich 50 Millionen Euro auf ihr Konto gutschreiben
kann. Das erinnert mich an einen Lottogewinner, von dem
ich vor vielen Jahren las. Er betrieb eine kleine Wirtschaft.
Nachdem ihm der Geldbote die Million überreicht hatte,
hängte er ein Schild an die Tür: „Wegen Reichtum geschlossen!“ und begab sich auf eine Weltreise, von der er nach
einem Jahr mittellos zurückkehrte. Als ihn ein Reporter
fragte, wie es nun weiterginge, meinte er trocken: „Ich gewinne schon wieder!“ Er musste allerdings nie wieder das
Schild raushängen.

Erfinden kann man lernen!

Deshalb mein Rat, ehe Sie wieder Ihre teuren Kreuzchen machen: „Kaufen Sie sich für dieses Geld ein Buch, das Ihre Kreativität in Bewegung bringt." Meine Botschaft lautet: „Jeder Mensch ist kreativ, auf unterschiedliche Weise und auf unterschiedlichen Gebieten." Da die meisten Menschen ihre Kreativität noch weniger trainieren als ihren Körper, verkümmert sie. Wir leben zudem in einer kreativitätsfeindlichen Umgebung. Viele Menschen leben in normierten Wohnungen mit normierten Gegenständen und für die meisten besteht Berufsarbeit aus gleichförmiger Routine.

Schon der Alltag der Kinder ist alles andere als kreativitätsfördernd. Ihre Bewegungsfreiheit ist aufgrund der Gefahren durch Verbote eingeschränkt und in der Schule werden überwiegend abfragbare Stoffe gepaukt. Es gibt in Bayern nur eine Schule, in der „Erfinden" auf dem Lehrplan steht, das Internat Fürstenzell bei Passau. Ist es da ein Wunder, dass sich Kinder im Fernsehen eine Pseudo-Erlebniswelt suchen – die nachgewiesener Maßen bei vier Stunden Durchschnittsberieselung pro Tag jegliche Kreativität dezimiert.

Kreativität im Alltag

Nur mit Anstrengungen, die von Kreativität getragen sind, können wir unser Leben zum Positiven hin verändern. Das gilt für den persönlichen Bereich, wie für die Lösung der großen wirtschaftlichen und gesellschaftlichen Probleme. Sie müssen sich täglich neu die Frage stellen: „Wie bringe ich Kreativität in meinen Alltag, in den Umgang mit meinen Mitmenschen; wie finde ich überhaupt heraus, wo meine kreativen Neigungen liegen?" Schaffensrausch ist besser als Drogenrausch. Aus seinem Schaffensrausch braucht man nie zu erwachen, weil die wirklich kreativen Ziele unerreichbar scheinen und letztlich nur durch große Leistung erreichbar sind. Lassen Sie sich deshalb vom Geheimnis der Kreativität im Alltag begeistern. Der große Naturforscher und Weltreisende Alexander von Humboldt, der in den Jahren zwischen 1799 und 1804 den Orinoco erforschte und in Ecuador als erster den Chimborasso bestieg, sagte, als er beim Aufstieg auf den Vulkan Cotopaxi scheiterte: „Das, was unerreichbar scheint, hat eine geheimnisvolle Ziehkraft!" Was für ein wunderbar bejahender Satz für das scheinbar Unerreichbare!

Leitsätze, Gedanken und Anregungen

1. Sie müssen nicht das Rad neu erfinden, aber Sie können an Ihrem Arbeitsplatz notieren, welche Fehler Sie abstellen, damit und wie man sie beheben kann.

2. Ohne eine gute Portion Neugier und Staunen über ganz alltägliche Dinge ist es unmöglich, auf interessante Probleme zu stoßen. Bereiten Sie sich deshalb das Vergnügen, einen Tag im Monat nichts als selbstverständlich anzusehen.

3. Bedenken Sie, dass alles, womit wir täglich umgehen, irgendwann von jemand erfunden wurde. Gehen Sie der Lebensgeschichte von großen Wissenschaftlern, Erfindern und Unternehmern nach. Sie werden feststellen, dass sich Ihre Lebensgeschichte zunächst in keiner Weise von der eines Werner Siemens oder King Gilette, eines Rudolf Diesel oder Thomas Alva Edison unterscheidet. Ziehen Sie daraus den einzig richtigen Schluss – fangen Sie an, Ihrem Leben eine unverwechselbare Richtung zu geben.

4. Reichtum entsteht in erster Linie auf der Basis von Ideenreichtum. Aber bedenken Sie auch, dass die einfachen Ideen in sich die größte Chance für ihre Verwirklichung bergen.

5. Ideen, die man nicht umsetzt, taugen nicht einmal als Ausrede für Misserfolg. Gewöhnen Sie sich an, auch scheinbar ganz einfache Ideen und Gedankenblitze sofort in die Praxis umzusetzen, und wenn es nur eine geringfügige Verbesserung der Organisationsstruktur ist.

6. Sicher haben Sie erkannt, dass Rohstoffknappheit plus Ideen besser sind als Ölreichtum oder große Goldvorräte! Bringen Sie deshalb Kreativität in Ihr Leben! Und bedenken Sie, hinter allem, was einen stört oder ärgert, lauert eine Erfindung!

7. Wenn Sie an Geldknappheit leiden, gehen Sie in den nächsten Supermarkt und überlegen, welche Idee diese Einkaufsparadiese geschaffen hat! In jeder Krise steckt eben die Möglichkeit zu ihrer Lösung. Mit welcher Idee werden Sie Ihre Krisensituation retten?

8. Ideen schaffen Arbeitsplätze – zunächst immer für den, der sie hat! Denken Sie an Isaac Newton! Legen Sie sich unter einen Apfelbaum und konzentrieren Sie sich auf die Lösung eines Problems!

9. Mit fünfzehn Mark kann man einen Gewerbeschein bekommen. Mit fünftausend Mark kann man eine Firma gründen. Das ist besser, als fünfzig Millionen, die man nicht in Ideen umsetzt! Sehen Sie in Ihr Portemonnaie und überlegen Sie, was Sie mit dem Inhalt kreativ anfangen können!

10. Aus den Sätzen: Da müsste man ...! Da könnte man ...! ist noch nie eine Erfindung entstanden. Sagen Sie: Ich werde ...! Ich will ...! und verbinden Sie diese Sätze mit einer Idee, die Sie schon lange hatten!

Der K-Faktor
und wie man mit einer Briefmarke
sein Leben verändert

Selbstvertrauen schafft Zutrauen

Ein paar Fragen vorneweg: Welches Bild haben Sie von sich selbst? Mögen Sie sich selbst. Sind Sie mit sich grundsätzlich zufrieden? Haben Sie eine gute Portion Selbstvertrauen oder glauben Sie, dass Ihnen die meisten Menschen, mit denen Sie zu tun haben, geistig überlegen sind? Fühlen Sie sich in Ihrem Umfeld geistig überlegen, aber im Machtapparat unterlegen – nach dem Motto: „Ich habe recht, aber auf mich hört ja niemand"?

Bei wem suchen Sie die Schuld, wenn etwas schief geht? Es gibt Menschen, die, wenn sie ein Glas hinunterwerfen, vorwurfsvoll zu Ihrem Partner sagen: „Warum hast du das dorthin gestellt?" Wie gut sind Sie im Austragen von Konflikten? Müssen Sie immer nachgeben oder können Sie Ihren Standpunkt ohne Aggressionen behaupten? Haben Sie das großartige Gefühl, die volle Verantwortung für alle Entscheidungen zu tragen, die in Ihrem Leben wichtig sind? Haben Sie die volle Verantwortung über Ihre Gefühle?

Sind Sie von dem Ziel, das Sie sich gesetzt haben, überzeugt oder haben es andere für Sie festgelegt? Welche Entwicklungsmöglichkeiten sehen Sie für Ihre Persönlichkeit? Glauben Sie, dass sich in Ihrem Leben noch eine Menge verändern kann oder haben Sie den Eindruck, dass Ihre

Entwicklung mehr oder weniger abgeschlossen ist? Welche Vorbilder haben Sie? Sind Sie stark mit sich selbst beschäftigt oder interessieren Sie sich für die Meinung anderer Menschen? Was ist Ihnen wichtiger – beliebt zu sein oder zu einer Meinung zu stehen, die Sie als richtig erkannt haben?

Stärken Sie Ihren K-Faktor?

Das Bild, das Sie von sich selbst haben, ist ganz entscheidend dafür, wie Sie auf andere Menschen wirken und wie andere Menschen auf Sie reagieren! Es bestimmt Ihren K-Faktor – Ihren Kommunikationsfaktor! Denn ob wir es wahrhaben wollen oder nicht – ob wir mit unseren Mitmenschen in einem lebendigen geistigen Austausch stehen, uns gegenseitig anregen, uns in der Gesellschaft anderer Menschen wohlfühlen oder ob wir ständig Schwierigkeiten haben, ist ein ganz getreues Abbild der Vorstellung, die wir von unserem Leben haben. „Liebe deinen Nächsten wie dich selbst!" gilt auch in seiner Umkehrung: „Deine Nächsten lieben dich wie du dich selbst!"

Ich habe von Kind auf sehr stark den Kontakt zu anderen Menschen gesucht, um die engen Grenzen, die mir von zu Hause gesetzt waren, zu überwinden. Das ist mir bis heute geblieben. Wo immer ich bin, ich fange an, mit anderen Menschen zu sprechen oder auch nur eine Geste auszutauschen. Mich interessiert einfach, wie andere Menschen denken, wie sie reagieren. Egal, ob es der Mann an der Kasse ist oder der Kellner im Restaurant, die mitwartenden Hotelgäste in einer Lobby oder die Mitreisenden im Flugzeug. Ich trete immer in Kontakt zu meinen Mitmenschen. Glauben Sie mir, Gesprächspartner, die Ihnen etwas Neues, Unerwartetes und Interessantes erzählen können, finden Sie überall. Nutzen Sie Ihre „Leer-Zeiten" zum Lernen durch Gespräche!

Sympathiekurven

Ich halte das für ganz wichtig. Ohne diese Wegzehrung für unser Herz, unser Gemüt, unseren Geist und unsere Seele würden wir verhungern oder geistig absterben wie das Gras, wenn der Regen ausbleibt. Warum fühlen wir uns in Italien so wohl, genießen türkische Gastfreundschaft, oder erinnern uns jahrelang an ein herzliches Gespräch mit einem griechischen Fischer?

Und warum lag unser Land in der Sympathiekurve bei unseren Nachbarn so weit unten, bis sich dieses Bild während der Fußballweltmeisterschaft ganz entscheidend veränderte? Weil wir wieder lernen mussten, den Menschen, denen wir begegnen, Freundlichkeit, Sympathie, ja Herz entgegenzubringen – ohne Berechnung, ohne etwas dafür als Gegenleistung haben zu wollen. Ich kann natürlich sagen: „Was geht mich dieser Verkäufer an, der soll mir gefälligst den Anzug verkaufen, den ich haben möchte, und damit basta!" Aber wer so denkt, geht am Leben vorbei, denn Leben bedeutet, dass immer Energie fließt, dass wir uns mit unseren Mitreisenden auf diesem Planeten geistig und seelisch und herzlich austauschen.

Wenn wir in ihnen nicht mehr sehen als ihre Funktion, in der sie uns nützlich sind, ist unser Dasein eine einzige „Endstation Sehnsucht!" Diese Begegnungen sind ein wichtiger Teil unseres täglichen Erlebens. In viel stärkerem Maß gilt das natürlich für die Verbindungen, die wir zu unseren Geschäftspartnern, zu unseren Kollegen, zu unseren Freunden und zu unserer Familie herstellen. Wenn diese Beziehungen in Ordnung sind, befinden wir uns in der Mitte des Lebens, ganz egal, wie viel Geld wir in der Tasche oder auf dem Konto haben. Ganz egal, ob wir im Stress stehen oder nicht!

Für mich waren und sind andere Menschen, ihre Gefühle, ihre Hobbys, ihre Anregungen, ihre Interessen und Meinungen immer wichtig. Als Jugendlicher habe ich alle möglichen Unternehmungen veranstaltet, um mit Gleichaltrigen und Gleichgesinnten etwas Sinnvolles zu tun und nicht nur herumzuträumen. Später habe ich in einer Band mitgespielt und nächtelang mit Freunden über Musik diskutiert. Diese offene Grundeinstellung war ganz ausschlaggebend für meinen Erfolg, und ich bin der felsenfesten Überzeugung, wenn Sie Ihrem Leben eine erfolgreiche Richtung geben wollen, können Sie durch einen lebendigen Gedanken- und Gefühlsaustausch mit den Menschen, die Sie bereits kennen und die Sie durch ein Öffnen Ihres Herzens noch kennenlernen werden, am schnellsten und wirkungsvollsten einen Umschwung in Ihrem Leben herbeiführen.

Erfolg durch Kontakte

Ganz entscheidende Weichenstellungen in meiner Laufbahn und in der Erfolgsgeschichte meines Unternehmens sind durch persönliche Kontakte entstanden. Erfolge kann man nie alleine und auf sich gestellt erringen. Man braucht immer Menschen, die einen mögen und die einem gelegentlich einen guten Hinweis geben – ohne dass man den Kontakt zu ihnen auf der egoistischen Basis aufbaut: „Wie kann mir der nützlich sein?"

Dieses wertfreie Interesse an anderen Menschen hat in meinem Leben immer eine große Rolle gespielt. Bedenken Sie den Satz: Beziehungen schaden nur dem, der sie nicht pflegt! Wer aber Beziehungen „ausnutzt", der verspielt sie!

Man muss den Mund aufmachen, wenn es sonst keiner tut!

Es war in der Anfangszeit meines Unternehmens, als ich noch nicht einmal eine richtige Hausbank hatte. Da wurde ich durch meinen Kundenbetreuer zu einer Vortragsveranstaltung eingeladen. Der Generaldirektor der Ungarischen Nationalbank sprach über Devisengeschäfte mit dem damals noch kommunistischen Ungarn. Bei den Schwierigkeiten, die mir mein ehemaliger Arbeitgeber auf dem deutschen Markt machte, lag es nahe, dass ich mich für Handelsbeziehungen zu anderen Ländern interessierte. Nach dem Vortrag sollte eine Diskussion stattfinden, aber wie das bei derartigen Veranstaltungen oft der Fall ist, herrschte tiefes Schweigen. Niemand folgte der freundlichen Aufforderung des Moderators, in die Diskussion einzusteigen – einerseits, um nicht durch Unkenntnis aufzufallen, andererseits, um nicht den Eindruck zu erwecken, man wolle sich mit seinem Wissen in Positur setzen.

Ich stellte nur eine Frage!

Kurz bevor diese Stille anfing peinlich zu werden, meldete ich mich mutig zu Wort. Ich hatte gehört, dass die Ungarn angefangen hatten, Fernsehgeräte zu produzieren, und so fragte ich nach dem Stand der ungarischen Fernsehproduktion. Das war offenbar ein Volltreffer. Der Generaldirektor kannte sich mit diesem Thema ganz besonders gut aus und ich war sozusagen in dieser Branche aufgewachsen. An dieser ganz konkreten Frage entspann sich eine lebhafte Diskussion, an der nun auch andere teilnahmen.

Was ich aber zu diesem Zeitpunkt nicht ahnen konnte – der Mitinhaber dieser Privatbank, die zu dieser Veranstaltung eingeladen hatte, befand sich auch im Saal. Ihm war offensichtlich meine einzige Frage aufgefallen. Er erkundigte sich anschließend bei seinen Leuten: „Wer ist denn dieser Herr Lejeune?" Er bekam die Auskunft, dass ich ein neuer Kunde sei, über den man noch nichts Genaues sagen könne. Noch ehe die Veranstaltung zu Ende war, wurde ich zu ihm gebeten und ihm vorgestellt. Er hieß Dr. Heinrich

Ritter von Srbik. Er war eine beeindruckende Persönlichkeit. Mich faszinierte seine Erscheinung und sein Auftreten. Am nächsten Tag schrieb ich ihm einen Brief, bedankte mich für die Einladung und das Gespräch und äußerte den Wunsch, dass ich mich gerne ausführlicher mit ihm unterhalten würde.

Aus diesem ersten sehr persönlichen Gespräch entstand eine langjährige Geschäftsbeziehung und ein Vertrauensverhältnis, das mir ungeahnte Wege aufzeigte. So ebnete mir Dr. von Srbik den Kontakt zu Bosch. Ich als Kleinunternehmer, dessen Firma damals aus drei Leuten bestand, wurde an einen Weltkonzern als Lieferant empfohlen. Das forderte von mir in dieser Anfangszeit nicht nur eine enorme Disziplin, er setzte auch eine sehr hohe Messlatte. Das gab meinem Selbstverständnis einen ungeheuren Auftrieb. Außerdem konnte ich bei anderen künftigen Kunden darauf hinweisen, dass dieser wirkliche Gentleman mich empfohlen hatte.

Dieses eine Mal den Mut aufgebracht und im richtigen Moment die richtige Frage gestellt zu haben, verschaffte meinem Unternehmen im Laufe der Jahre viele Geschäfte in einer Größenordnung, von der ich nicht einmal zu träumen gewagt hatte. Mit wenigen Sätzen hatte ich jemanden von mir überzeugt und so den Weg zu einem intensiven Kontakt geebnet. Mein darauf folgender Brief sorgte dafür, dass es nicht bei einer zufälligen Begegnung blieb. Das war sozusagen die notwendige Nacharbeit. Denken Sie an dieses Erlebnis, wenn Sie wieder in einem Vortrag mit anschließender Diskussionsrunde oder in einem Workshop sitzen, bei dem kein rechtes Gespräch aufkommen will. Ihr Diskussionsbeitrag kann, wenn Sie damit durch die Oberfläche der Wörter hindurch die Gefühle Ihrer Mitmenschen berühren, der Start zu ungeahnten Begegnungen sein!

Eine Frage allein genügt nicht!

Dass aus diesem Gespräch mehr wurde, als ein unverbindliches Kontaktgespräch mit einem Kunden, erforderte ganz andere Qualitäten als den Mut für einen Diskussionsbeitrag und die Kenntnisse für ein längeres Gespräch. Ich musste mir mit großer Disziplin und Ehrlichkeit den Glauben dieses Dr. von Srbik an mich erarbeiten. Ich musste mich seines Vertrauens würdig erweisen. Dass Vertrauen in der ursprünglichen Bedeutung des Wortes „Kredit" bedeutet, konnte ich erleben und mit Händen greifen, als mein Unternehmen gerade 5 Jahre alt war und wir immer noch in einer Dreizimmer-Wohnung mit der Küche als Packraum arbeiteten. Eines Tages hatte ich das Gefühl: „Jetzt wird es Zeit, dass wir die nächste Stufe anvisieren!" Ich sagte zu meinem Partner: „Komm, wir gehen jetzt mal spazieren und schauen, ob es in dieser Gegend irgendwo größere Räumlichkeiten gibt!"

Tatsächlich kamen wir an einem Gebäude vorbei, das uns geeignet erschien. Es gehörte einer Immobilienmaklerin, die sich auch als Bauträger betätigte. Ich erkundigte mich, ob man diese Räume mieten könne. Da sagte die Inhaberin: „Mieten nicht, aber kaufen!" Das machte uns stutzig. Wir zogen Erkundigungen ein und erfuhren, dass diese Firma kurz vor dem Konkurs stand. Wir einigten uns nach zähen Verhandlungen zur beiderseitigen Zufriedenheit. Aber nun kam die größte Hürde! Wir hatten den Kaufpreis natürlich nicht auf dem Konto!

Das Geschenk des Vertrauens!

In dieser Situation ging ich zu Dr. von Srbik und schilderte ihm diese Möglichkeit. Der schickte schnellstens einen Immobilienfachmann vorbei, und gab mir dann telefonisch den Bescheid: „Stellen Sie den Scheck aus! Die Immobilie ist das Geld wert!" Das überstieg unsere Möglichkeiten damals um ein Vielfaches und ich unterschrieb den Scheck mit zitternden Händen auf Anraten unserer Bank. Aber das war der richtige Schritt.

Manchmal muss man sich im Leben große Schuhe anziehen und zusehen, dass man hineinwächst. In einer solchen Phase ist es wichtig, Menschen zu haben, bei denen man seine Träume artikulieren kann. In solchen Situationen hat es auch keinen Sinn, sich von sogenannten „guten Freunden" beraten zu lassen. Die haben oft ein fest gefügtes Bild von dir und sie haben irgendwo im Unterbewussten die Vorstellung, dass du nicht größer werden darfst als sie. Davon muss man sich unbedingt freimachen. Das hat nichts mit Höhenflug zu tun, sondern damit, dass man sich in bestimmten Situationen einen Schritt nach vorne zutrauen muss.

Und da ist es natürlich gut, wenn man einen Bankdirektor hat, der einem sein Vertrauen schenkt und „Kredit gewährt" für die Zukunft. Deshalb kommt zu den notwendigen Kontakten noch ein weiterer Punkt dazu: „Sei immer ehrlich zu deinem Banker!"

Kontakte schaffen Wachstum!

Nachdem wir in diese neuen Räume gezogen waren, sorgte unser Banker sogar dafür, dass wir diese Vergrößerung ausfüllen und unsere Verbindlichkeiten verringern konnten. Er saß nämlich auch im Aufsichtsrat der damaligen Telenorma, kurz TN, einer Vertragsfirma der Deutschen Bundespost. Bei einer der nächsten Zusammenkünfte sagte Dr. von Srbik zu mir: „Was macht Ihr Unternehmen eigentlich im Telefonbereich?" Ich antwortete wahrheitsgemäß: „Zur Zeit noch wenig!" Darauf gab er mir die Telefonnummer des Vorstandsvorsitzenden dieser Firma und sagte, dass er mich bei ihm avisieren würde. Bei meinem Besuch stellte mich der Vorstand seinen Direktoren vor. Ich versuchte verzweifelt, mir meine Aufregung nicht anmerken zu lassen. Aber aus dieser Begegnung entstand eine Geschäftsbeziehung, die unserem Unternehmen im Lauf der Jahre ganz bedeutende Erfolge brachte. Wir schafften damit den Durchbruch und wuchsen wie von selbst in unsere neuen Büroräume hinein. Über die Rückzahlung der Hypothek brauchten wir uns bald keine Sorgen mehr zu machen.

Wer viele Vertrauenskonten hat, besitzt ein unschätzbares Vermögen, denn Kredit heißt nichts anderes als gegenseitiges Vertrauen. Mit diesem „Vertrauenskredit" ist nicht nur mein Unternehmen gewachsen. Auch ich bin durch die Begegnungen gewachsen, die dadurch erst möglich wurden.

Ich musste ihn einfach sprechen!

Die Beziehung zur Siemens AG entstand ebenfalls Mitte der 70er-Jahre in der Anfangsphase meiner ce Consumer Electronic! Ich hatte den damaligen Senior der Familie Siemens, Ernst Albrecht von Siemens, gelegentlich in einem Café in der Nähe der Siemens-Zentrale in München gesehen und war von seiner würdigen Erscheinung tief beeindruckt. Da ich als völlig Unbekannter ihn logischerweise nicht im Café ansprechen wollte, schrieb ich ihm einen persönlichen Brief. Dieser enthielt nur wenige Zeilen. Ich schrieb: „Sehr geehrter Herr von Siemens! Ich habe einen Wunsch, den nur Sie mir erfüllen können. Ich möchte Sie persönlich kennenlernen! Ich freue mich darauf!" Tatsächlich meldete sich sein Sekretariat und ich wurde zu einem Gespräch in die Siemens-Hauptverwaltung am Wittelsbacher Platz in München gebeten. Die erste Frage von Ernst Albrecht von Siemens war: „Sagen Sie mir bitte, was wollen Sie von mir?", und das klang eher so, als würde unser Gespräch von kurzer Dauer sein. Meine Antwort überraschte ihn: „Herr von Siemens, ich wollte Sie wirklich nur kennenlernen. – Darauf sagte der Herr von Siemens: „Das kann ich gar nicht glauben!“ – „Doch“, beteuerte ich, „ich wollte nur Ihre Lebensgeschichte erfahren!“ Darauf meinte er: „Ach, jetzt verstehe ich Sie. Sie meinen die Geschichte des Hauses Siemens!“ – „Ja“, sagte ich, „aber zuerst interessiert mich Ihr Leben!“

Ein alter Herr erzählt aus seinem Leben!

Das schien ihn zu überzeugen und er erzählte mir tatsächlich, wie sein Leben verlaufen ist! Es war wirklich ein unbeschreibliches Gefühl, in diesem Büro zu sitzen und den Erzählungen des Mannes zuzuhören, der den Siemens-Konzern nach den Kriegsjahren so viele wertvolle Impulse gegeben hatte. Glauben Sie mir, Ernst Albrecht von Siemens konnte erzählen! Und dann wollte er plötzlich auch meine Geschichte hören. Ich schilderte sie ihm in groben Zügen und ohne Beschönigungen. Daraus entspann sich ein lebhaftes Gespräch von über drei Stunden, in dem er sich vor allem für meine Zukunftspläne interessierte.

Ernst Albrecht von Siemens verabschiedete mich mit den Worten: „Mit Ihrer Lebensgeschichte im Hintergrund werden Sie nie untergehen. Sie werden Ihren Weg machen. Ich wünsche Ihnen viel Erfolg!“ Ernst Albrecht von Siemens und ich sahen uns immer wieder. Es waren kraftspendende Begegnungen!

Auch aus diesen Begegnungen entstand eine langjährige, erfolgreiche Geschäftsbeziehung zur Siemens AG. Ich habe damals buchstäblich mit einer einzigen Briefmarke den Weg zu Siemens geebnet und den Erfolg unseres Unternehmens und mein Leben maßgeblich verändert. Mit einer Fertigkeit, die ich von einem Menschen gelernt habe, der mir ansonsten ziemlich wenig Glück gebracht hatte. Mein früherer Chef war ein ausgezeichneter Briefeschreiber. Er verstand es, Briefe so zu formulieren, dass der Empfänger sich wirklich angesprochen fühlte. Ja, das habe ich von ihm gelernt!

Kurze Briefe kosten Zeit!

Wenn Sie beabsichtigen, alte, ausgefahrene Wege zu verlassen um neue Ziele anzustreben, kann ich Ihnen mit diesen beiden wirklich wichtigsten Begegnungen meines Lebens nur Mut machen, in ähnlicher Weise mit anderen Menschen in Kontakt zu treten. Es funktioniert. Sie müssen es nur wollen! Was macht es aus, wenn Sie an der Formulierung eines solchen, möglichst kurzen, aber inhaltsreichen Briefes einen ganzen Tag feilen?

Denken Sie dabei an den großen Dramatiker George Bernard Shaw, der einmal ans Ende eines Briefes schrieb: „Leider ist es ein langer Brief geworden, weil ich für einen kurzen keine Zeit hatte!" Der Gewinn, den Sie aus einem solchen kurzen Schreiben ziehen können, das bei aller Kürze eine Botschaft enthalten muss, steht in keinem Verhältnis zu diesem Zeitaufwand! Denn bei allem Vertrauen in unser eigenes Können, in unsere Fähigkeiten und Talente – wir können auf die Sympathie anderer Menschen und die daraus entstehende Unterstützung auf dem Weg zu unserem Ziel nicht verzichten. Suchen Sie den Umgang mit erfolgreichen Menschen. Nehmen Sie Maß an ihnen. Versuchen Sie, sich in ihre Lage zu versetzen. Lesen Sie ihre Erfolgsgeschichten. Das hat eine ungeheure Suggestivkraft. Das schafft Vorbild!

Der erste, der aufmerksam zuhörte

Eine der beeindruckendsten Begegnungen, die ich in meinem Leben hatte, war die mit Alfred Herrhausen, dem Vorstandsvorsitzenden der Deutschen Bank. Ich hatte ihn am Rande einer Veranstaltung in München, wo er einen Vortrag hielt, angesprochen und um ein Gespräch gebeten. Verblüffenderweise gab er mir seine Telefonnummer, mit der Aufforderung, ihn wegen eines Termins anzurufen.

Sie können sich kaum vorstellen, wie überrascht ich war, als ich diese Nummer wählte und nicht sein Vorzimmer, sondern Alfred Herrhausen selbst am Apparat war. Er hatte auch innerhalb weniger Tage einen Termin für dieses Gespräch frei! Das war eine Erkenntnis, die ich bisher immer wieder bestätigt fand: bei wirklich wichtigen Leuten ist es sehr viel einfacher einen Termin zu bekommen, als bei solchen, die sich nur für wichtig halten!

Ganz oben ist man immer erreichbar!

Als ich in sein Büro in dem Wolkenkratzer der Deutschen Bank in Frankfurt kam, bat er mich Platz zu nehmen, fragte mich, was ich trinken möchte – und schenkte mir selbst ein! Da wurde keine Sekretärin gerufen – nein, einer der einflussreichsten Banker Europas und Berater des damaligen Bundeskanzlers schenkte mir persönlich Tee ein! Dann kam allerdings trotz aller Freundlichkeit die sehr ernüchternde Frage: „Herr Lejeune, Sie sind Kaufmann. Darf ich Sie deshalb etwas fragen? Was ist das Ende des Gesprächs oder vielmehr, was möchten Sie, dass ich davon behielte, wenn es in fünf Minuten zu Ende wäre?" Dr. Herrhausen war ein Meister der direkten Frage!

Sie dürfen mir glauben, dass mir angesichts dieser „Audienz" ohnehin die Knie zitterten. Und dann noch diese unausweichliche Frage! Ich nahm meinen ganzen Mut zusammen und sagte: „Ich möchte Sie zum einen über die Abhängigkeit der deutschen Wirtschaft von den japanischen Speicherchips informieren. Und zum anderen wollte ich Sie persönlich kennenlernen, weil Sie für mich ein großes Vorbild sind!" Das war Alfred Herrhausen in der Tat. Er strahlte menschliche Wärme aus. Er besaß große Disziplin und eine Klarheit des Denkens, die sich in absolut druckreifer Rhetorik niederschlug.

Alfred Herrhausen war alles andere als ein eiskalter Macher. Er war vielmehr der Visionär, der der Weltbank den Vorschlag unterbreitet hatte, den ärmsten Ländern der Dritten Welt die Schulden zu erlassen, um ihnen Hoffnung zu geben und sie mit dieser Maßnahme auf eine vernünftige wirtschaftliche Basis zu stellen. Andererseits brachte er den Mut auf – in einer Zeit, in der es bis in höchste Politikerkreise hinauf opportun schien, die Ausübung von Macht zu verteufeln – zu sagen: „Macht ist nicht verkehrt, wenn der Charakter dessen stimmt, der sie ausübt!" Alfred Herrhausen war ein genialer Mutmacher, der die Kardinaltugenden selbst vorlebte!

Absichtslosigkeit überrascht!

Wie alle Menschen, die mit Macht umgehen, war er gewohnt, dass jeder, der das Gespräch mit ihm suchte, damit eine nutzbringende Absicht verband. Deshalb war er völlig überrascht, von einem Menschen aufgesucht zu werden, der nichts von ihm wollte, als ihm eine Botschaft zu übermitteln und ihn kennenzulernen. Und diese Botschaft war, die deutsche Wirtschaft – und vor allem ihre Topp-Manager – über die zukünftige Bedeutung der Mikrochips aufzuklären. Dabei war es mir auch wichtig, dass Alfred Herrhausen meine Botschaft von der großen Gefahr der Abhängigkeit von Japan als persönlicher Berater des Kanzlers an die richtige Stelle weitergab. Und das tat er!

Dieses Gespräch dauerte über eineinhalb Stunden. Es hat meinen Werdegang in einer ungeheuren Weise angestoßen – nicht etwa weil ich nun einen Consultingauftrag der Deutschen Bank bekommen hätte – nein, Alfred Herrhausen hat mir Mut gemacht, auch mit seinem Wahlspruch: „Sagen Sie, was Sie tun; tun Sie, was Sie sagen!" In unserem letzten Gespräch sagte mir dieser großartige Mann: „Herr Lejeune, hören Sie nie auf, Ihre Botschaft zu verkünden. Bleiben Sie ein großer Unbequemer!"

Meine Botschaft kam an!

Dieses Gespräch gab mir Kraft und Motivation, denn Alfred Herrhausen war der erste Topmanager, der aufmerksam und verständnisvoll zuhörte, als ich über die ungeheure Bedeutung sprach, die dieses kleine Bauteil aus Quarz einmal bekommen würde. Das war 1984 noch alles andere als selbstverständlich. Mit meiner Botschaft, dass wir vom Chip abhängig sind, wurde ich zu der Zeit noch überall belächelt. Man konnte ihn doch wie ganz normale Schrauben an jeder Ecke kaufen.

Niemand wollte sehen, dass der Mikrochip das Gehirn der zukünftigen Maschinen war und man bereits beim Einkauf seine gesamten Pläne preisgeben musste. Das war natürlich besonders in Japan kritisch, wo die Chipproduktion eingebunden ist in riesige Konzerne, in denen alles produziert wird vom Motorrad bis zum Saxophon. Zudem entstanden plötzlich Lieferengpässe für bestimmte Produkte, weil die Amerikaner und Japaner natürlich bei steigendem Bedarf in erster Linie ihre eigenen Firmen belieferten.

Die Firma Toshiba zum Beispiel. Sie hat mehr oder weniger das Laptop erfunden, den tragbaren PC. Toshiba war damals alleiniger Hersteller von 1MegaD-REM, der schnellrechnenden Chipsensation! Aber Toshiba hat natürlich in erster Linie das eigene Haus beliefert, und nicht etwa die amerikanische oder deutsche Konkurrenz. Einfacher kann man erfolgreiche Marktpolitik gar nicht betreiben. Heute wird deutlich, dass durch die Abhängigkeit vom Mikrochip, gegenüber USA, Japan und Korea unserer deutschen Wirtschaft Hunderttausende von Arbeitsplätzen verloren gegangen sind!

Herkömmliche Autos

Ungefähr zur selben Zeit als ich das Gespräch mit Alfred Herrhausen führen konnte, hatte ich an den damaligen Vorstandsvorsitzenden der Daimler-Benz AG, Professor Zahn, geschrieben und ihm dargestellt, was für eine entscheidende Rolle der Mikrochip in der Zukunft des Autobaus spielen würde. Ich erhielt von ihm zur Anwort: „Das kann ich mir nicht vorstellen. Wir setzen nach wie vor auf die bekannten Komponenten, mit denen man Autos baut."

Aber auch mit diesem Brief hatte ich einen zukunftsträchtigen Kontakt zu Daimler-Benz hergestellt, der zwei Jahre später zu einer intensiven Zusammenarbeit führte. Daimler-Benz konnte einen Mikrochip nicht bekommen, mit dem man in der Luxusklasse die automatische Sitzverstellung speichert. Ohne Sitzmemory konnte man aber schon zu dieser Zeit in den USA kein Auto der oberen Preisklasse mehr verkaufen. Dieses Geschäft hätte also für mehrere Monate auf Eis gelegen. Und das war für uns der Einstieg, weil wir diesen Chip in ausreichender Menge herbeischaffen konnten.

Der allgemeine Umschwung in der Einstellung zu meiner Botschaft kam erst, als die Vorstandsvorsitzenden der großen Industriebetriebe die Abhängigkeit vom Mikrochip in den Bilanzen lesen konnten.

Optimismus verbindet!

Überlegen Sie mal, auf wen Sie selbst intuitiv zugehen, wenn Sie in einer belebten Straße nach dem Weg fragen! Doch nicht auf jemanden, der Sie mit abweisender Miene von unten bis oben taxiert oder der den Kopf wegdreht. Wer in Schwierigkeiten steckt, braucht unbedingt positive Begegnungen mit anderen Menschen! Das wirkt wie ein Heißluftballon, der einen mit Optimismus in die Sphäre des Erfolges hinaufträgt. Diese optimistische Grundhaltung hat mich getragen, als ich auf der Electronic-Fachmesse vor dem Stand der Schweizer Weltfirma stehenblieb, obwohl ich mit meiner gerade gegründeten Firma schon fast wieder am Ende war. Mit diesem Optimismus und mit diesem unerschütterlichen Selbstvertrauen bin ich in die Gespräche mit Leuten gegangen, die bei „realistischer" Einschätzung nicht das geringste Interesse an einem Mr. Nobody haben konnten.

Meine Gespräche mit diesen Menschen haben mich in einer unglaublichen Weise gestärkt! Im Nachhinein sieht meine Erfolgsstory völlig zwangsläufig aus. Ich habe aber nur getan, was jeder andere auch hätte tun können. Briefe schreiben kann jeder und telefonieren kann auch jeder. Man muss nur seinen Mut zusammennehmen, sich aufraffen und an einen Menschen schreiben, der einen brennend interessiert.

Optimismus ist ein Magnet!

Warum sollten für Sie andere Erfolgsgesetze gelten? Derselbe Optimismus wird Menschen in Ihrer Umgebung dazu bringen, Ihnen zu helfen. Von diesem Optimismus und dieser positiven Grundeinstellung anderen Menschen gegenüber müssen Ihr Denken und Ihre Haltung durchdrungen sein. Optimismus ist die alles bewirkende Kraft. Sie gilt für Große und Kleine, Für Arme und Reiche gleichermaßen! Nur wenn Sie das beherzigen, werden Sie wie ein Magnet die nötige psychische und materielle Unterstützung bereits erfolgreicher Menschen auf sich ziehen. Einem Menschen, der mit hängenden Schultern und unterwürfiger Geste am Straßenrand beim Betteln sitzt, wirft man vielleicht eine Münze in den Hut, aber man macht ihm keine Hilfsangebote, die ihn wieder auf die Beine stellen. Und einem Menschen mit griesgrämigem, abweisendem oder gar bösartigem Gesichtsausdruck genauso wenig.

Deshalb ist es so ungeheuer wichtig, dass Sie sich jeden Tag aufs Neue positiv programmieren und alle negativen Gefühle aus Ihrem Denken verbannen. Solange Sie in Ihrem Denken der Unsicherheit dem Hass, dem Neid, der Eifersucht, der Missgunst, der Überheblichkeit und der Verachtung Raum geben, können Sie keine vertrauensvollen Beziehungen zu anderen Menschen aufbauen. Sicher, es gibt diese Neid- und Hassgemeinschaften und auch das Einverständnis derer, das von gemeinsamem Dünkel und Hochmut getragen ist. Aber diese Negativklüngel sind alle dazu verurteilt, dass sich die negativen Einstellungen irgendwann gegen sich selber richten.

Sprechen Sie niemals schlecht über andere!

Meiden Sie jede Gesellschaft, die ihre Identität darin findet, über andere Menschen abfällig zu urteilen. Denken Sie immer wieder an das grundlegende Gesetz des menschlichen Fühlens und Handelns: Man kann nicht gleichzeitig zwei entgegengesetzten Gefühlen Raum geben – Gutes tun und Schlechtes reden! Bei sich selbst an das Gute glauben und andere schlecht machen! Selbst sein Bestes geben und andere abfällig beurteilen! Konzentrieren Sie sich auf die positive Seite! Treten Sie in Wettstreit mit den Besten und sprechen Sie sich täglich mehrmals den Satz vor: „Ich weiß, dass ich fähig bin, mein Lebensziel zu erreichen und ich werde bei jeder auch noch so unbedeutenden Aufgabe mein Bestes dafür geben!“ Reden Sie mit einer Zunge! Sprechen Sie gut über andere Menschen! – Es tut gut! Ihnen und Ihren Mitmenschen!

Spitzengespräche und Spitzenleistungen!

Die Menschen, die wirklich oben angekommen sind, sind dort, weil sie genau diesen Grundsatz befolgt und immer ihr Bestes gegeben haben. Sie haben deshalb ein sehr feines Gespür dafür, ob jemand, der ihnen gegenübertritt, bereit ist, ebenfalls sein Bestes zu geben. Ihnen genügt ein Blick, um festzustellen, ob jemand von demselben Anspruch auf Spitzenleistungen besessen ist wie sie oder nicht. Diese Leistungsbereitschaft ist eine Frage der Ehrlichkeit und des Vertrauens.

Das Vertrauen, das Sie benötigen, um Ihr Ziel zu erreichen, bekommen Sie nur, wenn Sie bereit sind, immer Ihr Bestes zu geben! Zu diesem Vertrauen gehört der offene, ehrliche Dialog. Gespräche können nicht im Vertrauen enden, wenn man seine ehrliche Meinung zurückhält oder verdreht. Das setzt voraus, dass man ständig einen offenen Dialog mit sich selber führt und dass man bereit ist, für sich selbst festzustellen, ob man sich richtig verhalten hat oder ob man Gewohnheiten oder auch Umgangsformen ändern müsste. Verbessern Sie Ihren K-Faktor, indem Sie ständig an sich und an der Vertrauensbasis mit Ihrer Umgebung arbeiten.

Globalisierung mit menschlichem Antlitz!

Unvoreingenommen auf fremde Menschen zugehen ist gerade auch in fremden Ländern lebensnotwendig. Auf diese Weise kann man von anderen lernen oder mit ihnen Geschäfte machen. Sie werden es kaum glauben, wie ich unseren ersten Partner in den USA fand. Nicht mit einer Annonce in Fachzeitschriften und nicht durch Empfehlung. Ich fand ihn mit dem K-Faktor! Wenn man viel fliegt, hängt man viel auf Flughäfen rum. Eines Tages fing ich auf dem John-F.-Kennedy-Flughafen ein Gespräch mit einem ebenfalls wartenden Fluggast an. Es stellte sich heraus, dass er ursprünglich von den Philippinen kam, dass er früher im Stab des philippinischen Präsidenten gewesen war und die Aufgabe gehabt hatte, amerikanische Electronic ins Land zu holen. Er kannte Silicon Valley wie seine Westentasche – Präsidenten, Manager, Einkaufschefs. Er hatte die besten Kontakte, die man sich wünschen konnte.

Aber nun saß er ein wenig auf dem Trockenen. Seine Frau war Kinderärztin und hatte das Angebot bekommen, in New York eine Kinderklinik zu leiten. Dieses Angebot hatte sie angenommen und er war mitgegangen. Nun war er zwar Präsident der philippinischen Handelskammer in New York, hatte aber ansonsten unwahrscheinlich viel Zeit. Ich weiß nicht mehr, ob es an diesem Punkt unseres Gespräches war, dass wir unsere Visitenkarten austauschten. Jedenfalls wurde Evan Prado mein erster Partner in den USA. Wir trennten uns erst, als ich unsere Niederlassung von der Ostküste nach Silicon Valley verlegte.

Durch diese Auslandskontakte bekamen wir Neuerungen viel schneller mit als der Rest der Branche. So waren wir in der ganzen Branche die ersten, die ein Faxgerät hatten. Unser japanischer Partner hatte uns darauf aufmerksam gemacht. Evan Prado wurde der Leuchtturm für unser Amerikageschäft! So wurde ein kurzes Gespräch auf dem John-F.-Kennedy-Flughafen in New York zu einer lang anhaltenden, goldenen Begegnung!

Vertrauensphilosophie

Vertrauen aufzubauen ist eine ganz wichtige Angelegenheit auf dem Weg zum Erfolg! Vertrauen zu anderen kann man nur aufbauen, wenn man Selbstvertrauen hat, wenn man sich seiner Person sicher ist, wenn man selbstbewusst ist. Vertrauen heißt in erster Linie, ehrlich zu sich und zu den anderen zu sein. Man kann kein Vertrauen schaffen, wenn man sich selbst anlügt.

Vertrauen aufbauen kann man nur, indem man sich dem anderen zuwendet und sich ehrlich für ihn interessiert. Es ist wichtig, in die Schicksale der Menschen, mit denen man zusammenarbeitet, eingeweiht zu sein. Umgekehrt müssen die auch wissen, wie es mir geht. In einem überschaubaren Mittelstandsunternehmen kann das noch ein einzelner leisten. In einem Konzern muss das als Philosophie so ausgeprägt sein, dass diese Funktion von jeder Führungsperson übernommen und gelebt wird.

Zuständig für das Zwischenmenschliche

Bei einer bekannten Werkzeugfirma in München gab es einen Mann, der hatte keine andere Aufgabe, als diese zwischenmenschlichen Dinge abzufragen: „Wie geht es Ihrer Frau, was machen die Kinder, wie geht es Ihrem Hund? Wie hat Ihre Fußballmannschaft am Samstag gespielt?" Dieser Mann war für seine Firma Gold wert! Denken Sie daran, wenn Sie in Ihrem Unternehmen den K-Faktor verbessern wollen! Wenn Sie mit Ihrer Empfangsdame am Morgen ein freundliches Wort wechseln, multipliziert sich diese Geste den ganzen Tag über mehrere Dutzend mal!

Dafür muss man sich als Unternehmer mehr Zeit nehmen als für Gespräche mit den Anlageberatern. In großen Firmen herrscht z. T. die Mentalität: Wenn die da oben glauben, sie können führen, dann tun wir so, als ob wir arbeiten würden. D. h. wenn eine Botschaft nicht rüberkommt, verkehrt sie sich ins Gegenteil.

Man kann heute nur erfolgreich sein, wenn man im Team arbeitet und dafür muss man wissen, was am Arbeitsplatz an Emotionen und Problemen entsteht. Kontakte schaffen, hinschauen, ständig den Markt beobachten, zuverlässig sein, nichts versprechen, was man nicht halten kann, flexibel sein, kreativ und innovativ sein – das waren die Tugenden, die mein Unternehmen ausmachten. Diese Tugenden, diese lebendigen Kontakte sind auf jede Branche, auf jedes Geschäft übertragbar.

Kontakt und Motivation schaffen „Mit"-arbeiter!

Ich suche ständig den Kontakt zu meinen Mitarbeitern. Ich weiß, wie es dem Bein des einen geht, der gerade operiert wurde, ich weiß, wie es dem Kind des anderen geht, das Fieber hatte. Oder sollte ich ehrlicherweise sagen, ich weiß es wieder? In einer Welle des Erfolges kam ich zu der Einstellung, das interessiert mich nicht mehr, dafür habe ich keine Zeit, und das hat sich bitter gerächt! Ich hatte kein Gefühl mehr dafür, welche Niederlagen aus dieser Richtung drohen.

Das hängt wahrscheinlich ganz ursächlich mit diesem Erfolg zusammen und mit dem Neid auf denjenigen, der Erfolg hat. Die Menschen sehen nicht, mit welchem Einsatz dieser Erfolg erkämpft wurde. Sie sehen nur das Ergebnis und sie denken sich, warum hat der so einen sagenhaften Erfolg: Der steht mir eigentlich genauso zu! Sie sehen dein schönes Auto, sie genießen es, dass du sie privat einlädst, sie sehen wie du lebst, wie du in der Öffentlichkeit stehst und Anerkennung findest. Das führt dazu, dass sie dich nicht mehr als Mensch betrachten, sondern als Bank, der sie eine Rechnung aufmachen und die sie notfalls hintergehen.

1 000 000 mal Vertrauen schaffen!

Trotzdem ist und bleibt der Motor in meinem Leben, anderen Menschen vollkommen zu vertrauen. Das ist die Grundlage aller meiner Tätigkeiten. Wenn man mich fragt: „Was sind Sie von Beruf?" antworte ich nach wie vor: „Ich bin Verkäufer!" Ich habe seit meinem 14. Lebensjahr ungefähr eine Million Mal verkauft. Das habe ich mal hochgerechnet. Darauf bin ich stolz, denn erfolgreich Verkaufen bedeutet immer auch, das Herz und die Seele des anderen zu erreichen.

Alles, was man im Leben macht, hat mit Verkaufen zu tun, egal ob man sich um einen Auftrag bemüht oder eine Erfindung in den Markt bringen will. Dazu gehört, dass man sein Gegenüber motiviert, damit er sich für einen interessiert. Das setzt aber auch voraus, dass man sich für den anderen interessiert, denn Verkaufen ist keine Einbahnstraße. Das ist bei Freundschaften nicht anders. Wenn Sie sich in einer Freundschaft zurücklehnen und darauf warten, dass immer der andere einen Vorstoß macht, anruft, Unternehmungen organisiert, dann ist eine Freundschaft sehr schnell zum Scheitern verurteilt. Spätestens dann, wenn der andere sich nach einiger Zeit die Frage stellt, wieso immer ich. Verkaufen funktioniert dann am besten, wenn der eine weiß, ich kann etwas anbieten, was der andere braucht, und der andere weiß, ich brauche etwas, was der hat. Im besten Fall hält sich das die Waage, denn auch der Abnehmer wird nie die bestmögliche Ware und den bestmöglichen Service bekommen, der von oben herab sagt: „Nun zeigen Sie mal, was Sie haben!" Für mich heißt verkaufen: dienen, begeistern und Vertrauen schaffen!

Ehrliche Körpersprache

Verkaufen bedeutet auch gegenseitige Wertschätzung, den anderen zu deinem Partner zu machen. Den Kunden als Partner zu sehen, hat nichts mit psychologischer Raffinesse zu tun. Dazu gehört natürlich der gesamte Bereich der Körpersprache. Man betrachtet den anderen, wie er sich bewegt, wie er aussieht. Unwillkürlich nimmt man die Botschaften seiner Körpersprache auf, und man meist weiß nach wenigen Sekunden der ersten Begegnung, wie man mit dem

Geschäftspartner zurechtkommt. Und vor allem spürt man hundertprozentig, ob es zwischen den Gesten und den Aussagen eine ehrliche Übereinstimmung gibt und ob man sich auf die Gefühle verlassen kann, die er aussendet.

Was für mich wichtig ist, ist das Herz. Wer ein reiches Herz hat, erlebt viel intensiver. Sympathie läuft immer über das Herz. Leben heißt auch, sich über andere zu freuen. Das einfachste Mittel, Sympathie und Freude zu schenken, ist ein Lächeln. Es ist der direkteste Weg von einem Herzen zum anderen. Es wird höchste Zeit, dass wir in diesem sogenannten Kommunikationszeitalter, das in zunehmendem Maße bestimmt wird von Handy, Internet, Satellitenbildtelefon und permanenter Erreichbarkeit rund um den Erdball zu diesem ursprünglichsten Kommunikationsmittel zurückkehren. Außerdem kostet ein Lächeln viel weniger Kraft als ein missmutiger Gesichtsausdruck – man braucht dafür nur zwei Muskeln im Gegensatz zu über vierzig für eine verkniffene Miene.

Lächeln benötigt keine Sprache!

Lächeln funktioniert über alle Sprachbarrieren hinweg. Sie können dieses einfachste Mittel menschlicher Kommunikation sofort ausprobieren. Falls Sie das schon länger nicht mehr getan haben, werden Sie überrascht sein, wie schnell es wirkt – und sogar ohne dass man es sieht. Sie können ein Lächeln nämlich durchs Telefon hören! Aber auch an diesem Lächeln können Sie erkennen, dass es auf dem Weg zu Ihrem Erfolg nichts gibt, was Sie isoliert lernen oder anwenden können! Wer kein überzeugendes Selbstvertrauen hat, kann auch nicht überzeugend lächeln!

Das gleiche gilt für die Freude, die man einem anderen Menschen bereitet. Freude, die man ohne das richtige Selbstvertrauen schenkt, wird schnell zu einer Geste der Unterwürfigkeit oder Anbiederung. Freude, die man aus einem Gefühl der Überlegenheit schenkt, wird von dem Beschenkten sehr schnell als Geste der Herablassung durchschaut und auf die negative Seite gebucht! Echte Freude kann man nur schenken, wenn man selbst Freude am Schenken hat und den anderen als ebenbürtigen Partner ansieht.

Die Freude am Erfolg!

Was mir an meinem Erfolg am meisten Freude bereitet, ist, andere Menschen glücklich machen zu können, sie zu motivieren, sie aus einem negativen Lebensgefühl herauszuholen und ihr Denken ins Positive zu wandeln. Ich denke dabei nicht nur an den Menschen, der ursprünglich zu mir kam, um mich für einen Zeitungsartikel zu interviewen, den ich zu dem Selbstvertrauen zurückführen konnte, das ihm wirklich angemessen ist und mit dem ich nun seit vielen Jahren befreundet bin. Es ist mir bei vielen Menschen gelungen, sie aus ihren Tiefs herauszuholen und ihnen den Weg zu einem erfolgreichen Leben zu zeigen. Es macht mir einfach Freude, meinen Erfolg auf andere zu übertragen und mich selbst dabei immer mehr zurückzunehmen. Dabei wird mir eines immer deutlicher: Man kann nur sinnvoll leben, wenn die vier Grundbeziehungen im Leben stimmen.

Erstens – die Beziehung zu sich selbst. Du musst dich mögen, denn sich selber lieben und annehmen ist die Brücke zum Leben. Dazu gehört auch die Einsamkeit. Einsamkeit ist wichtig für die Bildung des Charakters. Wer nicht allein sein kann, wird es auch schwer haben, mit anderen zu leben. Man muss bis zu einem gewissen Grad auch Egoist sein und für andere unberechenbar bleiben. Man muss sein Leben selbst in die Hand nehmen. Man kann es nicht immer zugunsten eines anderen leben.

Wer sich selbst nicht mag, mag auch andere nicht. Das führt zu den größten Irritationen im zweiten Bereich, nämlich zu den Beziehungen zu anderen. Das scheint nach allem, was wir täglich in der Zeitung lesen oder in den Nachrichten mitgeteilt bekommen, der schwierigste Bereich zu sein. Es ist wichtig, Dinge, die Ihnen Spaß machen, auch anderen Menschen zu zeigen. Daraus entstehen gemeinsame Hobbys, z. B. gemeinsames Tennisspiel oder gemeinsames Bergwandern. Es gehört dazu, dass man in den privaten Beziehungen aktiv bleibt. Man muss auch ständig mit seinem Lebenspartner diskutieren, denn sonst stellt man plötzlich fest, dass der in ganz anderen Kategorien denkt.

Natürlich gelingt uns das nicht immer, und gerade in den Auseinandersetzungen wird oft deutlich, wie sehr wir den anderen brauchen. Zum Ausgleich zwischen den Bereichen eins und zwei gehört auch, dass wir nicht jeden Müll annehmen, den andere auf uns abladen wollen, sei es, dass sie uns anschreien, uns schlecht behandeln oder auch dass sie uns immer nur Negatives berichten, über sich oder von anderen. Da müssen wir ganz kategorisch sagen: „Diesen Müll nehme ich nicht an!" Reinigen Sie Ihr Umfeld!

Dafür gibt es ganz einfache Techniken. Lassen Sie die schlechte Laune anderer an Ihrem fröhlichen Gemüt abprallen wie an einem gut imprägnierten Regenmantel. Nicht jeder finstere Blick, der uns trifft, ist für uns bestimmt. Häufig weiß der, der ihn aussendet, einfach nicht, wie er mit seiner eigenen schlechten Laune fertig werden soll. Also versucht er diese toxischen Gifte auf uns abzuladen. Aber das dürfen Sie nicht zulassen.

Für unseren Ideenreichtum, für unsere Kreativität und für das Alleinsein ist der dritte Bereich besonders wichtig – die Beziehung zur Schöpfung, die uns mit ihrem unendlichen Reichtum das Gefühl der Fülle vermittelt und uns gleichzeitig Demut lehrt.

Und viertens die Beziehung zu dem Bereich, dem wir uns mit unserem ganzen Nicht-Wissen und mit unseren größten Hoffnungen nähern – dem Glauben. Wenn diese vier Grundbeziehungen stimmen, kann man darauf seinen Erfolg aufbauen und ihn auch verdauen. Mit ehrlichen Beziehungen in diesen vier Bereichen kann man ein menschliches Fundament unter den Erfolg legen.

Dieses menschliche Fundament ist ungeheuer wichtig, wenn man wie ich durch Vorträge, Zeitschriftenartikel und durch eine eigene Fernsehsendung eine gewisse Popularität erreicht hat. Popularität ist der Vorzug, auch bei denen bekannt zu sein, die einen nicht kennen.

Popularität bedeutet aber auch Gefährdung, weil sie dazu angetan ist, einen blind gegenüber seinem wahren Selbst zu machen. Das fängt damit an, dass man sich daran gewöhnt, ständig im Fernsehen zu sein oder ständig irgendwo sein Konterfei abgebildet zu sehen. Setzt das mal aus, wird man sofort kribbelig, wenn Popularität wie bei einigen Prominenten die einzige Basis für den Erfolg ist. Es lohnt sich nicht, für Popularität Karriere zu machen.

Popularität ist eine sehr schale Pseudobelohnung. Popularität ist häufig ein Grund für Niederlagen, die man ganz allein selbst zu verantworten hat. Da kommt z. B. ein Fernsehteam und unterbreitet dir den Vorschlag , dein Leben zu verfilmen. Es wird dir ein aufwändiges Drehbuch vorgelegt und irgendwann kommt der Pferdefuß zum Vorschein: Sie wollen dein Leben verfilmen, aber du sollst es selbst finanzieren. Dann musst du dich fragen, war dein Leben nicht interessant genug, dass dir jemand mit einem solchen Angebot kommt.

So wichtig es mir ist, ein guter und überzeugender Mutmacher zu sein, viel wichtiger ist es mir Menschen für ihre Arbeit und für ihren Erfolg im Leben zu motivieren. Das ist der Inhalt meiner Vorträge im In- und Ausland, vor Topp-Managern, vor Sozialarbeitern, vor ganzen Belegschaften von Unternehmen. Und das ist häufig auch der wichtigste Inhalt meiner Einzel-Coachings! Meine Erfahrung ist: Je stärker wir selbst motiviert sind, umso empfänglicher werden für die Gedanken anderer und umso besser können wir uns geistig aufeinander einstellen. Ich weiß nicht, ob es Gedankenübertragung wirklich gibt, aber eines weiß ich ganz genau, es gibt die Übertragung der Gefühle! Und dafür braucht man etwas, was noch über der Sympathie steht – dafür braucht man Vertrauen, aufgebaut durch viele innige Gespräche in einer Atmosphäre, in der nicht im Vordergrund steht, dass man von dem anderen etwas will. Echte Beziehungen brauchen Zeit!

Begeisterung –
die Fanfare Ihres Lebens

Ein wunderbarer Tag – Freitag, der 13. Juni

An einem Freitag, den 13. befand ich mich auf der Fahrt zur Mutter meiner Frau Irène. Sie lebte in der Schweiz in einem Pflegeheim. Ein Schlaganfall hatte im Jahr zuvor einen dunklen Schatten über Ihr Leben geworfen.

An diesem Freitag am Ende des 2. Jahrtausends, hatte ich ein unbeschreiblich schönes Erlebnis! Ich wurde beschenkt mit einem herrlichen, klaren, fast wolkenlosen Morgen! Auf der Fahrt durch das Wallis war ich so fasziniert von der unübertrefflich schönen Landschaft dieser Schweizer Berge, dass ich völlig vergessen hatte, meinen Wagen rechtzeitig aufzutanken. Nun stand ich auf der Höhe des Grimselpasses, beobachtete die Murmeltiere und war von der unsagbaren Schönheit dieses Lebens überwältigt.

Da fiel mein Blick auf den Bordcomputer. Ich hatte noch Benzin für genau 3 Kilometer! Ratlos blickte ich um mich. Hier oben gab es natürlich keine Tankstelle! Da fragte ich einen Einheimischen, der zufällig vorbeikam, ob er mir helfen könne! „Ja", sagte er, „mit einem guten Rat! Sie lassen ganz einfach Ihren Wagen im Leerlauf die Straße hinunterrollen. Dann kommen Sie nach 12 Kilometern an eine Tankstelle!" Und genau das tat ich! Mit leerem Tank rollte ich nach genau 12 Kilometern vor die Zapfsäule! Ein fröhlicher Tankwart begrüßte mich mit seinem freundlichen, typisch schwyzerischen: „Gruezi, der Herr! Volltanken?" – „Ja, ganz voll bitte!", antwortete ich mit großer Erleichterung!

Ich begegnete der Weisheit
großer Philosophen

Ich war begeistert von diesem unglaublichen Erlebnis und von diesem herrlichen Morgen, von den immer noch schneeweiß leuchtenden Berggipfeln des Schweizer Wallis! Ich hätte zerspringen können vor Freude über diesen wunderbaren Tag in meinem Leben! Urplötzlich spürte ich das Verlangen, für diesen Tag zu danken! In dem Walliser Ort Reckingen hielt ich vor der Pfarrkirche und ging hinein, um für meine Frau, ihre Mutter und mich eine Kerze anzuzünden. Ich wollte für unser Leben danken und um Gesundheit für uns drei beten! Da sah ich neben dem vielarmigen Kerzenständer ein aufgeschlagenes Buch liegen. Ich las den letzten Eintrag. Es waren kindliche Schriftzüge, denen man ansehen konnte, wie sehr sich dieser kleine Mensch bemüht hatte, sein Bestes zu geben. Ich las, unter dem Datum dieses Tages, Freitag der 13. Juni, den einen Satz:

Lieber Gott! Ich danke Dir aus ganzem Herzen
für mein wunderbares Leben!

Sylvie

Diese kleine Sylvie hat mir mit diesen Zeilen ein großartiges Geschenk zurückgelassen hast! Er wird mich für immer begleiten!

Dieses kleine und lebensfrohe Mädchen hatte offenbar auf dem Weg in die Schule dasselbe empfunden wie ich und mit wunderbarer Begeisterung den spontanen Entschluss gefasst, für das Geschenk dieses herrlichen Tages in ihrem Leben zu danken! Dieser eine Satz und ihr spontaner Entschluss hat sie für diesen Moment neben die großen Weisen der Menschheitsgeschichte gestellt! Warum? – Schöner kann man die Freude am Leben und die Begeisterung über unser Dasein auf dieser herrlichen Erde nicht ausdrücken!

So wird Freude zur Erfüllung!

Mit dieser tiefen Freude im Herzen fuhr ich weiter zu meiner Schwiegermutter! Ich begrüßte sie mit einem langen Händedruck und mit einem frohen, zuversichtlichen Blick, der ihre Augen zum Leuchten brachte. In Stunden des Gespräches, das meine Frau, die ich dort traf, und ich mit ihr führten, wich dieses Leuchten nicht mehr aus ihrem Gesicht! Es war mir gelungen, das Glück, das ich an diesem Tag erfahren hatte, von Herzen an sie weiterzugeben!

Dieses Leuchten möchte ich auch Ihnen schenken, wenn Sie selbst gerade eine nicht ganz einfache Zeit erleben oder an einem Freitag, dem 13., zu einem kranken oder trostbedürftigen Menschen fahren!

Dieser Tag bestätigte mir wieder, dass es die Begeisterung ist, die unserem Leben seinen unaussprechlichen Wert verleiht! Was wäre unser Leben ohne dieses kosmische Feuer der Begeisterung? Es ist dieses Feuer der Begeisterung, das alles Gute und Wahre in uns zum Leben erweckt und alle Kräfte, die wir brauchen, um es zu bewältigen und glücklich zu gestalten!

Alles menschliche Schaffen entsteht
aus Begeisterung

Mit diesem Feuer der Begeisterung können wir unser Leben anzünden, die verborgenen Schätze unserer unermesslichen Kreativität ans Licht tragen, Pläne entwerfen und Träume und Visionen verwirklichen! Glauben Sie mir, das Beste, was es in unserem Leben gibt, kommt aus der Begeisterung! Nichts Großes kann je entstehen ohne diese Begeisterung. Nicht die Sonnenblumen eines Vincent Van Gogh, der in seiner lodernden Begeisterung für die Farben des Lebens einmal an seinen Bruder schrieb: „Ich muss mit meinem ganzen Körper malen!"

Wie könnte man eines der großartigsten Werke des menschlichen Geistes, den Schlusschor der 9. Sinfonie aus Friedrich Schillers Ode an die Freude, „Freude, schöner Götterfunken!", hören und nicht in sich diese Fanfare der Begeisterung widerhallen spüren, die alles Elend dieser Menschheit übertönt! Sie hat nicht nur das unfassbar harte Schicksal des taubstummen Komponisten Ludwig van Beethoven überstrahlt. Sie hat Millionen Menschen mit Begeisterung, mit diesem göttlichen Funken des Lebens, für das Schöne, das Gute und das Wahre erfüllt!

Was noch fehlt in Darwins Theorie!

Es ist dieser göttliche Funke der alles überstrahlenden Begeisterung, der unserem Leben, ja dem Leben der Menschheit, Hoffnung schenkt, Freude schenkt, Leben schenkt und uns begreifen lässt, was uns Menschen an Glück möglich ist! Begeisterung ist der Atem, den Gott dem Menschen eingegeben und ihn damit erst zum Menschen geschaffen hat. Ohne diesen göttlichen Funken stünde der Mensch nur am Ende der Darwin'schen Entwicklungstheorie vom Ursprung der Arten. Er hätte dann nur eine etwas höhere Form animalischen Lebens erreicht!

Begeisterung – die göttliche Inspiration

Nein, der Mensch steht deshalb an der Spitze der Schöpfung, weil die Begeisterung für den Geist und seine Kreativität aus dem ersten aufrecht gehenden Primaten den schöpferischen Menschen, erschaffen hat! Sie gab den Menschen die göttliche Inspiration, die die wunderbaren Gemälde in den Höhlen von Altamira entstehen ließ. Aus Begeisterung über die Größe des menschlichen Geistes wurden die Pyramiden von Giseh gebaut. Sie vereinen in sich alles an mathe-

matischem und astronomischem Wissen, das die damaligen
Menschen ergründet hatten! Es ist diese ungeheure Begeisterung für die Möglichkeiten des menschlichen Geistes und
seiner Erfindungskraft, mit denen Michelangelo seine un-
übertrefflichen Skulpturen schuf und zu einem unverlier-
baren Schatz der Menschheit werden ließ.

Begeisterung für Ideen und für ihre Durchführung schuf
die großartige Grundlage menschlichen Wissens, Denkens
und Fühlens, das in der Philosophie der Griechen unser Leben bis heute bestimmt. Begeisterung für Fortschritt schuf
das Rad und alles, was sich davon ableiten lässt. Begeisterung für Fortschritt schuf innerhalb eines Jahrhunderts aus
dem ersten kleinen motorgetriebenen Einsitzer der Gebrü-
der Wright Flugzeuge, in denen Hunderte von Menschen
sitzen und von Kontinent zu Kontinent fliegen! Diese Begeisterung ließ den Menschen Denkmaschinen entwickeln,
die in einer Sekunde 200 Millionen Schachkombinationen
durchrechnen können und die die Flugbahn eines Raum-
schiffes zentimetergenau zu einer Raumstation in 400 Kilometer Höhe über dem Erdball lenken!

Unermessliche Räume der Fantasie

Klingt es nicht unwahrscheinlich, was diese Kraft der Motivation und Begeisterung im Laufe der Menschheitsgeschichte zustande gebracht hat? Ist es nicht unglaublich, wie diese
höchste Form der Geisteskraft die menschliche Kreativität
und deren Beweise über alle Grenzen hinwegträgt? Lassen
Sie sich auch für Ihr Leben von der unvorstellbaren Tatsache dieser unermesslichen Energie des menschlichen Geistes überzeugen!

Sie gab dem Menschen die Kraft der Fantasie, seine Vorstellung in Räume zu richten, die er nie selbst wird betreten können. Begeisterung verlieh ihm die Fähigkeit, seine
fantastischen Vorstellungen in Wirklichkeit zu verwan-

deln! Raumflüge sind so zur Selbstverständlichkeit geworden, dass wir sie in den täglichen Nachrichten nur noch wahrnehmen, wenn irgendwelche Schwierigkeiten auftauchen. Das Weltraumteleskop Hubble liefert uns Bilder von der Verschmelzung von Galaxien, die Millionen Lichtjahre entfernt sind. Eine Landung auf dem Planeten Mars scheint nur noch eine Frage der Zeit. 1979 startete eine Raumsonde ihren Flug, der sie 12 Jahre später über den äußersten Planeten unseres Sonnensystems hinaustrug. Ja, zum ersten Mal in der Geschichte der Menschheit verließ ein von Menschenhand gefertigter Gegenstand nicht nur unsere Erde, sondern unser Planetensystem. Diese Raumsonde wird in 48000 Jahren das nächste Mal an einem Stern vorbeifliegen!

Und wissen Sie, was sich neben anderen Zeugnissen des menschlichen Geistes an Bord dieser Raumsonde befindet – eine Einspielung des Schlusschores von Ludwig van Beethovens 9. Sinfonie mit dem Chor „Freude schöner Götterfunken!" Denken Sie an dieses Wunder menschlichen Geistes, wenn Sie das nächste Mal zum Sternenhimmel aufblicken!

Sie stehen unter dem Sternenhimmel! Immer!

Entzünden Sie an diesem göttlichen Funken der Begeisterung Ihr Leben. Er schenkt dem Menschen Hoffnung! Warum? – Weil mit seiner Hilfe alle Schwierigkeiten und Hindernisse unseres Lebens überwunden werden können! Oder glauben Sie etwa nicht, dass Schwierigkeiten, mit denen Sie vielleicht zurzeit kämpfen, nicht mit dieser unendlichen Kraft überwunden werden können?

Lassen Sie sich von der überschäumenden Begeisterung für das Leben, ja, für Ihr Leben anstecken! Blicken Sie stets in die Höhe und ins Licht, wenn Schwierigkeiten Sie auf Ihrem Lebensweg aufhalten wollen! Und nie in die Tiefe der Dunkelkammer!

Begeisterung hilft in jeder Situation des Lebens. Sie ist die Antriebskraft, die uns die unendliche Energie verleiht, unser Dasein in gelebtes und erfülltes Leben zu verwandeln! Begeistern deshalb auch Sie sich für Ihr Leben! Begeistern Sie sich für die Wahrheit und Ehrlichkeit in Ihrem Leben! Begeistern Sie sich für die Menschen, die dieses Leben zusammen mit Ihnen leben!

Erinnern Sie sich noch an die Begeisterung der ersten Liebe in Ihrem Leben? An dieses unglaublich glückliche Gefühl, aus Liebe zu einem anderen Menschen wie über der Erde zu schweben! Wann waren Sie zuletzt von einem Menschen aus Liebe so begeistert, dass Sie die Kraft spürten, ihn nicht nur zu umarmen, sondern ihn auf Händen tragen zu können? Ihn mit Ihrer Begeisterung für Ihr neu gewonnenes Leben anzustecken und auch ihm Kraft für sein neues Leben zu schenken?

Sinfonie der Begeisterung!

Wann haben Sie sich zuletzt für die wunderbare Schönheit eines strahlenden Morgens begeistert, für den jubilierenden Gesang der Vögel, mit dem diese den neuen Tag begrüßen? Wann sind Sie zuletzt bewusst durch einen Wald spaziert und haben den Duft des Mooses und der Bäume aufgesogen, das Wunder eines Spinnennetzes und der glitzernden Tauperlen im ersten Morgenlicht in sich aufgenommen? Begrüßen Sie jeden neuen Tag Ihres Lebens mit der Freude, die Sie auf einem Gang barfuß durch eine taufrische Wiese in sich vernommen haben! Begrüßen Sie jeden Tag mit der Fanfare der überschäumenden Begeisterung über das Wunder, dass Sie leben!

Schauen Sie mit dieser Freude am Geschenk Ihres Lebens auf die Wunder unseres wunderbaren und im feinen Zusammenwirken seiner Herrlichkeit so wunderbaren blauen Planeten! Alle Theorien über ökologisch richtiges

Verhalten werden durch diese Begeisterung überflüssig, weil Sie Ihr Leben ganz von selbst so gestalten werden, dass diese Wunder auch den kommenden Generationen erhalten bleiben! Stimmen Sie ein in die Sinfonie dieser Begeisterung!

So werden Träume Wirklichkeit!

Unter den Trompetenklängen dieser Fanfare der Begeisterung werden die dunklen Seiten aus dem Buch Ihres Lebens wie von selbst verschwinden! Sie werden alle methodischen Anleitungen über die Verwirklichung Ihrer Träume und Ihres Erfolges vergessen können, denn mit dieser unglaublichen Energie der Begeisterung werden Sie einfach – Erfolg haben! Das kann gar nicht anders sein!

Alle Talente, alle Fähigkeiten, all die Tugenden wie Mut, Ehrlichkeit, Ausdauer und Disziplin werden Ihnen aus diesem unauslöschlichen Feuer der Begeisterung zuströmen! Sie werden sich nie mehr zu sagen brauchen: „Ich muss zielstrebiger sein. Ich muss erfolgreicher werden. Ich muss mein Leben ändern. Ich muss mein Selbstvertrauen zurückgewinnen und mein Unterbewusstsein auf Erfolgskurs trimmen. Ich muss mehr auf andere Menschen zugehen. Ich muss lernen Sie zu verstehen. Ich muss mehr Güte und Geduld aufbringen. Ich muss eine positive Einstellung zu meinen Mitmenschen finden. Ich muss ständig mein Wissen erweitern und so Autorität und Persönlichkeit erwerben. Ich muss ausdauernder und disziplinierter werden und meine Arbeit besser organisieren! Ich will mich in Zukunft besser auf das Wesentliche in meinem Leben konzentrieren! Sie werden alles das wie von selbst werden und sein, sobald Sie anfangen, sich für Ihr Leben, für Ihre Fähigkeiten und für die Möglichkeiten Ihrer Persönlichkeit zu begeistern!

Die kürzeste Maxime des positiven Denkens

Sie werden sich dann auch nicht mehr vornehmen müssen:
Ich will meinen Körper und meinen Geist von allen negativen Einflüssen reinigen. All dieses „Müssen" können Sie
aus Ihrem Denken streichen – wenn Sie zur kürzesten Philosophie des Lebensglücks, des Erfolges, der Freude und der
tiefen Erfüllung Ihres Daseins bekennen! Sprechen Sie einfach ein lautes und deutliches

Ja!

zur Begeisterung! An jedem Tag in Ihrem Leben! Mit Ihrer
Begeisterung wird alles „Ich muss, ich will, ich möchte, ich
sollte, ich werde" überflüssig! Denn mit dem Feuer der Begeisterung sind Sie einfach zielstrebig und erfolgreich! Dann
sind Sie voll Selbstvertrauen! Dann sind Sie diszipliniert, in
Ihrer Arbeit zielstrebig, ausdauernd, zuverlässig und im
Umgang mit Ihren Mitmenschen angenehm, freundliche
und liebenswürdig – zu Hause und am Ort Ihres Wirkens!

Geben Sie das Feuer der Begeisterung
an andere weiter!

Die Menschen um Sie herum werden dieses Feuer der
Begeisterung in Ihnen brennen sehen und Sie werden wie
von selbst auf Sie zugehen und Ihnen ihre Hilfe angedei-
hen lassen! Ihre Mitmenschen werden sich an Ihrer Begeisterung entzünden und alle Kraft aufwänden, um Sie in Ihren Plänen zu unterstützen. Sie werden die Hilfsbereitschaft
Ihrer Mitmenschen aus dieser Begeisterung heraus wie magisch an sich ziehen! Warum das so ist? – Weil Sie selbst ihnen mit Takt und Feingefühl, und mit der Achtung, die aus
Ihrer Selbstachtung erwächst, begegnen werden! Diese Hilfe zur Verwandlung Ihrer Träume und Visionen in sicht-

bare, greifbare und fühlbare Wirklichkeit wird sich wie von selbst auf Sie zubewegen, weil aus Ihrer Begeisterung zu spüren ist, dass auch Sie alles Ihnen Menschenmögliche tun werden, um anderen Menschen bei der Verwirklichung von deren Träumen und Visionen zu helfen!

Dieses spontane und selbstverständliche Geben und Nehmen, das aus der tiefen Glut der Begeisterung entspringt, wird in Ihnen – und in anderen – einen Strom der Energie hervorrufen! Dieser Strom an Energie wird Ihnen und den Menschen um Sie herum Glück, Erfolg und Reichtum zufließen lassen!

Begeisterung, Motivation und Freude am Leben!

Der göttliche Funke der Begeisterung wird in Ihnen ein Feuer entzünden! Alle negativen Gefühle und Einstellungen, die bis jetzt Ihren Erfolg verhindert haben, werden wie im Schmelzofen eines Goldschmiedes gereinigt. Dieser Funke der Begeisterung wird Sie in einem nicht für möglich gehaltenen Glanz erstrahlen lassen! Lassen Sie nicht zu, dass dieser Glanz Sie jemals wieder verlässt! Warum ich das so stark betone? – Lesen Sie noch einmal und immer wieder die weise und tiefe Erkenntnis des römischen Kaisers Mark Aurel: „Das Leben eines Menschen ist das, was seine Gedanken daraus machen!" Wundert es Sie, dass ihn schon die Menschen seiner Zeit den Philosophen auf dem Kaiserthron nannten?

Das heißt nichts anderes, als dass Sie mit Ihrem Denken zu einem ganz großen Teil an jeder Lebenssituation, in der Sie sich befinden, die Verantwortung tragen! Dieses Denken kann positiv sein und somit eine positive Kraft entwickeln! Es kann aber auch, wenn Sie nicht sehr sorgsam darauf achten, zum Negativen tendieren. Das müssen Sie in jedem Fall verhindern, auch in Kleinigkeiten! Dazu gehört häufig Mut und eine große Charakterstärke! – Warum das

so ist? – Nicht alle Menschen in Ihrer nächsten Umgebung
werden sofort verstehen, was sich an Ihnen tief in Ihrem Inneren verändert hat – sobald Sie einmal angefangen haben,
durch Begeisterung die Motivation und den Mut, die Freude am Leben und damit am Erfolg und am Reichtum zu
entwickeln! Dieses Feuer innerer Begeisterung wird Sie völlig neu erschaffen! Sie werden dann die unglaubliche Erfahrung machen: Einen Menschen, der mit ehrlichen Mitteln
ein ehrliches Ziel anstrebt, und mit der ungeheuren Kraft
der Begeisterung und positiven Motivation an die Verwirklichung seiner Ziele geht, kann nichts auf Dauer von diesen
Zielen abhalten!

Ihre Begeisterung für die Schönheit der Welt, für Glück
und Erfolg wird Ihnen das Höchste an Reichtum schenken,
das Sie in Ihrem Leben erreichen können: „Die unauslösch-
liche Liebe zu Ihrem eigenen wunderbaren Leben, zum Leben Ihrer liebsten Mitmenschen, die Freude an Ihrer Arbeit
und an dem Reichtum, der daraus erwächst, die tiefe Freude an der Kreatur, an der unübertreffbaren Schönheit der
Natur und der unermesslichen Größe des Kosmos!"

Harmonisieren Sie Ihr Leben!
Vertrauen Sie auf die unverrückbaren Werte
der Ehrlichkeit,
der Mitmenschlichkeit, der Gerechtigkeit,
der Entschlossenheit, der Dankbarkeit
und der Loyalität.

Stimmen Sie ein in die Fanfare der Begeisterung!
In den Hymnus der Freude an Ihrem Leben!

Leben Sie ehrlich – werden Sie reich!

Das wünscht Ihnen
Erich Lejeune